CONTRATOS ADMINISTRATIVOS DE SERVIÇOS DE PUBLICIDADE
A REMUNERAÇÃO DAS AGÊNCIAS

LUCAS ALUÍSIO SCATIMBURGO PEDROSO

Prefácio
Floriano de Azevedo Marques Neto

CONTRATOS ADMINISTRATIVOS DE SERVIÇOS DE PUBLICIDADE
A REMUNERAÇÃO DAS AGÊNCIAS

Belo Horizonte

FÓRUM
CONHECIMENTO JURÍDICO

2022

© 2022 Editora Fórum Ltda.

É proibida a reprodução total ou parcial desta obra, por qualquer meio eletrônico, inclusive por processos xerográficos, sem autorização expressa do Editor.

Conselho Editorial

Adilson Abreu Dallari
Alécia Paolucci Nogueira Bicalho
Alexandre Coutinho Pagliarini
André Ramos Tavares
Carlos Ayres Britto
Carlos Mário da Silva Velloso
Cármen Lúcia Antunes Rocha
Cesar Augusto Guimarães Pereira
Clovis Beznos
Cristiana Fortini
Dinorá Adelaide Musetti Grotti
Diogo de Figueiredo Moreira Neto (*in memoriam*)
Egon Bockmann Moreira
Emerson Gabardo
Fabrício Motta
Fernando Rossi
Flávio Henrique Unes Pereira

Floriano de Azevedo Marques Neto
Gustavo Justino de Oliveira
Inês Virgínia Prado Soares
Jorge Ulisses Jacoby Fernandes
Juarez Freitas
Luciano Ferraz
Lúcio Delfino
Marcia Carla Pereira Ribeiro
Márcio Cammarosano
Marcos Ehrhardt Jr.
Maria Sylvia Zanella Di Pietro
Ney José de Freitas
Oswaldo Othon de Pontes Saraiva Filho
Paulo Modesto
Romeu Felipe Bacellar Filho
Sérgio Guerra
Walber de Moura Agra

FÓRUM
CONHECIMENTO JURÍDICO

Luís Cláudio Rodrigues Ferreira
Presidente e Editor

Coordenação editorial: Leonardo Eustáquio Siqueira Araújo
Aline Sobreira de Oliveira

Rua Paulo Ribeiro Bastos, 211 – Jardim Atlântico – CEP 31710-430
Belo Horizonte – Minas Gerais – Tel.: (31) 2121.4900
www.editoraforum.com.br – editoraforum@editoraforum.com.br

Técnica. Empenho. Zelo. Esses foram alguns dos cuidados aplicados na edição desta obra. No entanto, podem ocorrer erros de impressão, digitação ou mesmo restar alguma dúvida conceitual. Caso se constate algo assim, solicitamos a gentileza de nos comunicar através do *e-mail* editorial@editoraforum.com.br para que possamos esclarecer, no que couber. A sua contribuição é muito importante para mantermos a excelência editorial. A Editora Fórum agradece a sua contribuição.

Dados Internacionais de Catalogação na Publicação (CIP) de acordo com ISBD

P372c	Pedroso, Lucas Aluísio Scatimburgo
	Contratos administrativos de serviços de publicidade: a remuneração das agências / Lucas Aluísio Scatimburgo Pedroso. - Belo Horizonte : Fórum, 2022.
	260 p. ; 14,5cm x 21,5cm.
	Inclui bibliografia.
	ISBN: 978-65-5518-355-9
	1. Direito Administrativo. 2. Direito Econômico (Concorrencial). 3. Comunicação. 4. Publicidade. I. Título.
	CDD 341.3
2022-849	CDU 342.9

Elaborado por Odilio Hilario Moreira Junior - CRB-8/9949

Informação bibliográfica deste livro, conforme a NBR 6023:2018 da Associação Brasileira de Normas Técnicas (ABNT):

PEDROSO, Lucas Aluísio Scatimburgo. *Contratos administrativos de serviços de publicidade*: a remuneração das agências. Belo Horizonte: Fórum, 2022. 260 p. ISBN 978-65-5518-355-9.

AGRADECIMENTOS

Um livro de um tema tão pouco estudado não surge do nada. Assim, primeiramente, agradeço a Bruno Fagali, por me apresentar esse mundo das contratações de publicidade e a quantidade de questões não respondidas, bem como por toda a amizade e vivência profissional.

A obra também só foi possível, ainda em sua versão original de dissertação de mestrado junto à Faculdade de Direito do Largo São Francisco, da Universidade de São Paulo, graças à orientação do Prof. Titular Floriano de Azevedo Marques Neto, modelo de pesquisador e profissional que dispensa apresentações, e que me deu liberdade para desenvolver o tema.

Também agradeço aos Professores Marco Augusto Perez e Rodrigo Pagani de Souza, e ao grupo de pesquisas Núcleo de Estudos da Transparência e da Comunicação de Interesse Público (NETACIP), também da FDUSP, por incitar discussões sobre o tema.

Agradeço ainda à Profa. Dra. Juliana Palma e ao Prof. Dr. Jacintho Câmara pela leitura e pelas sugestões, além de toda admiração a cada um deles e pelo incentivo que essa obra virasse um livro.

No mais, agradeço aos meus pais José Victor e Maria Emília por me ensinarem a ética do trabalho duro e da dedicação.

À Marina, meu porto seguro, grande amor das coisas que não aprendi nos livros, embora professora e médica, não só do corpo, agradeço a companhia e a rede, em que parte dessa obra foi escrita.

Agradeço aos amigos da Faculdade e da profissão, José Jair Marques Júnior, Daniela Abe, Otávio Venturini, Gustavo Guimarães e Michel Lutaif por todas as conversas acadêmicas, profissionais e principalmente pela amizade.

Agradeço à Camila, analista que me ajuda a lidar com tantas questões, em especial durante um trabalho de fôlego como esse.

Por fim, agradeço a todos os profissionais do setor publicitário com quem conversei e que me ajudaram a entender o tema, com documentos e indicações, além de todos aqueles que já escreveram algo sobre o tema e permitiram que esse livro fosse surgindo.

Agradeço ainda a todos os professores, amigos e familiares que, de alguma forma, fizeram parte desta obra, direta ou indiretamente.

SUMÁRIO

PREFÁCIO
Floriano de Azevedo Marques Neto..15

CAPÍTULO 1
INTRODUÇÃO..19

1	Noções básicas para entender o tema..23	
1.1	Agentes envolvidos na contratação administrativa de publicidade 24	
1.1.1	Agência de publicidade 24	
1.1.1.1	Agência de publicidade ou agência de propaganda: uma distinção doutrinária que não se mantém na legislação.........25	
1.1.1.2	Linhas gerais da estrutura de uma agência de publicidade e as atividades desenvolvidas...28	
1.1.2	Fornecedores da agência de publicidade.....................................31	
1.1.3	Veículos de comunicação 32	
1.1.4	Anunciantes 33	
1.1.4.1	Secom como contratante e como reguladora, mas não como prestadora: a obrigação da Administração Pública de contratar agências de publicidade 33	
1.1.4.1.1	Possibilidade de a Administração Pública realizar publicidade sem a contratação de agência de propaganda: as agências internas..36	
1.2	Legislação aplicável à contratação administrativa de publicidade 39	
1.2.1	Especificidades do setor publicitário: criatividade e tradição.........40	
1.2.2	Lei nº 4.680/65 e seu Decreto nº 57.690/66...................................44	
1.2.3	Lei nº 12.232/2010 46	
1.2.3.1	A construção da Lei nº 12.232/2010 como resposta ao escândalo do Mensalão 48	
1.2.3.1.1	A régua da Lei nº 8.666/1993, agora Lei nº 14.133/2021, e do regime geral de contratações...50	

1.2.4	O art. 4º da Lei nº 12.232/2010 e a adoção das normas de autorregulação setorial	54
1.2.4.1	O modelo brasileiro de publicidade: a autorregulação das Normas-Padrão e do Conselho Executivo das Normas-Padrão (CENP)	55
1.2.4.1.1	Vantagens da adoção da autorregulação setorial	58
1.2.4.1.2	Problemas associados à autorregulação: a dificuldade em lidar com interesses públicos	61
1.2.4.2	Questões concorrenciais associadas à autorregulação publicitária	62
1.2.4.2.1	Definição de um modelo de remuneração	63
1.2.4.2.2	Adoção de um modelo específico de agência de publicidade e a certificação	65
1.2.4.3	Soluções possíveis para tais problemas: a regulação da autorregulação	67
1.2.4.3.1	Exame pelo CADE e a indicação da advocacia da concorrência	69
1.2.5	A normatização da Secom	74
1.2.5.1	Instruções Normativas	74
1.2.5.2	O modelo de edital e sua minuta padrão de contrato	75
1.2.5.3	Outros regramentos: notas técnicas e portarias	76

CAPÍTULO 2
FORMAS DE REMUNERAÇÃO, CONDIÇÕES CONTRATUAIS, PROBLEMAS E SOLUÇÕES NA MINUTA-PADRÃO DA SECOM 79

2.1	Formas de remuneração	80
2.1.1	A remuneração por Desconto padrão: a tradicional remuneração fixada em 20% sobre o valor de veiculação	80
2.1.1.1	Adoção de patamares menores conforme os valores envolvidos	83
2.1.2	A remuneração por planos de incentivos ou bônus de volume	84
2.1.2.1	Bônus de volume de produção: a espécie não prevista pela legislação	86
2.1.2.2	Peculiaridades nos contratos administrativos, a partir do caso do Mensalão tal como analisado pelo Supremo Tribunal Federal	87
2.1.2.2.1	A noção de volume	88
2.1.2.2.2	A distribuição de tarefas entre Administração Pública e agência contratada	89

2.1.2.2.3	A remuneração por BV: o lucro privado a partir de recursos públicos	90
2.1.2.3	A cambiante jurisprudência do TCU sobre o tema	92
2.1.3	Remuneração a título de ressarcimento dos custos internos a partir de tabela referencial de preços do Sindicato das Agências de Propaganda do Estado	95
2.1.4	Remuneração por honorários	97
2.1.4.1	Remuneração por honorários, referentes à produção e à execução técnica, prestados por fornecedores, desde que não haja o pagamento de desconto-padrão	98
2.1.4.2	Remuneração por honorários, referentes a pesquisas, renovação do direito de autor e reimpressão de peças publicitárias prestados por fornecedores, desde que não haja o pagamento de desconto-padrão	99
2.1.4.3	Remuneração por honorários, referentes à criação, a implementação e ao desenvolvimento de formas inovadoras de comunicação publicitárias, prestados por fornecedores, desde que não haja o pagamento de desconto-padrão	103
2.1.5	Remuneração por despesas com deslocamento	104
2.1.5.1	Exigências quanto à estrutura da agência e seus profissionais	106
2.2.	Condições contratuais	107
2.2.1	Não obrigatoriedade da execução do valor total do contrato	107
2.2.2	Adjudicação do contrato a mais de uma agência	109
2.2.2.1	Previsão de um procedimento de seleção interna	111
2.2.3	Cláusula de não competição no caso da Administração Pública indireta	112
2.2.4	Prazos de pagamento diferidos na prática	113
2.3	Problemas associados à configuração contratual	115
2.3.1	Assimetria de informação e a incerteza quanto à real motivação da agência nas decisões sugeridas para compra de espaço publicitário	118
2.3.1.1	As sugestões no âmbito da remuneração por desconto-padrão	118
2.3.1.2	O sigilo comercial na remuneração por bônus de volume	121
2.3.2	Incentivo para a agência aumentar sua própria remuneração: um problema agente-principal	123
2.3.2.1	Indicação de veiculação mais cara na remuneração percentual do desconto-padrão	124

2.3.2.2	Indicação de mais serviços na remuneração percentual por honorários	124
2.3.3	Atuação dissociada dos resultados	125
2.3.3.1	Remunerações associadas ao valor do espaço contratado e aos serviços de fornecedores	126
2.3.3.2	Comprometimento às metas e resultados firmados com os veículos, ao invés da Administração Pública, no caso da remuneração por bônus de volume	126
2.3.4	Atuação dissociada dos custos	128
2.3.4.1	Remuneração publicitária associada à veiculação	128
2.3.4.2	Remuneração associada aos custos de produção	129
2.3.5	Um modelo de remuneração com efeitos anticoncorrenciais	130
2.3.5.1	Desconto-padrão em valores determinados	130
2.3.5.2	Ressarcimento por custos internos segundo tabela	131
2.3.5.3	Remuneração por honorários e valores definidos segundo normas de autorregulação	133
2.3.5.4	Manutenção de um modelo de agência de publicidade *full service* e uma forma de contratação específica	133
2.3.5.5	Dificuldade de adotar um modelo de remuneração associado a diversos agentes	133
2.4	Soluções previstas na legislação e no modelo de contrato	136
2.4.1	Soluções quanto à assimetria de informação	136
2.4.1.1	Elaboração de um plano de mídia para a veiculação da publicidade	137
2.4.1.1.1	Observância de critérios técnicos	139
2.4.1.2	Atuação da agência apenas por ordem e conta do contratante (art. 4º da Lei nº 12.232/2010)	144
2.4.1.3	Cadastramento de veículos: o Midiacad	145
2.4.1.4	O dever de transparência dos valores gastos (art. 16 da Lei nº 12.232/2010)	146
2.4.1.4.1	Outra transparência ainda não explorada: a comercial junto a veículos	149
2.4.2	Soluções quanto à possibilidade de a agência aumentar sua própria remuneração	150
2.4.2.1	Definição do objeto da contratação de serviços de publicidade (art. 2º da Lei nº 12.232/2010)	150

2.4.2.2	O planejamento: Plano Anual de Comunicação e o Planejamento Anual de Mídia	152
2.4.2.3	O procedimento para seleção de fornecedores (art. 14 da Lei nº 12.232/2010)	155
2.4.2.4	Negociação de espaço publicitário centralizada na Administração Pública: o Comitê de Negociação de Mídia	158
2.4.2.5	A proibição de a agência sobrepor seus interesses sobre os da Administração Pública contratante (art. 18, §2º da Lei nº 12.232/2010)	160
2.4.3	Soluções quanto à atuação dissociada dos resultados	161
2.4.3.1	A checagem de veiculação	161
2.4.3.2	Questionário da Secom	162
2.4.4	Soluções quanto à atuação dissociada dos custos	163
2.4.5	Soluções quanto aos efeitos anticoncorrenciais	165
2.4.5.1	Disputa de percentuais de remuneração durante a licitação	165
2.4.5.1.1	Vincular os tipos de remuneração à existência de veiculação	167
2.4.5.2	Divisão de tarefas fora de uma lógica da agência de publicidade *full service*	168
2.4.6	Conclusão: soluções de meio que diminuem a margem de liberdade das agências e pressionam sua remuneração, sem induzir responsividade	168
2.5	A questão do regime de administração contratada na contratação administrativa de serviços de publicidade	169
2.5.1	Delineamento conceitual do regime de administração contratada	169
2.5.2	Legalidade do regime de administração contratada	171
2.5.3	Os problemas similares aos do regime de administração contratada	172
2.5.4	A inexistência de um regime de administração contratada	173
2.5.4.1	A ausência de completo reembolso de despesas e da garantia de lucro certo	174
2.5.4.2	Remuneração pelos trabalhos de administração	176
2.5.4.3	A agência que não atua sozinha como intermediária, mas depende da aprovação da Administração	177
2.5.5	A necessidade de se repensar como os contratos de publicidade estão organizados	178

CAPÍTULO 3
ALTERNATIVAS AO MODELO DE REMUNERAÇÃO E A NECESSIDADE DE SE REVER O MODELO DE CONTRATAÇÃO DE PUBLICIDADE 181

3.1	Alternativas ao modelo de remuneração	181
3.1.1	Remuneração por um valor fechado: *fee*	184
3.1.1.1	Espécie de empreitada por preço global	186
3.1.1.2	Problemas associados à contratação por um preço fechado	187
3.1.1.2.1	Problemas associados à contratação administrativa por preço fechado: baixos incentivos para a boa execução do objeto	187
3.1.1.2.2	Problemas específicos do setor publicitário: a suposta economia gerada pelo desconto-padrão	189
3.1.2	Remuneração parcialmente associada a custos: remuneração por horas trabalhadas como empreitada por preço unitário	191
3.1.2.1	Dificuldade de controle e associação apenas parcial aos custos ...	192
3.1.3	Remuneração associada a resultados: *success fee*	193
3.1.3.1	A administração de resultados como fundamento	193
3.1.3.2	Questões a respeito da adoção de uma remuneração por resultados	199
3.1.3.2.1	Aplicabilidade em contratos de publicidade	199
3.1.3.2.2	Definição de critérios	201
3.1.3.2.3	Mensuração e atribuição do resultado	204
3.1.3.3	Caminhos para adoção de uma remuneração por resultados	206
3.1.3.3.1	O questionário de avaliação de desempenho já existente no âmbito federal	207
3.1.3.3.2	Adoção parcial de uma remuneração atrelada a resultados	208
3.2	Outra forma de contratação como requisito para outra forma de remuneração: a superação do *modelo brasileiro de publicidade* ...	209
3.2.1	Separação das atividades de veiculação e criação: surgimento de agências de mídia e agências de criação	209
3.2.1.1	Uma solução que vai além da obrigação do parcelamento do objeto: os problemas já citados	210
3.2.1.2	A prática disseminada internacionalmente de contratação separada entre mídia e criação	213
3.2.1.2.1	O gigante desafio de se questionar a organização setorial brasileira	215

3.2.1.3	Separação que não é panaceia: a coexistência de vários modelos	219
3.3	Perspectivas de mudanças	221
3.3.1	Diversificação dos agentes do setor publicitário e o enfraquecimento da autorregulação	221
3.3.1.1	Inadequação das regras para a publicidade digital	221
3.3.1.2	Rupturas no Conselho Executivo das Normas-Padrão	224
3.3.2	Persecução concorrencial sobre a concentração do mercado publicitário televisivo	227
3.3.2.1	Atuação das autoridades concorrenciais Europeias e a atuação do CADE a partir de 2020	227

CONCLUSÃO: UM MODELO DE REMUNERAÇÃO QUE DESPRESTIGIA A CONSENSUALIDADE NA CONTRATUALIZAÇÃO ADMINISTRATIVA 231

REFERÊNCIAS 235

PREFÁCIO

O ofício de orientar alunos de Pós-Graduação é desafiador, mas também nos traz muita satisfação. Além da óbvia realização de ver jovens mestres e doutores adquirindo maturidade intelectual e capacidade de pesquisa, tornando-se pesquisadores e docentes, há algumas surpresas e aprendizados. Por vezes, um candidato a orientando apresenta para se aplicar a uma vaga um tema ou questão de pesquisa sobre o qual o orientador sequer havia pensado, nunca antes havia cogitado. Ocorrem situações em que o aluno se propõe a pesquisar um assunto que, olhando de início, o orientador tem a nítida impressão que dali não resultará ventura, que aquele tema nunca se converterá em um trabalho metodologicamente adequado, nem academicamente relevante. E eis que, muitas vezes, o orientando demonstra que mais do que ter um bom objeto de pesquisa, está diante de um assunto nunca ou mal abordado pela doutrina e pelos estudiosos. E transforma um tema aparentemente irrelevante em um trabalho de fôlego, sobre assunto que se mostra, após o trabalho pronto, urgente e necessário. Nesse contexto, o orientador fica com aquela impressão de "por que afinal nunca havia pensado nisso". Eis um dos encantos da docência e da orientação.

Confesso que quando vi o projeto do Lucas Pedroso, temi que ele estivesse adentrando em um terreno que daria, a ele e ao orientador, um enorme trabalho para resultar em nada ou pouco aproveitável. Não que o projeto inicial não com tivesse já uma pesquisa interessante, uma bibliografia preliminar respeitável, uma estrutura e proposta metodológica razoáveis. O projeto era bom, mas o tema, sinceramente, pensei que seria um furo n'água. Lucas acabou sendo contemplado pela vaga, beneficiado por um desempenho invejável na prova que realizo como etapa de seleção dos meus orientandos e pelo fato de que ele já era um aluno merecedor de reconhecimento.

Conheci Lucas Pedroso como aluno da Graduação. Jovem, com interesse invejável pelo direito administrativo, cursou todos os créditos que ofereci ao longo de quatro anos. Não faltava, não deixada texto por ler, participava. De perfil discreto e sempre reflexivo, era useiro em fazer perguntas tão gentis quanto desafiadoras. Não tinha pudor de, ao final da aula, se acercar do professor e checar um ponto obscuro do raciocínio, uma dúvida pertinente ou iluminar um ponto para o qual não tinha resposta. Lucas foi, na Graduação, um daqueles alunos que se marcam como talentos do porvir. Então, quando ele se aplicou a uma das minhas vagas, tinha a seu favor a expectativa de que ele possuía os petrechos para ser um bom mestre e pesquisador. E foi.

Mas o tema preocupava. Como dar consistência acadêmica a assunto de recorte tão específico como a contratação dos serviços de publicidade pela Administração Pública? Porém, eis que a pesquisa revelou um mundo inexplorado de temas e peculiaridades tão importantes e interessantes quanto inexplorados.

O resultado é o livro que você tem em mãos. Que representa o mais amplo e completo estudo, não só sobre a contratação dos serviços genericamente chamados de publicidade (há uma miríade de atividades englobada neste rótulo), mas também uma potente reflexão sobre a incapacidade do nosso sistema de contratação pública de se amoldar a contratações fora do padrão objetivo que compõe a maioria das contratações feitas pela Administração pública.

O sistema geral de contratações públicas existente entre nós desde o Decreto Lei n° 200 e mais marcadamente após o Decreto Lei n° 2.300 sempre teve a pretensão de estabelecer regras e procedimentos gerais, rígidos e padronizados, a serem aplicados com variações muito pontuais, independente do ente da federação que deseja contratar e indiferentemente ao objeto buscado. Embalada pela ilusão dos administrativistas de prever regimes únicos como unguento a todos os males da administração, pretendia-se licitar do mesmo modo seja para contratar a compra de bens de consumo não duráveis, uma viatura, armamentos para a polícia, obras de grande vulto, medicamentos e o que mais fosse. Bem verdade que foram sendo introduzidas ligeiras variações por legislações extravagantes e hoje incorporadas à nova Lei n° 14.133/21, como o pregão. Mas o modelo vigente até hoje pretende uniformizar os ritos das compras governamentais, fazendo indistintas as diferenças entre os objetos, a predicar a necessidade de exigências e critérios de seleção e pagamento aderentes às peculiaridades do objeto.

A contratação dos serviços e atividades de publicidade de atos e programas oficiais é um desses casos de objeto irredutível a um cotejo planificado e definido por menor preço. Típico caso em que julgar as propostas pelo critério geral do menor preço resultaria, muito provavelmente, ou em má contratação ou, pior, em contratação inútil e contraproducente.

Por essa razão, o legislador editou a Lei nº 12.232/10, contendo o regime próprio a essas contratações. Não obstante, passados mais de dez anos, inexistia um estudo sério, aprofundado e amplo a analisar essa espécie de contratação e olhar criticamente para a Lei. Inexistia, pois, o trabalho que Lucas Pedroso agora publica supre essa falta.

O texto que agora pode ser lido por você, leitor, passa literal e literariamente por todos os aspectos da contratação dos serviços de publicidade. Está tudo aí. O regime legal precedente e da lei nova. Modelos de regulação estatal e de autorregulação. Critérios de julgamento. A jurisprudência do Tribunal de Contas e do STF. As peculiaridades dos contratos de propaganda. Critérios de remuneração. Problemas dessas modalidades de contratação. Enfim, um verdadeiro tratado da contratação pública dos serviços de publicidade para os atos e programas oficiais. Porém, apesar de passar por todos os temas, a obra não é meramente um compêndio de comentários. É uma obra de reflexão crítica e profunda. Uma obra em tanto que agora é posta à mercê do leitor. Bom proveito.

Floriano de Azevedo Marques Neto
Professor Titular da Faculdade de Direito do
Largo São Francisco – Universidade de São Paulo.
Livre-Docente. Doutor e Graduado pela mesma
Universidade. Advogado.

CAPÍTULO 1

INTRODUÇÃO

A contratação administrativa de publicidade é um tema associado a críticas recorrentes. Segundo elas, trata-se de atividade que demanda altos valores, utilizados unicamente para promover determinado governante, sem informar adequadamente a população, o que produz, periodicamente, escândalos de corrupção.

As polêmicas em torno da contratação administrativa de publicidade não são novas. Durante a Assembleia Nacional Constituinte que resultou na Constituição de 1988, foram discutidos limites para os gastos com publicidade, ao mesmo em que se avistavam polêmicas em torno de ideólogos e campanhas alienantes promovidas pelo Governo Federal. Também a Lei Geral de Licitações (Lei nº 8.666), já em 1993, previu em seu art. 25, II, a vedação para contratações de publicidade por inexigibilidade, apesar de seu eventual caráter técnico especializado – disposição mantida no art. 74, III da Lei nº 14.133/2021. Apesar de uma e outra discussão, todos os presidentes brasileiros estiveram em algum momento relacionados a, no mínimo, polêmicas envolvendo agências de publicidade.

Apesar disso, o tema ainda continua tão pouco estudado e compreendido, para além das notícias escandalosas. Trata-se de um setor complexo, ensimesmado, e que traz diversos problemas de alocação de recursos, incentivos e, em casos mais extremos, de corrupção.

Diante de um tema com tantos desdobramentos, por que estudar precisamente a remuneração?

O estudo da remuneração permite vislumbrar os agentes envolvidos no setor (contratante, agências de publicidade e seus fornecedores, bem como veículos de comunicação), permite verificar como ocorre esse relacionamento, quem remunera quem, de que forma (por percentuais, por bônus) e como ele está organizado juridicamente, com a mistura de leis e normas de autorregulação. O estudo da remuneração, sobretudo, permite vislumbrar quais os interesses de cada um dos agentes, quais seus incentivos, os fluxos, os resultados de tudo isso, quais os problemas e como cuidar deles. Assim, para além de um contrato entre a Administração Pública e uma agência de publicidade, existe todo um setor relacionando-se de forma dinâmica, com interesses e fluxos que afetam esse relacionamento inicial e o tornam muito mais complexo.

Para tratar de um tema tão pouco explorado, a pesquisa, inicialmente jurídica, precisou recorrer a outros campos de conhecimento. Houve um esforço de entender o modelo de organização das agências de publicidade, e é no campo publicitário específico que se pode entender quais os modelos de agências de publicidade, que atividades são prestadas e de onde vêm seu valor. Também é por meio da publicidade que se entende como esse modelo evoluiu ao longo do século XX até hoje, no Brasil e em perspectiva comparada com outros países, quais atividades foram incorporadas, quais os problemas que surgiram e quais as alternativas discutidas. A perspectiva comparada revela que a organização brasileira é muito peculiar em relação aos outros países, mantendo um modelo que data da década de 1950 e que a Administração Pública desempenha importante papel nessa manutenção – o que alguns executivos do setor chamam com orgulho de modelo brasileiro de publicidade, uma jabuticaba brasileira.

Ao se tratar de remuneração e organização setorial, aportes da teoria econômica também acabaram sendo naturais, de duas formas. Primeiro, para ajudar a entender como a agência de publicidade, em si mesma, sustenta-se e remunera-se, como modelo de negócios. E, em segundo lugar, sob uma perspectiva de análise econômica do direito, para entender como as formas de remuneração trazem incentivos, muitas vezes problemáticos, entre os agentes do setor. Aí surgem exemplos "de manual" da aplicação da teoria agente principal, das dificuldades em se tomar decisões em cenários de assimetria de informação, de difícil identificação dos interesses e das reais motivações de cada uma das partes, e como controlar. Naturalmente, princípios jurídicos como o da "supremacia do interesse público" são insuficientes para lidar com esse cenário.

Por fim, subjacente a esses aportes, está a sociologia. Ela ajuda a entender qual deve ser o papel do direito diante desse cenário, e também suscita como o direito é, muitas vezes, usado por grupos econômicos, setorialmente organizados, para manter suas posições e fechar mercados. Está-se, aqui, diante de um ótimo exemplo de qual o significado de afirmar que o Brasil é um país difícil de fazer negócios. Mais do que isso, fica evidente como a Administração Pública, apropriada por grupos de interesses, seja por meio de leis, seja por meio dos altos valores transacionados, reconhecem uma organização setorial e dificultam que outros modelos de negócios se disseminem, legitimando um papel de bloqueio à evolução.

Diante disso, o trabalho está dividido em três partes, espécie de passado, presente e futuro das contratações administrativas de publicidade. Na primeira parte, são apresentados os agentes do setor, as atividades que desempenham e as normas existentes, no que se incluem as normas de autorregulação emitidas pelo Conselho Executivo das Normas-Padrão (CENP), bem como a legislação, em especial a Lei nº 12.232/2010 ("Lei de Contratações administrativas de agências de publicidade") e a Lei nº 4.680/65 ("Lei do Setor Publicitário"), e as normas emitidas pela Secom, a Secretaria Especial de Comunicação Social do Governo Federal, que possui uma tradição de Instruções Normativas, e outros documentos, desde o início dos anos 1990.

Nesse capítulo inicial, também se trata de trazer o contexto do controle, em especial aquele realizado pelo Tribunal de Contas da União (TCU), como resposta ao escândalo do Mensalão, e do Conselho Administrativo de Defesa Econômica (CADE), sobre a criação e a atuação do CENP. Quanto ao primeiro caso, do Mensalão, não foi a primeira vez que o TCU analisou o tema, mas, diante da repercussão das denúncias, consolidou diversas auditorias das contratações federais e identificou questões que deveriam ser endereçadas, buscando refundar o setor, por meio do acórdão nº 2.062/2006, do Plenário. Ele ajuda a entender as origens da Lei nº 12.232/2010 que, uma vez promulgada, tornou a análise do pedido de reexame muito mais sutil, no acórdão nº 3.233/2010, também do Plenário. Assim, representou não só um esforço de compreender o setor, mas abrigou a primeira audiência pública da história do Tribunal de Contas da União.

Quanto ao segundo, o "caso CENP", ao longo de quase 20 anos e três processos diferentes, o CADE analisou a criação da entidade de autorregulação. Embora as normas de autorregulação do setor datem originalmente do final dos anos 1940, o caso analisou sua legalidade, tradição e as questões que representam em termos de organização setorial e remuneração, quanto à abertura a novas empresas e definição de preços. Assim como no caso do TCU, o controle também acabou obstado com a promulgação da Lei nº 12.232/2010 e o reconhecimento do CENP no seu art. 4º, com uma indicação de advocacia de concorrência.

Cabe destacar que o estudo surgiu justamente do contato com esses casos. Apesar de levantarem inúmeros questionamentos, a maioria deles permaneceu não respondida. Maior exemplo, o CADE a sinalizar que não teria competência para discutir a constitucionalidade da Lei nº 12.232/2010 em termos concorrenciais, mas que o tema deveria ser retomado em futuras discussões.

A escolha do âmbito federal, assim, acabou sendo natural. Primeiro, o maior controle incidente sobre seus contratos, em casos paradigmáticos, que influenciaram a legislação. E segundo, o maior grau de institucionalização de suas normas e experiências, notadamente em torno da Secretaria Especial de Comunicação Social (Secom), com acesso facilitado a Decreto, Portarias, Instruções Normativas, modelos de documentos e, em especial, um modelo de edital e de minuta de contrato, que serve de inspiração para toda Administração Pública e para as maiores contratações do setor.

Na segunda parte, apontam-se as formas de remuneração praticadas nos contratos administrativos federais e os problemas associados a cada uma delas. A partir de minuta-padrão desenvolvida pela Secom em âmbito federal, esse trabalho investiga quais as formas de remuneração das agências ali contratadas (desconto-padrão, planos de incentivos, honorários, ressarcimento de custos internos e de deslocamentos). O objetivo é entender os valores envolvidos, para além de uma noção simples de remuneração da criatividade dos profissionais do setor, eis que o domínio publicitário conta com remunerações peculiares, com um difícil equilíbrio de interesses. Daí a importância da análise econômica do direito, da teoria agente principal e do reconhecimento da assimetria de informação existente.

Por fim, na terceira parte, questionam-se alternativas a tais modelos, e quais são os impulsos que podem fazê-las florescer. Buscam-se, assim, alternativas de remuneração no setor privado (remuneração por *fee* e por resultados), combinando-as com o que a literatura de direito administrativo prevê sobre remuneração. De forma a se alcançar tais alternativas, sinaliza-se a necessidade de se alterar a organização setorial, com a substituição do modelo de agência de publicidade *full service*, que desempenha todas as atividades, para uma separação das atividades de mídia e criação, como ocorre fora do Brasil. Seriam impulsos nesse sentido o enfraquecimento do CENP nos últimos anos, a substituição da publicidade analógica de jornais, revistas e tvs, pela digital e a recente abertura de inquérito administrativo do CADE para investigar eventuais práticas anticoncorrenciais no mercado publicitário televisivo brasileiro.

O intuito deste trabalho é mostrar como as contratações administrativas de publicidade, apesar dos méritos, estão associadas a diversos problemas, e são apenas um modelo, dentre outras possibilidades. Cabe, assim, explicar esse modelo e mostrar como ele poderia ser diferente.

Por último, optou-se por manter as diversas referências à Lei Geral de Licitações e Contratos Administrativos, a Lei nº 8.666/93. Muitas delas são referências feitas pelo controle, em casos paradigmáticos, caso em que se narra qual foi o raciocínio. Além disso, na parte mais analítica das referências, nota-se que a Lei nº 14.133/2021, em vias de substituir a Lei nº 8.8666/93, mantém a lógica da anterior, o que vem sendo objeto de críticas desde já.[1] Assim, por exemplo, a nova velha Lei mantém o princípio do parcelamento do objeto, como o denomina, no art. 40, a possibilidade de a Administração Pública realizar alterações unilaterais no objeto das contratações (art. 124 e ss.), bem como não prevê um regime de administração contratada – todos aspectos tratados ao longo do trabalho. Assim, que as críticas feitas à Lei nº 8.666/93 sejam estendidas à nova e à tradição interpretativa brasileira, apesar da esperança em mudanças. Por último, cabe apontar que a Lei nº 14.133/2021 também previu, no art. 186, sua aplicação subsidiária à Lei nº 12.232/2010.

Sem pretender resolver todas as questões, esperamos que este trabalho ajude a entender e a levantar questões de um setor que parece tão criticado, mas tão pouco compreendido.

1 Noções básicas para entender o tema

Devido à especificidade, para se entender o tema da remuneração das agências de publicidade nos contratos com a Administração Pública, é necessário começar por uma apresentação de quem são os agentes envolvidos, bem como a legislação aplicável.

---

[1] Como afirmavam Floriano de Azevedo Marques Neto e Caio Loureiro, ainda tratando do PL que viria a originar a Lei nº 14.133/2021: MARQUES-NETO, Floriano de Azevedo; LOUREIRO, Caio de Souza. Contratações administrativas e Covid-19: passado, presente e futuro na regulamentação das licitações e contratos. *Fórum Administrativo – FA*, Belo Horizonte, ano 20, n. 234, p. 67, ago. 2020.

1.1 Agentes envolvidos na contratação administrativa de publicidade

O setor publicitário, seja público ou privado, conta com quatro agentes principais: anunciante, agência de propaganda, veículo e fornecedores das agências, que podem ser assim esquematizados:

Figura 1 – Agentes do setor publicitário

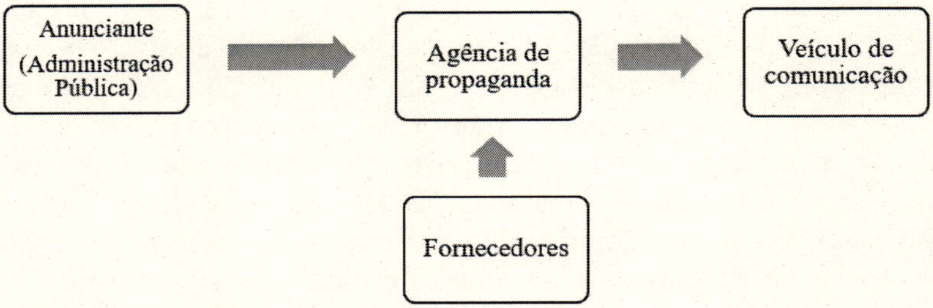

```
Anunciante                  Agência de              Veículo de
(Administração     →        propaganda      →       comunicação
Pública)
                                ↑
                            Fornecedores
```

Fonte: Elaboração própria.

Isso significa que o anunciante, no caso a Administração Pública, contrata uma agência de propaganda, a qual, com o auxílio de fornecedores específicos, elabora e executa uma campanha, distribuída por meio dos veículos de comunicação. Assim, embora o anunciante contrate apenas uma agência, ao menos dois outros agentes estão envolvidos na relação. Vejamos cada um deles a seguir.

1.1.1 Agência de publicidade

A Lei nº 4.680/65 conta com uma definição de agência de propaganda:

> Art 3º. A Agência de Propaganda é pessoa jurídica, ... VETADO ..., e especializada na arte e técnica publicitária, que, através de especialistas, estuda, concebe, executa e distribui propaganda aos veículos de divulgação, por ordem e conta de clientes anunciantes, com o objetivo de promover a venda de produtos e serviços, difundir idéias ou informar o público a respeito de organizações ou instituições colocadas a serviço dêsse mesmo público.

Como se percebe, a definição adotada supõe que a agência realiza uma ampla gama de atividades, desde os estudos até a distribuição, passando pela execução. Isso significa a adoção de um modelo de agência de publicidade *full service*, como apontado a seguir.

1.1.1.1 Agência de publicidade ou agência de propaganda: uma distinção doutrinária que não se mantém na legislação

A lei citada utiliza a denominação "agência de propaganda", o que suscita uma dúvida a respeito da distinção entre publicidade e propaganda. A investigação revela, porém, que o uso ocorre de forma indistinta.

Para os estudiosos sobre o tema, em especial no setor publicitário, a propaganda estaria relacionada à difusão de ideias, enquanto a publicidade estaria relacionada a produtos e serviços. Esse o caso do publicitário Armando Sant'Anna, para quem o conceito de propaganda teria vindo do Papa Clemente VII, que fundou a Congregação da Propaganda, com o intuito de difundir a fé Católica.[2] Na doutrina jurídica, Dias também as distingue pela finalidade, apontando que publicidade teria um sentido econômico, enquanto propaganda estaria atrelada a uma ideia original de propagação de ideias, em especial políticas, a partir do século XIX.[3] Já Motta defende que propaganda estaria relacionada a divulgar ou difundir um produto, enquanto publicidade traria uma noção mais genérica, não necessariamente econômica, distinção que é contestada pela consulta que o próprio autor faz ao dicionário e que ainda traz os termos como sinônimos.[4] No Ofício nº 238/2014, o próprio Governo Federal, por meio da Subchefia de Assuntos Jurídicos, adotou a distinção conforme Sant'Anna.

Ocorre que essa distinção não se verifica na legislação. A Constituição adota publicidade com o sentido de tornar público, e propaganda com o sentido comercial. Enquanto princípio constitucional, publicidade estaria relacionada a tornar públicos atos processuais, programas,

---

[2] SANT'ANNA, Armando *et al. Propaganda:* teoria, técnica e prática. 9. ed. São Paulo: Cengage Learning, 2015. p. 67.

[3] DIAS, Lucia Ancona Lopez de Magalhães. *Publicidade e direito.* 3. ed. São Paulo: Saraiva Educação, 2018. p. 25 e ss.

[4] MOTTA, Carlos Pinto Coelho. *Divulgação institucional e contratação de serviços de publicidade:* legislação comentada. Belo Horizonte: Fórum, 2010. p. 76-77.

decisões etc. (caso dos art. 5º, LX, art. 37, §1º e art. 225, §1ª, IV). Ao revés, há propaganda quando presente sentido comercial – cabendo ao Estado restringir a propaganda de tabaco, bebidas alcoólicas, etc. (art. 220, §4º), bem como legislar sobre propaganda comercial (art. 22, XXIX) e meios de defesa da audiência contra programas inadequados (art. 220, §3º, II).

No entanto, essa definição constitucional é frágil em si mesma. Ao consultar os trabalhos da Assembleia Constituinte, percebe-se que os termos propaganda e publicidade não foram objeto de atenção especial, sendo utilizados indistintamente nas falas dos constituintes,[5] tampouco sendo possível encontrar uma distinção clara na história constitucional brasileira. A consulta aos trabalhos da Constituinte revela-se riquíssima no tema publicidade/propaganda governamental, e é possível perceber que o atual art. 37, §1º, contra a promoção pessoal, somente foi incluído ao longo das discussões, fora das comissões e subcomissões temáticas, e que sua votação sofreu adiamentos e defesa de parlamentares, além de um editorial do jornal "O Estado de São Paulo".[6]

Mais ainda, a pretensa delimitação presente na Constituição não é seguida pela legislação. Esse o caso da Lei nº 12.232/2010, bem como do Código de Defesa do Consumidor (Lei nº 8.078/1990), que menciona sempre publicidade, apesar do sentido comercial – à exceção de contrapropaganda (art. 56, XII e art. 60).

Em parte da legislação específica, anterior à Constituição, os termos seriam equivalentes, fosse a difusão de ideias ou de produtos. O regulamento da Lei nº 4.680/65, o Decreto nº 57.690/66, define propaganda como a difusão de ideias, bem como de mercadorias, produtos ou serviços (art. 2º), valendo-se essa difusão de atividades artísticas (art. 4º) e técnicas (art. 5º). Para as normas de autorregulação do setor publicitário, publicidade e propaganda são tratadas como sinônimos e seguem a definição do art. 2º do Decreto citado.

Além disso, na Lei nº 12.232, os termos acabam se confundindo. Em sua epígrafe, consta que ela "[d]ispõe sobre as normas gerais para licitação e contratação pela Administração Pública de serviços de *publicidade* prestados por intermédio de agências de *propaganda*".

---

[5] Cf. BRASIL. Assembleia Nacional Constituinte. Ano II – nº 203. Sexta-feira, 11 mar. 1988. Brasília-DF. *Ata da 222ª Sessão da Assembleia Nacional Constituinte*, em 10 mar. 1988, p. 479 e BRASIL. Assembleia Nacional Constituinte. Ano II – nº 298. Quinta-feira, 25 ago. 1988. Brasília-DF. *Ata da 323ª Sessão da Assembleia Nacional Constituinte*, em 24 ago. 1988, p. 148 e 205.

[6] ACERVO ESTADÃO. *Como criar o Direito, sem juristas?* O Estado de São Paulo, 26 ago. 1988. Disponível em: https://acervo.estadao.com.br/. Acesso em: 25 mar. 2022.

No mais, embora utilize geralmente agência de propaganda, em seu art. 19 consta agência de publicidade, fruto de uma emenda menos atenta à nomenclatura.[7] O resultado é que a distinção entre publicidade e propaganda não se sustenta na legislação.

Importa, por ora, apenas apontar que as agências contratadas prestam serviços de publicidade, segundo o art. 2º da Lei nº 12.232/2010. Tais serviços contam com uma delimitação legal específica, construída ao longo do tempo, como será apontado adiante e que difere de outros serviços contratados, como a comunicação digital, corporativa ou da assessoria de imprensa e das relações públicas. A dificuldade em distinguir esses serviços e a base legal respectiva tem levado a posicionamentos apressados, de invalidade. Caso de Justen Filho que parece confundir comunicação corporativa com comunicação digital e ainda aponta a invalidade da IN Secom 4/18, aparentemente ignorando o art. 2º, §2º da Lei nº 12.232/2010, que prevê a contratação de comunicação em objeto separado, não como publicidade. Tampouco haveria violação à enumeração do Decreto nº 6.555/2008 (art. 3º), sendo a comunicação corporativa relacionada às relações públicas e à assessoria de imprensa (incisos VI e VII), distinta da comunicação digital (I).[8]

Uma última nota é que os serviços de publicidade, em âmbito federal, também são divididos em quatro tipos, segundo a Instrução Normativa da então Secretaria Especial de Comunicação – IN Secom nº 2/2018:

> Art. 3º. As espécies de publicidade de que tratam as alíneas 'a', 'b', 'c' e 'd' do inciso V do art. 3º do Decreto nº 6.555/2008 são assim conceituadas:
> I – publicidade institucional: destina-se a divulgar atos, ações, programas, obras, serviços, campanhas, metas e resultados dos órgãos e entidades do Poder Executivo federal, com o objetivo de atender ao princípio da publicidade, de valorizar e fortalecer as instituições públicas, de estimular a participação da sociedade no debate, no controle e na formulação de políticas públicas e de promover o Brasil no exterior;

---

[7] Na Comissão de Finanças e Tributação, o parecer do Relator, Deputado Federal André Vargas, concordava com a utilização da nomenclatura "agência de propaganda", já presente na legislação. Disponível em:<https://www.camara.leg.br/proposicoesWeb/prop_mostrarintegra?codteor=655948&filename=EMR+1+CFT+%3D%3E+PL+3305/2008>. No entanto, emenda modificativa do Deputado Federal Alfredo Kaefer parece ter adotado a denominação "agência de publicidade" no art. 19, que assim permaneceu. Disponível em: <https://www.camara.leg.br/proposicoesWeb/prop_mostrarintegra?codteor=643645&filename=EMC+8/2009+CFT+%3D%3E+PL+3305/2008>.

[8] JUSTEN-FILHO, Marçal. *Comentários à Lei de Contratos de Publicidade da Administração:* Lei nº 12.232/2010. Belo Horizonte: Fórum, 2020, p. 98 e 148 e ss.

II – publicidade de utilidade pública: destina-se a divulgar temas de interesse social e apresenta comando de ação objetivo, claro e de fácil entendimento, com o objetivo de informar, educar, orientar, mobilizar, prevenir ou alertar a população para a adoção de comportamentos que gerem benefícios individuais e/ou coletivos;

III – publicidade mercadológica: destina-se a alavancar vendas ou promover produtos e serviços no mercado; e

IV – publicidade legal: destina-se à divulgação de balanços, atas, editais, decisões, avisos e de outras informações dos órgãos e entidades do Poder Executivo federal, com o objetivo de atender a prescrições legais.

As definições teriam surgido no Acordo firmado entre a Secom e o CENP, em maio de 2002, adotadas pela IN nº 28/2002 e que já eram previstas desde ao menos o Decreto nº 3.296/99 (art. 2º, III, a), ainda que sem definições. Nos Anais da Constituinte, porém, a fala do deputado Júlio Delgado (PT-MG) já indicava para algum tipo de delineação, permitida apenas a publicidade com fins educativos e a realizada por estatais que não atuem em regime de monopólio.[9]

Assim, apesar da falta de rigor quanto à distinção publicidade e propaganda e a nomenclatura da agência, a legislação prevê uma definição de serviços de publicidade no art. 2º da Lei nº 12.232/2010, ainda dividida em quatro tipos em âmbito federal.

1.1.1.2 Linhas gerais da estrutura de uma agência de publicidade e as atividades desenvolvidas

A segunda nota a respeito da definição presente na legislação refere-se à adoção de um modelo de agência de publicidade usualmente chamado *full service* (ou serviço completo, segundo a tradução de Portugal), em que a agência realiza desde a concepção até a distribuição da publicidade, passando pela produção e execução das campanhas. O modelo *full service*, e toda organização do setor em torno dele, é o que alguns chamam de "modelo brasileiro de publicidade", por continuar sendo utilizado especialmente no Brasil.

Um exemplo de organograma de uma agência de publicidade *full service* é:

---

[9] BRASIL. Assembleia Nacional Constituinte. Ano I – nº 127. Segunda-feira, 17 ago. 1987. Brasília, DF. *Ata da 139ª Sessão da Assembléia Nacional Constituinte*, em 16 ago. 1987, p. 20.

Figura 2 – Exemplo de organograma de agência publicitária
full service

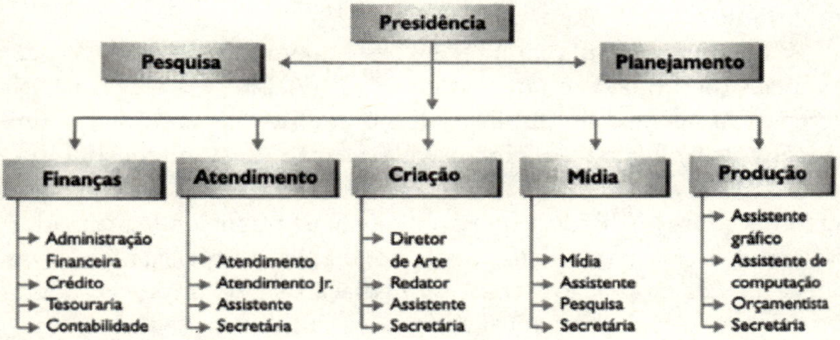

```
                            Presidência
        Pesquisa ←―――――――――――↓―――――――――――→ Planejamento
                                ↓
    ┌───────────┬───────────┬───────────┬───────────┬───────────┐
  Finanças   Atendimento   Criação      Mídia      Produção
  → Administração  → Atendimento  → Diretor     → Mídia        → Assistente
    Financeira     → Atendimento Jr. de Arte    → Assistente     gráfico
  → Crédito       → Assistente    → Redator     → Pesquisa     → Assistente de
  → Tesouraria    → Secretária    → Assistente  → Secretária     computação
  → Contabilidade                 → Secretária                 → Orçamentista
                                                               → Secretária
```

Fonte: LUPETTI, Marcélia. *Administração em publicidade:* a verdadeira alma do negócio. São Paulo: Cengage Learning, 2006, p. 52 apud ALVES, op. cit., p. 84.

Oliveira explica tais áreas.[10] O atendimento é responsável por manter o contato com o cliente, levando as demandas e apresentando as ideias, para escolha e aprovação do desse. Já o planejamento deve entender as solicitações e estudar como melhor atendê-las, caso em que precisa conhecer a fundo o cliente, suas diretrizes, o setor que se encontra, etc. A mídia é responsável por distribuir a veiculação, a partir do conhecimento do público-alvo e das ferramentas disponíveis. Já o setor de criação tem um nome autoexplicativo, concentrado na parte mais artística e que, em seguida, conta com a atuação da produção para materializar as ideias.

Uma visão intuitiva tende a destacar a criação sobre todas as outras tarefas desenvolvidas pela agência. No entanto, trata-se de um equívoco, eis que, mesmo nesse modelo mais tradicional, é difícil sustentar a prevalência da criação ou a existência de áreas estritamente definidas. Segundo entrevistas conduzidas por Alves, essa separação estaria mudando, por exemplo, com outras áreas, como planejamento e criação, também participando de reuniões diretamente com clientes,

---

[10] OLIVEIRA, Rui José. *Mensuração e avaliação de resultados em comunicação mercadológica:* A percepção das agências de comunicação *full service* e os impactos no relacionamento cliente-agência. 2016. 279 p. Tese (Doutorado em Ciências da Comunicação) – Escola de Comunicações e Artes, Universidade de São Paulo, São Paulo, 2016. p. 77 e ss.

ao lado do atendimento.[11] Assim, embora se reconheça a importância da criação, como sugere o imaginário popular, ela deve estar integrada a outras áreas, que desempenham papel, inclusive criativo, tão ou mais importante que a própria área de criação.[12]

Em suma, o Guia para Licitações elaborado pelo Sindicato das Agências de Propaganda de São Paulo (SINAPRO-SP) apresenta três funções da agência de publicidade no âmbito dos contratos administrativos: (i) de criação e inclusive execução de atividades internamente; (ii) de intermediação entre a Administração Pública e veículos ou fornecedores; e (iii) de acompanhamento da publicidade realizada.[13] Destaque, assim, para o fato de que o trabalho da agência não se concentra apenas na criação ou na intermediação, sendo impreciso adotar reducionismos ou visões idealizadas.

Ainda nesse panorama inicial, vale apontar que as maiores agências de publicidade atuantes no Brasil contam com investimento estrangeiro, fazendo parte de grandes grupos internacionais. Em 2020, na faixa das 10 maiores agências, o faturamento médio estimado para cada uma foi de pouco mais de R$923 milhões – queda de 18% em relação ao ano anterior.[14] O investimento estrangeiro sempre foi uma constante no setor publicitário brasileiro, com agências e profissionais locais coexistindo e/ou sendo objeto desse investimento. Dentre essa lista de maiores agências, nem todas necessariamente participam de licitações e são contratadas pela Administração Pública Federal, no entanto as listas tendem a ser bem parecidas.

Assim, por ora, cumpre ter presente que a diversidade de tarefas desempenhadas pelas agências aponta o desafio que é determinar sua

---

[11] ALVES, Maria Cristina Dias. *Mediações e os dispositivos dos processos criativos da publicidade midiatizada*: vestígios e perspectivas. 2016. 227 f. Tese (Doutorado em Ciências da Comunicação) – Escola de Comunicações e Artes, Universidade de São Paulo, São Paulo, 2016. p. 87.

[12] SAMPAIO, Rafael. O futuro da propaganda – parte 3: agências. *In*: CENP em Revista, ano 13, n. 49, dez. 2016, p. 44. ALVES, em pesquisa de campo, destaca a surpresa com os debates acirrados entre atendimento e planejamento. ALVES, *op. cit.*, p. 161.

[13] SINDICATO DAS AGÊNCIAS DE PROPAGANDA DO ESTADO DE SÃO PAULO (SINAPRO-SP). *Licitações públicas de Agências de Propaganda*: Guia de orientação à Administração Pública sobre licitações de serviços publicitários. São Paulo, 2017. p. 48.

[14] CENP. Ranking de Agências Participantes.. *CENP Meios*. jan./dez. 2020. Disponível em: <https://cenp.com.br/cenp-meios-ranking?ano=2020>. Acesso em: 25 mar. 2022. Também nesse sentido: LEMOS, Alexandre Zaghi. Unilever e WMcCann lideram rankings de maiores anunciantes e agências do Brasil. *Meio & Mensagem*. Disponível em: <https://dropsaea.meioemensagem.com.br/unilever-e-wmccann-lideram-rankings-de-maiores-anunciantes-e-agencias-do-brasil/>. Acesso em: 25 mar. 2022.

remuneração adequada. Esse modelo de agência fazia muito mais sentido na década de 1960, quando a Lei passou a vigorar. Hoje, há um embate, no setor publicitário, entre possuir agências extremamente especializadas, responsáveis por apenas parte desses serviços ou possuir justamente uma agência grande, com visão do todo e que possa atuar em várias frentes.[15] Fora do Brasil, para ficar apenas em um exemplo, a lei espanhola sobre publicidade menciona diversos tipos de contrato e a listagem das atividades desempenhadas sugere que uma agência pode prestar apenas algumas delas.[16] Tais questões serão retomadas ao longo do trabalho.

1.1.2 Fornecedores da agência de publicidade

Apesar da adoção de um modelo de agência de publicidade *full service*, ela sempre necessitará de fornecedores para realizar uma campanha. Uma definição de fornecedor consta das normas de autorregulação do setor: "pessoa física ou jurídica especializada e tecnicamente capacitada a fornecer os serviços ou suprimentos necessários" (Normas-Padrão da Atividade Publicitária, item 1.5). Dentre eles, estariam produtoras de vídeo, áudio, elenco etc., responsáveis pelas gravações, pela qualidade do material e pela seleção do elenco.

Como aponta Costa, essa necessidade de fornecedores decorre da especialização envolvida, bem como da incapacidade de ter todos os profissionais e serviços contratados e disponíveis o tempo todo.[17] Em entrevista, o publicitário Dalton Pastore destacava que são diversos os tipos de fotógrafos: de automóveis, cigarros, alimentos, alimentos gelados, pessoas, sendo impossível a agência ter todos contratados.[18]

---

[15] Caso de KITA, *op. cit.*, p. 104 e SANT'ANNA, por exemplo, que, ao classificar agências, fala em agência integrada, em oposição à agência especializada. SANT'ANNA, *op. cit.*, p. 322.

[16] España. Ley 34/1988, General de Publicidad: art. 8º "Son agencias de publicidad las personas naturales o jurídicas que se dediquen profesionalmente y de manera organizada a crear, preparar, programar o ejecutar publicidad por cuenta de un anunciante". Segundo a doutrina local: "El servicio que presta la agencia de publicidad al anunciante debe consistir en la creación, preparación, programación o ejecución de la publicidad. (...) El carácter disyuntivo de la enumeración recogida en el art.8 LGP viene a contemplar esta posibilidad". ALEJANDRE, Sandra Vilajoana. *Límites jurídicos de la publicidad en España: Marco normativo, análisis jurisprudencial y gestión profesional.* Tesis doctoral, 466 f. Barcelona, dez. 2015. Blanquerna, Universitat Ramon Llull, Director Dr. Josep A. Rom Rodríguez, p. 154.

[17] COSTA, Henrique Araújo *et al*. *Direito da publicidade*. Brasília: Thesaurus, 2008, p. 13.

[18] FREDDO, Claudio Mauricio. *Lei de Licitações de Publicidade*: Comentada Artigo por Artigo. São Paulo: Migalhas, 2017. p. 263.

Por isso, OLIVEIRA define a agência *full service* como aquela que possui parceiros a permitir-lhe prestar os mais diversos serviços – e não a que os têm todos em sua estrutura.[19]

1.1.3 Veículos de comunicação

Uma vez pronta e aprovada a campanha, ela chega ao público por meio de veículos de comunicação, caso de canais de televisão, rádio, jornal, revista. De acordo com a Lei nº 4.680/65:

> Art. 4º. São veículos de divulgação, para os efeitos desta Lei, quaisquer meios de comunicação visual ou auditiva capazes de transmitir mensagens de propaganda ao público, desde que reconhecidos pelas entidades e órgãos de classe, assim considerados as associações civis locais e regionais de propaganda bem como os sindicatos de publicitários.

A Instrução Normativa nº 3/2018 da Secom adota uma definição menos arcaica, que não depende do reconhecimento de entidades e órgãos de classe: "a empresa ou entidade capaz de comercializar espaço e ou tempo e de transmitir mensagem ao público" (art. 3º, XXXII). Diferentemente da Lei, porém, tal definição sinaliza pela impossibilidade de utilização de veículos comunitários e/ou todos aqueles que não possam comercializar espaço ou tempo. Comentando acórdão do Tribunal de Contas mineiro, Ferraz apontava pela impossibilidade de sua utilização, eis que tais veículos não podem ter serviços remunerados.[20] Considerando, porém, o caso de publicidade veiculada a título gratuito, não haveria ressalvas, a que as mensagens governamentais fossem potencializadas por meio de tais veículos.

Ainda, no âmbito da publicidade, é possível encontrar classificações dos veículos por visuais (imprensa, mobiliário urbano), auditivos (rádio), audiovisuais (televisão, cinema), com pontos fortes e fracos.[21]

---

[19] OLIVEIRA, *op. cit.*, p. 166.
[20] FERRAZ, Luciano. Município: licitação de serviços de publicidade: natureza continuada: regramento específico da Lei nº 12.232/10: norma aplicável às campanhas de publicidade: incompatibilidade com a figura do credenciamento: obrigatoriedade de cadastramento de fornecedores: divulgações de menor alcance: regramento da Lei nº 8.666/93: possibilidade de credenciamento dos veículos de comunicação para as peças elaboradas pela Administração: composição da subcomissão técnica: inviabilidade de reforma da decisão técnica da subcomissão por autoridade superior: aspectos da contratação de rádios comunitárias: entendimento do TCEMG: considerações. *Fórum Municipal & Gestão das Cidades – FMGC*, Belo Horizonte, ano 2, n. 5, maio/jun. 2014.
[21] SANT'ANNA, *op. cit.*, p. 230 e ss.

Cada tipo de veículo e ainda cada veículo determinado, evidentemente, contam com um público específico e são usados de acordo com as estratégias de comunicação.

1.1.4 Anunciantes

Por fim, o esquema acima indica como o anunciante (também chamado de cliente), no caso a Administração Pública Federal, contrata uma agência de propaganda para desenvolver uma campanha. Segundo o Decreto nº 57.690/1966, no seu art. 8º: "Consideram-se Clientes ou Anunciante a entidade ou indivíduo que utiliza a propaganda".

Cabe apontar que dos 15 maiores anunciantes brasileiros no ano de 2020, dois fazem parte da Administração Pública Federal. Em quinto lugar, consta o Banco do Brasil, com um volume de compra de mídia estimado em cerca de R$616 milhões; e a Caixa Econômica Federal, em décimo quinto lugar, com cerca de R$383 milhões.[22]

1.1.4.1 Secom como contratante e como reguladora, mas não como prestadora: a obrigação da Administração Pública de contratar agências de publicidade

No âmbito da Administração Pública Federal, a noção de anunciante ganha complexidade ao se misturar com as noções de regulador, e até mesmo com a de agência de publicidade, com a possibilidade, bastante limitada, de a própria entidade promover sua publicidade.

Em âmbito federal, mais de duas dezenas de entidades são anunciantes, com agências de publicidade contratadas, o que inclui Ministérios, como da Saúde e da Educação, bem como institutos, universidades e empresas estatais, como Banco do Brasil e Caixa Econômica Federal, com valores significativos de investimento.

---

[22] LEMOS, Alexandre Zaghi. Unilever e WMcCann lideram rankings de maiores anunciantes e agências do Brasil. Meio & Mensagem. Disponível em: <https://dropsaea.meioemensagem.com.br/unilever-e-wmccann-lideram-rankings-de-maiores-anunciantes-e-agencias-do-brasil/>. Acesso em: 25 mar. 2022. E também: PEZZOTTI, Renato. Unilever volta a ser maior anunciante do Brasil, aponta estudo. *Portal Uol*, 31 maio 2021. Disponível em: <https://economia.uol.com.br/noticias/redacao/2021/05/31/unilever-genomma-e-sky-sao-os-maiores-anunciantes-do-brasil-diz-estudo.htm>. Acesso em: 25 mar. 2022.

O governo federal também conta com a Secretaria Especial de Comunicação Social (Secom), atualmente vinculada ao Ministério das Comunicações (art. 26-D, I da Lei nº 13.844/2019). A Secom é responsável pela política de comunicação e divulgação do Governo Federal, segundo o art. 26-C, inciso IV da Lei citada e, para tanto, contrata e desenvolve publicidade por meio de suas agências, em especial a publicidade institucional do Governo Federal.

Além disso, a Secom conta com atribuições previstas no art. 6º do Decreto nº 6.555/2008, específico sobre as ações de comunicação do Poder Executivo Federal:

> Art. 6º Cabe à Secretaria de Comunicação Social:
> I - coordenar o desenvolvimento e a execução das ações de publicidade, classificadas como institucional ou de utilidade pública, e as de patrocínio, de responsabilidade dos integrantes do Sicom e que, com ela de acordo, exijam esforço integrado de comunicação;
> II - supervisionar o conteúdo de comunicação das ações de publicidade, classificadas como institucional ou de utilidade pública, e as de patrocínio, de responsabilidade dos integrantes do Sicom;
> III - controlar, nas ações de publicidade e de patrocínio submetidas à sua aprovação pelos integrantes do Sicom, a observância dos objetivos e diretrizes previstos nos arts. 1º e 2º, no tocante ao conteúdo de comunicação e aos aspectos técnicos de mídia;
> IV - editar políticas, diretrizes, orientações e normas complementares deste Decreto;
> V - planejar, desenvolver e executar as ações de comunicação das áreas discriminadas no art. 3º e outras subsidiárias ou complementares a elas, realizadas com recursos orçamentários alocados na Presidência da República, com observância da eficiência e racionalidade na sua aplicação;
> VI - coordenar negociações de parâmetros para compra de tempos e espaços publicitários de mídia pelos órgãos e entidades do Poder Executivo Federal;
> (...)
> VIII - examinar e aprovar as minutas de edital de licitação dos integrantes do Sicom, com seus anexos, destinado à contratação de serviços de publicidade prestados por intermédio de agência de propaganda;
> (...)

Assim, a Secom, além de contratar agências de publicidade e promover campanhas, também possui diversas funções, exercidas por meio da Sicom, o Sistema de Comunicação de Governo do Poder

Executivo Federal. A Sicom é composta por todos os "órgãos e entidades do Poder Executivo Federal que tenham a atribuição de gerir ações de comunicação", segundo o art. 4º do Decreto citado e tem a Secom como seu órgão central.

Por meio da Sicom, são exercidas ao menos duas grandes funções: normativa e controladora. A função normativa se traduz na edição de normas, políticas, diretrizes, orientações e contratos que deverão ser observados pelas entidades que realizam publicidade em âmbito federal. Destaque para as Instruções Normativas, explicadas adiante. A função controladora desdobra-se no acompanhamento das campanhas realizadas, bem como na sua fiscalização, examinando tanto os procedimentos adotados pelas entidades, e sua adequação às normas, quanto o seu conteúdo, aprovando-os.

Isso significa, ao final, que todos os ministérios, órgãos e entidades integrantes do Poder Executivo Federal que realizem publicidade estão sujeitos às suas normas e à aprovação de editais e acompanhamento da publicidade realizada.

Merece destaque o fato de que a Secom também cuida da publicidade realizada pelas empresas estatais. Isso ocorre nas contratações que ultrapassem o valor de R$33 milhões, por força do art. 7º, II da IN Secom nº 3/2018, combinado com o atual art. 23, II da Lei nº 8.666/93, atualizado pelo Decreto nº 9.412/2018. O valor alcança, assim, as principais contratações das estatais, como Banco do Brasil, Caixa e Petrobrás. Considerando a sistemática da nova Lei nº 14.133/2021, cujo art. 29 não traz valores de referência para cada tipo de modalidade, ainda não é claro se o critério de valor será mantido.

Como apontado, tais empresas figuram entre as maiores anunciantes do país. Além disso, elas também são dotadas de um grau diferenciado de autonomia, necessário para permitir sua atuação em regime de concorrência com empresas privadas. Assim, o art. 40 da Lei nº 13.303/2016 prevê que "[a]s empresas públicas e as sociedades de economia mista deverão publicar e manter atualizado regulamento interno de licitações e contratos, compatível com o disposto nesta Lei".

De um lado, essa autonomia, bem como a atuação publicitária das estatais, significa que muitas das inovações e diferenças existentes nas contratações administrativas de publicidade ocorrem no âmbito das empresas estatais. Nesse sentido, os patamares diferenciados de remuneração, como veremos a seguir.

De outro lado, essa autonomia é limitada pela Secom. As estatais fazem parte da Sicom, estando sujeitas ao controle da Secom, observando sua minuta-padrão, seus procedimentos, bem como negociam mídia em conjunto, como ainda veremos. Assim, os regulamentos internos não são vistos como uma liberdade completa para as estatais adotarem um regime privado de contratações de publicidade e explorarem novos formatos.

A aprovação dos editais pela Secom já foi reputada como uma medida autoritária[23] e, em abril de 2019, uma campanha do Banco do Brasil teria sido retirada do ar a pedido do Presidente da República, por promover a diversidade.[24] A medida não seria necessariamente autoritária, mas uma forma de privilegiar o conhecimento e a institucionalidade mantidos pela Secom, desde que observados critérios e objetivos presentes na legislação, bem como a independência das entidades consideradas, no caso das estatais. Em não respeitada, porém, surgem problemas como o do caso.

1.1.4.1.1 Possibilidade de a Administração Pública realizar publicidade sem a contratação de agência de propaganda: as agências internas

Embora a presente investigação trate da remuneração das agências de propaganda contratadas pela Administração Pública Federal, nos termos da Lei nº 12.232/2010 surge a questão se é possível a realização de publicidade sem as agências. A questão está longe de ser meramente teórica e foi aventada no começo de 2019.[25]

Uma resposta mais direta é observar o art. 9º do Decreto nº 6.555/2008, que prevê, como regra, a execução de ações de publicidade por meio de agências de propaganda, à exceção da publicidade legal (aquela que envolve a publicação de editais, normas etc., no Diário Oficial e jornais de grande circulação – embora também existam agências especializadas nessa publicidade legal). No entanto, segundo o Decreto, também as outras espécies de publicidade poderão ser realizadas sem

---

[23] CORRÊA, Petrônio Cunha. *Petrônio Corrêa (depoimento, 2004)*. CPDOC, ABP – Associação Brasileira de Propaganda, Rio de Janeiro, Souza Cruz, 2005. p. 30.

[24] A pedido de Bolsonaro, Banco do Brasil tira campanha do ar. *Meio & Mensagem*. 25 abr. 2019, atualizada em 26 abr. 2019. Disponível em: <https://www.meioemensagem.com.br/home/comunicacao/2019/04/25/a-pedido-de-bolsonaro-banco-do-brasil-tira-campanha-do-ar.html>. Acesso em: 25 mar. 2022.

[25] AMADO, Guilherme. Governo vai criar agência de publicidade dentro do Planalto. *Revista Época*. 25 jan. 2019. Disponível em: <https://epoca.globo.com/guilherme-amado/governo-vai-criar-agencia-de-publicidade-dentro-do-planalto-23400945>. Acesso em: 25 mar. 2022.

agências, a depender das características ou outros aspectos relevantes (art. 9º, §2º). Em oitivas realizadas para o caso CENP, explicado na sequência, em 2012, o então secretário de Gestão, Controle e Normas da Secom, José Vicentine, afirmou que cerca de 50 entes da Administração Pública Federal teriam contratos com agências e lembrou ainda que não necessariamente todo serviço seria realizado via agência.[26]

No entanto, de forma a entender a lógica do artigo mencionado, cabe investigar quais as razões de tal regra. A investigação aqui pode ser respondida pela publicidade, na noção de "agências internas" (chamadas de *in-house agency*), ou pelo próprio direito, de forma talvez mais genérica, na noção de *contracting out*.

No caso da publicidade, existe a possibilidade de grandes anunciantes (como é o caso da Administração Pública Federal) internalizarem sua atuação por meio de departamentos internos de publicidade. Em outras palavras, ao invés de contratar uma agência de publicidade, o anunciante desenvolveria uma estrutura interna específica, capaz de lidar com suas demandas publicitárias. O movimento ganharia impulso a partir de novas tecnologias, principalmente no ambiente digital, que facilitaria essa atuação, com tecnologias a facilitarem o próprio trabalho dos anunciantes.

Assim, segundo estudo da Associação Nacional de Anunciantes dos Estados Unidos (ANA), os principais benefícios de uma estrutura interna seriam: custo-benefício, maior conhecimento específico, pessoal com dedicação exclusiva e rapidez/agilidade,[27] vantagens também apontadas no Brasil. Em suma, internalizar a estrutura de uma agência de publicidade permitiria uma solução específica para os anunciantes, totalmente dedicada para as demandas, com maior conhecimento dos desafios e demandas do próprio anunciante. Assim, não haveria o pagamento de toda a estrutura de uma agência ou a dificuldade em ser prontamente atendido.

A solução não é tão simples, porém, em especial no caso da Administração Pública. Assim, haveria as dificuldades de gerenciar o fluxo de trabalho e os recursos disponíveis, bem como de reunir *expertise* para desempenhar tais tarefas.[28] Diante da ideia, publicitários brasileiros

---

[26] BRASIL. Conselho Administrativo de Defesa Econômica. *Processo Administrativo 08012.008602/2005-09*, fl. 5054.
[27] ASSOCIATION OF NATIONAL ADVERTISERS (ANA). *The continued rise of the in-house agency*. Out. 2018.
[28] RECH, Marcelo. O modelo e a democracia. *CENP em revista*, Ano 15, n. 58, mar./abr./Maio 2019. p. 31.

comentaram que a medida representaria um alto investimento por parte do governo, bem como um espaço para contratar apaniguados, em mais um órgão com estrutura burocrática e sujeito a um regime jurídico de direito público, com licitações e perda da agilidade que caracterizam as agências.[29] Assim, não significaria redução de custos, mas poderia trazer ainda mais burocracia interna para sua aprovação adequada, quando as agências também podem ser rápidas.[30]

Outro desafio seria a qualidade das decisões tomadas. Ao mesmo tempo em que pode promover um controle mais fácil, com sinergia e maior proximidade, a aproximação excessiva pode comprometer o julgamento e facilitar que decisões ruins sejam levadas adiante.[31] Um exemplo de iniciativa malsucedida recente seria a campanha realizada pela Embratur, cujo *slogan* suscitaria o turismo sexual "Brasil. Visite e nos ame" e ao fato de que a fonte da campanha teria sido utilizada sem o pagamento de direitos autorais.[32]

Em termos de valores, a solução também é apenas aparente. No caso brasileiro, as *houses* possuem um status diferenciado em relação às agências, o que compromete os possíveis ganhos da solução.[33] Ao contratar uma agência de publicidade, a Administração Pública submete-se ao modelo de remuneração próprio do setor, examinado no capítulo seguinte, que seria mais econômico.[34] Além disso, o problema dessa ideia é valorizar muito a criação, segundo Costa,[35] e imaginar que um publicitário criativo poderia fazer tudo pela Administração, como se toda a complexa estrutura da agência de publicidade pudesse ser dispensada, sem prejuízo à qualidade do serviço.

---

[29] PENTEADO, Cláudia. Especulação sobre house agency no governo federal reacende polêmica. *Propmark*, 8 fev. 2019. Disponível em: <https://propmark.com.br/mercado/especulacao-sobre-house-agency-no-governo-federal-reacende-polemica/>. Acesso em: 25 mar. 2022.

[30] PAGLIARINI, Alexis Thuller. House, sweethouse. *Propmark*, 11 fev. 2019. Disponível em: <https://propmark.com.br/mercado/house-sweethouse/>. Acesso em: 25 mar. 2022.

[31] SAMPAIO, Rafael. O futuro da propaganda – parte 3 : agências. *CENP em Revista*. Ano 13, nº 49, , dez. 2016, p. 38.

[32] Criticada por conotação sexual, campanha da Embratur usou fonte sem respeitar direitos autorais. *Folha de São Paulo*. 26 jul. 2019. Disponível em: <https://www1.folha.uol.com.br/mercado/2019/07/criticada-por-conotacao-sexual-campanha-da-embratur-usou-fonte-sem-respeitar-direitos-autorais.shtml>. Acesso em: 25 mar. 2022.

[33] In-house e a terceirização da expertise publicitária. *CENP em Revista*, ano 13, n. 51, jun./jul./Ago. 2017. p. 24-25.

[34] Como explica a Comunicação Normativa 15, do CENP. Disponível em: <https://www.cenp.com.br/documento/CN-15-port>.

[35] COSTA, Henrique *et al.*, *op. cit.*, p. 79 e ss.

Além do debate específico da publicidade, o direito auxilia na resposta ao tratar de temas como o papel do Estado. Uma noção por vezes discutida é a importância da contratualização para o Estado prestar determinadas atividades. Bresser-Pereira, ao tratar de uma reforma gerencial de Estado, apresenta um cenário que aproxima a Administração Pública do mercado, bem como de estratégias do setor privado. Uma dessas estratégias seria manter apenas alguns serviços internamente e contratar outros junto ao mercado, em um movimento de redução do tamanho do Estado.[36]

Assim, é de se mencionar que a existência de um departamento interno não significa a completa interdição de contratar profissionais externos ou uma agência para determinada campanha. A menção a uma estrutura interna tampouco deve ser um modelo único, mas seria possível que apenas algumas atividades fossem assumidas pela Administração Pública.[37]

Por todo o exposto, contratar uma agência de propaganda para a prestação de serviços de publicidade é uma solução que privilegia o conhecimento especializado, a economia de recursos e a possibilidade de maior controle e diversidade de ideais, em um cenário de restrições fiscais, e tal como o setor publicitário brasileiro hoje se organiza.

1.2 Legislação aplicável à contratação administrativa de publicidade

A legislação evidencia parte das peculiaridades relativas ao setor publicitário. No entanto, a dificuldade em identificá-las e entendê-las é evidente na atuação dos órgãos de controle, ao tratar de temas associados. Destaque para dois casos: o caso do "Mensalão", examinado pelo Tribunal de Contas da União – na verdade, a consolidação de diversas auditorias sobre os contratos de publicidade com a Administração Pública Federal, em 2006; e o caso CENP, em que o CADE analisou a criação e a atuação da entidade de autorregulação do setor, em termos concorrenciais.

---

[36] BRESSER-PEREIRA. Luiz Carlos. *Reforma do Estado para a cidadania:* a reforma gerencial brasileira na perspectiva internacional. São Paulo: Editora 34; Brasília: ENAP, 1998, p. 117. No mesmo sentido, DI PIETRO, Maria Sylvia. *Parcerias na Administração Pública*, 7. ed. São Paulo: Atlas, 2009. p. 23.

[37] Caso, por exemplo, da Nestlé e a exploração de outros modelos. MARCONDES, Pyr. A terceira via: um modelo em estudo pelos anunciantes. *Proxxima*, 16 jan. 2020. Disponível em: <https://www.proxxima.com.br/home/proxxima/blog-do-pyr/2020/01/16/a-terceira-via-um-modelo-em-estudo-pelos-anunciantes.html>. Acesso em: 25 mar. 2022.

1.2.1 Especificidades do setor publicitário: criatividade e tradição

Usualmente, as especificidades do setor são associadas à criação e a uma suposta tradição do setor. Ainda que tais especificidades, colocadas de modo caricatural, não se sustentem, elas são recorrentemente mencionadas. Cabe seu exame antes de examinar a legislação e entender quais são as de fato admitidas.

A criação publicitária é uma especificidade do setor intuitivamente apontada. Segundo uma visão superficial, a criação seria o departamento específico das agências de publicidade da qual todos as outras dependeriam. Esse raciocínio apresenta diversos problemas.

O primeiro problema é supor que os contratos milionários de publicidade estão relacionados à remuneração do gênio criativo, quando, na verdade, eles estão relacionados aos custos de veiculação das campanhas publicitárias. O desconto-padrão, principal fonte de remuneração das agências, relaciona-se à veiculação, justamente partindo do pressuposto de que não é tão simples relacionar criatividade e remuneração. Assim, grande parte do montante gasto no contrato não se destina a remunerar a criação e pouco tem a ver com ela, mas com sua veiculação. Em outros termos, usar o "gênio criativo" como justificativa para as peculiaridades do setor e para entender seu funcionamento é uma enorme redução do debate, que impede entender os principais atores, a complexidade dos interesses envolvidos e a remuneração, daí a necessidade de ter enorme cuidado com tal tipo de argumento.

O segundo problema desse raciocínio é supor que uma agência de publicidade é feita apenas de uma área ou de um profissional de criação. Assim, toda a remuneração serviria para remunerar criativos, ignorando todos os outros envolvidos. Ao adotar essa visão, no exame do caso do Mensalão, por exemplo, o TCU ou tolera tudo que ocorre na publicidade, assumindo que se trata de serviço quase mágico, ou leva à visão de que para além da criatividade, os outros serviços prestados pela agência seriam dispensáveis e serviriam apenas para ludibriar a Administração Pública, lucrando em cima do dinheiro dos contribuintes.[38]

Na doutrina, Costa chama esse fenômeno de "mito do publicitário criador". Em outras palavras,, a visão reducionista de publicidade como exaltação da criatividade ignora que a publicidade é feita de outras

---

[38] COSTA, Henrique *et al.*, *op. cit.*, p. 58.

tantas atividades, tanto ou até mais importantes que a própria criação.[39] Como apontado acima, a agência de publicidade é formada por várias áreas, sendo esta apenas uma delas, que sequer é desenvolvida apenas no setor que leva seu nome.[40] Na própria publicidade, essa visão é combatida, por inviabilizar outras atividades prestadas por uma agência de publicidade, em especial aquelas envolvendo a distribuição dessa, com a escolha dos veículos adequados.[41]

O terceiro problema do reducionismo é ignorar que, dentre as várias atividades envolvidas, existem sim aquelas que podem, e devem, ser aferidas e controladas, com a utilização de dados, pesquisas e tomada de decisões justificáveis ou não – como será aprofundado no capítulo seguinte. A criatividade, assim, tem uma dimensão relativa na definição dos serviços de publicidade. Como aponta Marçal Justen Filho, apesar de uma margem de incerteza e de não padronização, haveria padrões a serem seguidos, dentro de uma boa técnica.[42] Esses padrões estariam nos outros tantos serviços prestados pela agência, bem como seriam aferíveis conforme os resultados e custos apresentados.

Por fim, o quarto problema é que mesmo no setor publicitário se discute um processo de "comoditização da publicidade".[43] Cada vez mais, haveria uma tentativa de vincular a remuneração das agências ao que é efetivamente gasto, pressionando a remuneração. Também no Brasil há registro de um desprestígio da área de criação, com maior pressão por resultados, achatamento de salários e contratação de profissionais cada vez mais jovens e inexperientes, sujeitos a salários

---

[39] *Ibidem*, p. 26-27.
[40] ALVES, *op. cit.*, p. 193-194. No mesmo sentido, destacando como a criação passa por quem faz a produção e realmente realiza a ideia antes delineada: FREDDO, *op. cit.*, p. 377.
[41] SANT'ANNA, *op. cit.*, p. 71.
[42] JUSTEN-FILHO. *Comentários à Lei de Contratos de Publicidade da Administração*: Lei nº 12.232/2010. Belo Horizonte: Fórum, 2020., p. 179. Guilherme Reisdorfer também aponta que muitas dificuldades viriam dessa combinação entre arte e técnica e da dificuldade em se obter padrões aferíveis. REISDORFER, Guilherme F. Dias. Licitação e contratação de serviços de publicidade: reflexões sobre a Lei nº 12.232/2010 em face do direito das licitações e alguns aspectos práticos. *Revista Brasileira de Direito Público – RBDP*, Belo Horizonte, ano 12, n. 44, jan./mar. 2014. Disponível em: <http://www.bidforum.com.br/PDI0006.aspx?pdiCntd=111635>. Acesso em: 13 abr. 2018.
[43] PETERSEN, Lena. Opinion: why creative cannot be commoditized. *AdAge*, 12 jun. 2019. Disponível em: <https://adage.com/article/opinion/opinion-why-creative-cannot-be-commoditized/2177741>. Acesso em: 25 mar. 2022.
SKEELS, Jack. Advertising's real problem is the agency commoditizaion crisis. *AdAge*, 16 ago. 2017. Disponível em: <https://adage.com/article/agency-viewpoint/advertising-s-real-problem-commoditization-crisis/310117>. Acesso em: 25 mar. 2022.

menores, ao mesmo tempo em que profissionais dos clientes não se dispõem a valorizá-los. Além disso, a tecnologia permitiria refazer o trabalho diversas vezes, alterando o processo criativo. Adotar a visão de que contratos de publicidade são caros pelos altos salários pagos a criativos geniais ignora, mais uma vez, a realidade do setor publicitário e sua dinâmica recente.

No âmbito do controle, isso se verifica na análise empreendida pelo TCU. É significativo que esse tenha sido o primeiro caso de audiência pública do Tribunal de Contas, o que repercute no posicionamento do ministro relator em 2010, bastante sensibilizado a argumentos do setor, vocalizados ainda pela Advocacia-Geral da União.[44] Além disso, unidade técnica e Ministério Público específico demonstraram grande dificuldade em entender o que diferencia o setor publicitário dos demais.

Do lado de uma visão dura do setor, destaque para o trabalho da unidade técnica, que prevalece em um primeiro momento, sob o impacto das denúncias de corrupção do caso do Mensalão. Essa visão insiste na aplicação da Lei nº 8.666/1993 e em uma visão estrita de legalidade, mantida apesar da promulgação da Lei nº 14.133/2021, que pouco altera esse cenário. Apesar disso, o acórdão nº 2.062/2006 inicia-se com um tópico que busca entender o setor, a respeito dos atores e do relacionamento estabelecido entre eles (item 2.1, "Participantes do Sistema").

De outro lado, a visão simpática ao setor é adotada pelo Ministério Público (MP), quando conveniente, e especialmente pelo Ministro-relator no pedido de reexame. Chama a atenção, porém, a visão do Ministério Público, por vezes mais realista, ao tratar do planejamento envolvido. Para o MP, a imprevisibilidade da criação estaria sendo usada para justificar a imprevisibilidade de todo o contrato, desconsiderando que atividades como produção e veiculação consomem muito mais recursos.[45] Essa busca por especificidades também fez o Ministério Público sugerir uma unidade técnica específica para a publicidade, como se todo o controle dessa estivesse relacionado à subjetividade e à criatividade.

Quanto à tradição, é comum encontrar argumentos no sentido de que "sempre foi assim". A investigação do CADE destacou a

---

[44] BRASIL. Tribunal de Contas da União (TCU). *Acórdão 3.233/2010*, Plenário, relator Ministro Marcos Vilaça, dj. 1 dez. 2010, p. 100.
[45] *Ibidem*, p. 77.

historicidade da remuneração do setor e, para justificar a remuneração pelo desconto-padrão, típica do setor, recorreu à história da publicidade, até 1914:

> (325) Conforme exposto em seção sobre o histórico do quadro regulatório do setor, tem-se que a fixação do porcentual da comissão de veiculação de 20% faz parte da própria história da publicidade no Brasil
> (...)
> (369) Isso nos faz concluir que, em verdade, o mercado publicitário brasileiro é marcado, em toda sua história, por uma notória regulamentação, que atribui às Normas Padrão oriundas da regulamentação, papel preponderante. (...) modelo tal qual estabelecido tem sido aplicado sem notória contestação por parte dos três principais agentes deste mercado desde a década de 1960.
> (...)
> (421) Portanto, a própria Lei nº 4680/65, que é o marco regulatório do mercado brasileiro de publicidade e dispõe sobre o exercício da profissão de publicitário e agenciador de propaganda, define quem são os entes deste mercado e estabelece normas referentes às comissões e aos descontos devidos aos agenciadores e às agências de propaganda, excluindo a figura dos bureaux. Logo, existência de previsão legal impede a intervenção do CADE quanto à conduta em análise. (Nota técnica nº 11/2016/CGA4/SGA1/SG/CADE)

O grande problema desse argumento é que o fato de um modelo existir há mais de século não significa necessariamente que ele deva continuar existindo. A exacerbação de argumentos históricos dificulta que novas formas de organização do setor sejam exploradas e que problemas sejam identificados e solucionados. O último trecho chega a ser cínico, ao sustentar que *bureaux de mídia* não seriam admitidos no mercado publicitário brasileiro eis que ausentes da Lei nº 4.680/1965. Ocorre que tais *bureaux* somente teriam aparecido mundialmente nos anos 1980/1990, o que torna evidente que uma legislação da década de 1960 não os tenha previsto. Essa linha de argumento pode ser localizada em parecer econômico contratado pelo CENP e parece ter sido admitida pelo CADE sem maior aprofundamento.[46] O grande problema, assim, foi a interpretação conservadora dada ao setor, utilizando a situação consolidada como fundamento para evitar outras mudanças.

---

[46] BRASIL. Conselho Administrativo de Defesa Econômica. Processo Administrativo nº 08012.008602/2005-09, fl. 4981.

A única entidade que pareceu analisar essa conformação de forma crítica foi a Associação Brasileira de Anunciantes (ABA) – claramente interessada em alterá-la e conseguir contratos mais baratos.[47] Em resposta a ofício enviado pelo CADE, a entidade defende a autorregulação do setor, bem como a importância do desconto-padrão, mas afirma que ele teria se tornado anacrônico em um cenário de mídias digitas, atrapalhando a liberdade. A manifestação revela o interesse dos contratantes em pagar menos pela publicidade.

Enfim, é de se suspeitar argumentos que utilizem a conformação histórica do setor publicitário para defender as peculiaridades hoje existentes. É preciso que essa história seja entendida e interpretada de maneira evolutiva, conforme as condições tecnológicas existentes, inclusive em outros países.

Aqui, nesse momento, é preciso ter presente que os serviços de publicidade diferem dos outros, em especial os de engenharia, e da lógica da Lei nº 8.666/93. Mas, ao mesmo tempo, é preciso se afastar da visão romantizada da criatividade ou da tradição, tarefa que o controle demonstrou enorme dificuldade em realizar.

1.2.2 Lei nº 4.680/65 e seu Decreto nº 57.690/66

Como já utilizado acima, muitas das definições empregadas remontam à Lei nº 4.680/1965, que "dispõe sobre o exercício da profissão de publicitário e de agenciador de propaganda e dá outras providências". Ela traz definições sobre as partes envolvidas, bem como delineia a forma de remuneração.

Assim, define agência de propaganda (art. 3º), veículos de divulgação (art. 4º) e propaganda (art. 5º), bem como publicitário (art. 6º), como deve ser sua remuneração (art. 7º), o registro profissional (art. 8º). A Lei também delineia a forma de remuneração, por meio de comissões e descontos (art. 11 a 14).

A citada comissão é a forma de remuneração mais tradicional das agências: o usualmente chamado desconto-padrão, detidamente analisado no capítulo seguinte. Apesar do nome, não se trata propriamente de um desconto, mas de uma comissão que as agências cobram dos veículos pelo encaminhamento da publicidade.

---

[47] Petição 0100322 no Processo Administrativo nº 08012.008602/2005-09.

O art. 17 menciona ainda o Código de Ética dos Profissionais da Propaganda. Com isso, a lei admite normas de autorregulação setorial, como explicado abaixo.

A lei em questão ainda conta com o Decreto nº 57.690/66, que aprova o regulamento para sua execução. Ele aprofunda as definições, não só de propaganda, mas de atividades artísticas e técnicas (art. 4º e 5º, respectivamente), as normas de remuneração nos art. 7º e 9º, indicando as condutas admitidas e o relacionamento entre as três partes mais tradicionais (agências, anunciante e veículos) e traz algumas normas éticas sobre o conteúdo da publicidade e o exercício da profissão (art. 17).

Cumpre notar que a Lei nº 4.680/65 é mencionada no art. 1º, §2º da Lei nº 12.232/2010, como de aplicação complementar. Como decorrência, há a importação de todo esse ecossistema, considerados os agentes aí previstos e os contornos da remuneração.

Outra questão, notada por Justen Filho, é a previsão do art. 28 da Lei das Estatais (Lei nº 13.303/16), de que as contratações ocorrerão segundo tal Lei nº 13.303/16. O problema, segundo o autor, é que a Lei em questão não trata das contratações de publicidade, e tampouco as normas internas das estatais são suficientes, caso em que haveria a aplicação direta da Lei nº 4.680/65.[48]

Ao examinar os editais recentes de Banco do Brasil, Caixa e Petrobrás,[49] percebem-se as menções à Lei nº 12.232/2010 ainda subsistem – inclusive pelo fato de que a Lei nº 4.680/65 não trata de licitações e seria insuficiente para cuidar do procedimento. No entanto, os editais consultados teriam sido elaborados ainda dentro dos 24 meses de adequação previstos pela Lei das Estatais (art. 91), o que pode indicar uma adaptação das empresas estatais em fase de elaboração e aprimoramento de seus regulamentos internos. Como apontado, tais anunciantes estão dentre os maiores de todo o Brasil e,

---

[48] JUSTEN FILHO, Marçal. *Comentários à Lei de Contratos de Publicidade da Administração*: Lei nº 12.232/2010. Belo Horizonte: Fórum, 2020., p. 66.
[49] Respectivamente, Banco do Brasil Concorrência DISEC nº 2016/00003 (8558). Disponível em: <https://static.poder360.com.br/2017/03/concorrencia-banco-do-brasil-publicidade.pdf>. Licitação nº 2018/01918 (8558), disponível em: <https://www.bb.com.br/docs/pub/siteEsp/dilog/dwn/edLP18.1918.pdf>. Caixa Econômica Federal. Edital nº 1807/7066-2017, disponível em: <https://static.poder360.com.br/2018/01/edital-caixa-publicidade-29dez2017.pdf>. e Petrobrás. Edital de Concorrência nº 1.983.796.16.0, disponível em: <https://static.poder360.com.br/2017/02/06.12.16-Edital-da-Concorre_ncia-1.983.796.16.0.pdf>.

por sua autonomia, também seriam importantes para o modo como as contratações administrativas de publicidade se desenvolvem.

Retomando, como se percebe pela descrição, tanto a Lei nº 4.680/65 quanto o Decreto se inserem em um contexto específico, em que o Estado possuía uma atuação mais incisiva sobre as profissões. Nesse sentido, não só as definições, mas as regras a prever o registro dos profissionais, a fiscalização a ser exercida e os parâmetros bem delineados de remuneração.

As definições dos agentes envolvidos, muitas vezes, são interpretadas de forma estrita. Isso impede que outros agentes venham a atuar no setor, seja porque não se encaixam na definição precisa de veículos ou de agências, seja porque não são agências ou veículos, mas buscam promover relações comerciais completamente diversas.

1.2.3 Lei nº 12.232/2010

As contratações administrativas de publicidade contam ainda com uma lei específica, a Lei nº 12.232/2010. Ela é fruto de um cenário de insegurança jurídica causado pela sua ausência. Muitas das práticas e mesmo da forma de remuneração não estavam presentes na legislação geral de licitação e contratos administrativos. Ela também cita a lei nº 4.680/65, mostrando seu viés de continuidade com a legislação já existente no setor privado. Assim, apesar de ter sido promulgada em 2010, não se tratou de lei que provocou uma grande revolução no setor ou que mesmo atualizou as definições já existentes.

Os 22 artigos da Lei em questão estão divididos em quatro capítulos: disposições gerais, procedimentos licitatórios, contratos e sua execução, bem como disposições finais e transitórias. Em uma primeira aproximação, interessa apontar que a Lei define serviços de publicidade no seu art. 2º, partindo da definição de agência de publicidade *full service*, e distinguindo-a de outras atividades correlatas, como comunicação, assessoria de imprensa e comunicação (art. 2º, §2º).

Também deve-se apontar que a Lei traz um requisito de qualificação técnica para as agências a serem contratadas: o certificado de qualificação técnica de funcionamento, emitido pelo Conselho Executivo das Normas-Padrão, uma entidade de autorregulação. Ao fazê-lo, reconhece a autorregulação setorial, como aprofundado abaixo.

As disposições a respeito da remuneração encontram-se nos dois capítulos finais, em especial nos art. 15 e 18, que preveem:

Art. 15. Os custos e as despesas de veiculação apresentados ao contratante para pagamento deverão ser acompanhados da demonstração do valor devido ao veículo, de sua tabela de preços, da descrição dos descontos negociados e dos pedidos de inserção correspondentes, bem como de relatório de checagem de veiculação, a cargo de empresa independente, sempre que possível.

Parágrafo único. Pertencem ao contratante as vantagens obtidas em negociação de compra de mídia diretamente ou por intermédio de agência de propaganda, incluídos os eventuais descontos e as bonificações na forma de tempo, espaço ou reaplicações que tenham sido concedidos pelo veículo de divulgação.

E:

Art. 18. É facultativa a concessão de planos de incentivo por veículo de divulgação e sua aceitação por agência de propaganda, e os frutos deles resultantes constituem, para todos os fins de direito, receita própria da agência e não estão compreendidos na obrigação estabelecida no parágrafo único do art. 15 desta Lei.

§1º A equação econômico-financeira definida na licitação e no contrato não se altera em razão da vigência ou não de planos de incentivo referidos no caput deste artigo, cujos frutos estão expressamente excluídos dela.

§2º As agências de propaganda não poderão, em nenhum caso, sobrepor os planos de incentivo aos interesses dos contratantes, preterindo veículos de divulgação que não os concedam ou priorizando os que os ofereçam, devendo sempre conduzir-se na orientação da escolha desses veículos de acordo com pesquisas e dados técnicos comprovados.

§3º O desrespeito ao disposto no §2º deste artigo constituirá grave violação aos deveres contratuais por parte da agência contratada e a submeterá a processo administrativo em que, uma vez comprovado o comportamento injustificado, implicará a aplicação das sanções previstas no caput do art. 87 da Lei nº 8.666, de 21 de junho de 1993.

Tais dispositivos apontam que a remuneração das agências de publicidade está relacionada às despesas de veiculação, como já apontado. Já o artigo 18 sugere outra forma de remuneração, o plano de incentivo, também explorado adiante, pelo qual a aproximação da agência com os veículos produz uma remuneração própria.

Além disso, em seu art. 14, a Lei prevê um procedimento para a agência contratar fornecedores necessários para a execução do contrato:

Art. 14. Somente pessoas físicas ou jurídicas previamente cadastradas pelo contratante poderão fornecer ao contratado bens ou serviços especializados relacionados com as atividades complementares da execução do objeto do contrato, nos termos do §1º do art. 2º desta Lei.

§1º O fornecimento de bens ou serviços especializados na conformidade do previsto no caput deste artigo exigirá sempre a apresentação pelo contratado ao contratante de 3 (três) orçamentos obtidos entre pessoas que atuem no mercado do ramo do fornecimento pretendido.

§2º No caso do §1º deste artigo, o contratado procederá à coleta de orçamentos de fornecedores em envelopes fechados, que serão abertos em sessão pública, convocada e realizada sob fiscalização do contratante, sempre que o fornecimento de bens ou serviços tiver valor superior a 0,5% (cinco décimos por cento) do valor global do contrato.

§3º O fornecimento de bens ou serviços de valor igual ou inferior a 20% (vinte por cento) do limite previsto na alínea *a* do inciso II do art. 23 da Lei nº 8.666, de 21 de junho de 1993, está dispensado do procedimento previsto no §2º deste artigo.

Todos esses dispositivos apontam que a remuneração da agência está relacionada, atualmente, mais ao papel que desempenha como intermediadora do que como criadora de soluções e conteúdos propriamente. A agência, assim, deve ter parte de seus custos cobertos pelo contratante, no caso a Administração Pública, ao mesmo tempo em que se remunera de percentual atrelado a tais custos. Essa lógica tradicional da remuneração das agências de publicidade que foi reproduzida na Lei nº 12.232/2010.

1.2.3.1 A construção da Lei nº 12.232/2010 como resposta ao escândalo do Mensalão

A construção da Lei nº 12.232/2010 é uma resposta ao escândalo do Mensalão.

Em junho de 2005, o então Deputado Federal Roberto Jefferson, em entrevista à jornalista Renata Lo Prete, denunciou esquema de corrupção que viria a ser conhecido como "Mensalão", para compra de apoio político do Congresso, com agências de publicidade envolvidas.[50]

---

[50] LO PRETE, Renata. Contei a Lula do "mensalão", diz deputado. Do painel. *Folha de São Paulo*. 6 jun. 2005. Disponível em: <https://www1.folha.uol.com.br/fsp/brasil/fc0606200504.htm>. Acesso em: 26 mar. 2022.

A revelação teve enorme repercussão e foi a semente de mudanças que se seguiram. Em maio de 2006, a Associação Brasileira de Agências de Publicidade (ABAP) enviou para o Tribunal de Contas da União um documento identificando problemas nas contratações administrativas de publicidade e sugerindo soluções, tanto na licitação, quanto na execução do contrato.[51]

Ainda em 2006, o TCU proferiu o acórdão nº 2.062/2006, bastante crítico ao setor publicitário e às contratações. Não foi a primeira vez que o TCU debruçou-se sobre os contratos de publicidade, no entanto, a partir da divulgação do caso, o Tribunal consolidou diversas auditorias, aprofundou questões e, no afã do momento, pretendeu refundar o setor. Apenas em 2010, com a promulgação da Lei nº 12.232/2010, o TCU reviu sua posição e atenuou as determinações e recomendações.

Ainda assim, o casou trouxe diversas informações do setor, sua organização, bem como proporcionou uma visão ampla, inserindo elementos que foram posteriormente incorporados na legislação, como uma melhor definição do objeto, procedimentos para seleção de fornecedores, em uma visão muito mais complexa dos interesses envolvidos (e de cada um dos atores), do que se encontrava antes ou em outros casos. Assim, o caso do Mensalão, principalmente com a movimentação provocada pelo TCU, ajudou a moldar o setor e influenciou outras instâncias.

As mencionadas propostas da ABAP foram aproveitadas pelo Congresso Nacional na CPMI dos Correios. Esta não só apontou a necessidade de um Projeto de Lei para tratar do setor, como veio a apresentá-la, com base em tais propostas.[52] Nesse primeiro momento, a intenção era alterar a própria Lei nº 8.666/1993 de forma a prever normas específicas para a contratação de publicidade, na forma de apresentação da proposta, julgamento e contratação de fornecedores no âmbito do contrato.

Apenas em 2008, o então Deputado Federal José Eduardo Cardozo apresentou o Projeto de Lei (PL) nº 3305/2008, do que viria a ser a Lei nº 12.232/2010. O PL foi, desde o início, apoiado pelo setor publicitário, em especial sua entidade de autorregulação e foi largamente elogiada pelo setor, em 2010, quando de sua promulgação.[53]

---

[51] O documento pode ser encontrado no BRASIL. Conselho Administrativo de Defesa Econômica. Processo Administrativo 008602/2005-09, fls. 2922-2935.
[52] BRASIL. Congresso Nacional. *Comissão Parlamentar Mista de Inquérito "dos Correios"*. Relatório Final dos Trabalhos da CPMI "dos Correios". Volume III, p. 1699-1700 e p. 1819 e ss.
[53] Sobre sua promulgação: *CENP em Revista*, ano 6, n. 23, jun. 2010.

Em linhas gerais, porém, tem-se que a Lei nº 12.232/2010 foi bastante conservadora, privilegiando a consolidação de práticas que já existiam no setor. Assim, ela positivou normas que até então estavam presentes apenas em Instruções Normativas da Secom, instrumentos infralegais cujo conteúdo suscitava questionamentos. Além disso, a Lei nº 12.232/2010 traz normas que tratam de formalidades quanto à licitação, como a existência de uma subcomissão técnica para avaliar a proposta, quem deve integrá-la, formas de apresentação da proposta, questões que pouco afetam a remuneração.

1.2.3.1.1 A régua da Lei nº 8.666/1993, agora Lei nº 14.133/2021, e do regime geral de contratações

Em razão do contexto que originou a Lei nº 12.232/2010 e da intervenção do Tribunal de Contas da União, é que se percebe uma grande pressão do regime geral de contratações na sua construção.

É conhecida a tendência de o Tribunal de Contas aplicar o regime geral de contratações, presente na Lei nº 8.666/1993, nos casos sob sua análise. Tal modo de atuação já foi apontado por outros trabalhos: em dissertação, Gustavo Pereira dedica um tópico para apontar casos em que o TCU se valeu de argumentos e jurisprudência baseados na Lei nº 8.666/93 para tratar de casos de concessões, sujeitos a outra lógica.[54] Além disso, é conhecido como as recomendações o são apenas no nome, havendo ainda certa rivalidade entre a unidade técnica do Tribunal de Contas com o corpo burocrático dos jurisdicionados.[55]

A dificuldade de entender as peculiaridades do setor publicitário produziu o mesmo resultado. Assim, haveria uma lei específica para obras e serviços de engenharia sendo rigidamente aplicada para serviços de publicidade sob uma suposição teórico-abstrata de uma teoria geral dos contratos administrativos.[56] André Rosilho, ao analisar a tramitação do Projeto de Lei que originou a Lei nº 8.666/93, aponta como interesses

---

[54] PEREIRA, Gustavo Leonardo Maia. *O TCU e o controle das agências reguladoras de infraestrutura*: controlador ou regulador? 2019. 194 f. Dissertação (Mestrado em Direito e Desenvolvimento) – Fundação Getúlio Vargas, Escola de Direito de São Paulo,Sãao Paulo, 2019. p. 165 e ss.

[55] MARQUES NETO, Floriano de Azevedo; PALMA, Juliana Bonacorsi de; REHEM, Danilo; MERLOTTO, Nara; GABRIEL, Yasser. Reputação Institucional e o Controle das Agências Reguladoras pelo TCU. *Revista de Direito Administrativo*, v. 278, p. 37-70, 2019.

[56] SUNDFELD, Carlos Ari *et al*. Uma crítica à tendência de uniformizar com princípios o regime dos contratos públicos. *Revista de Direito Público da Economia – RDPE*, Belo Horizonte, ano 11, n. 41, jan./mar. 2013. p. 59 e 70.

específicos deram origem a um regime que pouco tem de geral – apesar da previsão constitucional do art. 22, XXVII.[57] Embora a promulgação da Lei nº 14.133/2021, o cenário parece continuar o mesmo.

Cabe lembrar ainda que tal Lei não deveria ser tão absoluta como se configurou nos anos seguintes, sendo que Floriano de Azevedo Marques Neto menciona inclusive a "maldição de um regime único".[58]

No controle realizado, isso se reflete na tentativa de afastamento de diversas cláusulas usualmente adotadas nos contratos de publicidade e na sua substituição por disposições da Lei nº 8.666/93, em termos de projeto básico, definição do objeto, adjudicação a mais de uma empresa e contornos da forma de remuneração.

Quanto ao planejamento, o TCU insistiu em uma visão de projeto básico e de planejamento baseada no art. 6º, IX da Lei nº 8.666/93 (conceitos que continuam presentes na nova Lei nº 14.133/2021).[59] Exigia-se um maior planejamento da Secom quanto ao objeto da contratação e uma maior definição dos serviços a serem prestados, com a previsão, desde a licitação, de todas as campanhas que seriam realizadas e os temas que seriam comunicados. Em sentido contrário, porém, havia a defesa de que essa definição somente seria possível ao longo do ano, conforme as necessidades de comunicação. Ademais, a noção de projeto básico seria eminentemente uma noção de serviços de engenharia, não condizente com a realidade do setor.

A Secom prevê planos de comunicação a serem elaborados dentro de cada órgão. Ainda assim, trata-se de planos genéricos, com diretrizes, e que se afastam do grau de detalhamento e previsibilidade que o TCU

---

[57] ROSILHO, André Janjácomo. As licitações segundo a Lei nº 8.666 – Um jogo de dados viciados. *Revista de Contratos Públicos*, v. 2, 2012. p. 9-38.

[58] MARQUES-NETO, Floriano de Azevedo. Do contrato Administrativo à Administração Contratual. *In: Revista do Advogado*, v. 107, São Paulo, AASP, dez. 2009, p. 74-82. "E, a despeito das críticas levantadas nesse sentido por ocasião da edição da referida Lei, a prática da Administração, contando com o consentimento do Poder Judiciário, já pacificou sua aplicação. Raras, aliás, são leis estaduais e municipais que não acolhem espontaneamente as "normas gerais" contidas na Lei n. 8.666/93". MENEZES DE ALMEIDA, Fernando. Contratos administrativos. *In:* PEREIRA-JR., Antonio Jorge; JABUR, Gilberto Haddad. (Org.). *Direito dos contratos II.* São Paulo: Quartier Latin, 2008. p. 201. No mesmo sentido, apontando a novidade de a Lei nº 12.232 tentar fugir da Lei nº 8.666: REISDORFER, Guilherme F. Dias. Licitação e contratação de serviços de publicidade: reflexões sobre a Lei nº 12.232/2010 em face do direito das licitações e alguns aspectos práticos. *Revista Brasileira de Direito Público – RBDP*, Belo Horizonte, ano 12, n. 44, p. 59-60, jan./mar. 2014. Disponível em: <http://www.bidforum.com.br/PDI0006.aspx?pdiCntd=111635>. Acesso em: 13 abr. 2018.

[59] BRASIL. Tribunal de Contas da União (TCU). *Acórdão 3.233/2010*, Plenário, relator Ministro Marcos Vilaça, dj. 1 dez. 2010, p. 27 e ss.

esperava. Ao final, a Lei nº 12.232/2010 adotou uma noção de *briefing* na licitação, um exemplo do trabalho da agência que é utilizado para avaliá-lo (art. 6º, II e III da Lei nº 12.232/2010).

A questão do planejamento/do projeto básico também afeta a dimensão do objeto a ser contratado. Sem uma definição clara, diversas atividades são contratadas, nem sempre relacionadas propriamente com os serviços de publicidade. Tal trabalho insere-se na concepção já mencionada acima de uma agência de publicidade *full service*. Isso também promoveu um embate entre TCU e setor, que acabou expresso no art. 2º da Lei nº 12.232/2010, impactando na remuneração, como apontado no capítulo 2.

Por ora, vale ter presente que esse debate a respeito da dimensão do objeto também opôs uma visão, típica do TCU, de parcelamento do objeto ao extremo, e outra visão intermediária, capaz de entender que a licitação de algumas atividades em conjunto poderia trazer ganhos estratégicos. Na doutrina, Reisdorfer aponta como a lógica da Lei nº 8.666/93 concentra-se no parcelamento do objeto,[60] distinta da vigente na publicidade, em especial na tradição brasileira e as agências *full service*. Parcelamento tido como princípio na nova Lei nº 14.133/2021 e seu art. 40, V, b).

Outra manifestação desse embate é a própria escolha do vencedor da licitação.[61] Enquanto o TCU aferra-se à noção de "proposta mais vantajosa", no singular, do art. 3º, a Secom tem como prática a adjudicação do contrato a mais de uma agência de publicidade, como forma de estimular a concorrência interna durante a execução. Aqui, chama a atenção a literalidade da interpretação do TCU, bem como a incapacidade de entender que, apesar de várias contratadas, o valor do contrato era o mesmo, e todas as contratadas deveriam concordar em serem contratadas adotando a forma de remuneração da proposta mais vantajosa.

Em termos de remuneração, a dificuldade em entender a configuração do contrato produziu, de forma ampla, uma discussão a respeito do regime de execução.[62] De um lado, o TCU afirmava que se

---

[60] REISDORFER, Guilherme F. Dias. Licitação e contratação de serviços de publicidade: reflexões sobre a Lei nº 12.232/2010 em face do direito das licitações e alguns aspectos práticos. *Revista Brasileira de Direito Público – RBDP*, Belo Horizonte, ano 12, n. 44, p. 62, jan./mar. 2014. Disponível em: <http://www.bidforum.com.br/PDI0006.aspx?pdiCntd=111635>. Acesso em: 13 abr. 2018.

[61] BRASIL. Tribunal de Contas da União (TCU). *Acórdão 3.233/2010*, Plenário, relator Ministro Marcos Vilaça, dj. 1 dez. 2010, p. 35 e ss.

[62] *Idem*, p. 31 e ss.

trata de um regime ilegal de administração contratada, ausente da Lei nº 8.666/93 por veto presidencial – e que segue fora do art. 46 da nova Lei nº 14.133/2021. De outro lado, uma extensa discussão de que os contratos de publicidade são contratos eminentemente privados, ou contratos que, por suas especificidades, contêm elementos do regime de administração contratada. A questão do regime de execução será aprofundada no capítulo 2.

Por ora, há de se destacar como o TCU insistiu na aplicação, muitas vezes literal, da Lei nº 8.666/93 para os contratos de publicidade, incapaz de enxergar adaptações. Como apontado, nem todos os apontamentos eram indevidos, mas foram responsáveis por criar soluções intermediárias, adotadas por meio da Lei nº 12.232/2010.

No entanto, é de se considerar ainda em que medida tal tipo de controle, ao insistir na aplicação da Lei nº 8.666/93 e sua lógica, trouxe para os contratos de publicidade os problemas desse tipo de contratação. Por exemplo, no caso da contratação de fornecedores, os itens 9.1.3.6.3, 9.1.3.6.4 e o próprio 9.1.3.4, do Acórdão nº 2.062/2006:

> 9.1. determinar à Secretaria-Geral da Presidência da República que: (...)
>
> 9.1.3. normatize os editais de licitação e os na área de publicidade e propaganda, bem como oriente sua execução, de modo a assegurar que: (...)
>
> 9.1.3.6. sejam implantados mecanismos efetivos de controle, no âmbito da Administração Pública Federal, em cumprimento ao que dispõem o artigo 63 da Lei nº 4.320/1964 e o artigo 55, §3º, da Lei nº 8.666/1993, para comprovar a execução dos serviços, inclusive com: (...)
>
> 9.1.3.6.3. verificação da validade das três propostas apresentadas como condição para subcontratação de serviços;
>
> 9.1.3.6.4. verificação da adequação dos preços subcontratados em relação aos de mercado.

Tais determinações acabaram influenciando a Lei nº 12.232/2010 e, em boa medida, foram por ela adotadas no caso do art. 14, já apontado. Ao adotar uma visão de Lei nº 8.666/93 baseada no menor preço, também é comum ouvir reclamações de que as contratações públicas preocupam-se em demasia com o preço, em prejuízo da qualidade. Uma reclamação que poderia ser evitada se outras formas de remuneração fossem adotadas e outra lógica fosse aplicada ao contrato.

Ao final, diante da tradição brasileira legalista de contratação e do controle com base em um regime geral, restou evidente uma demanda para uma lei específica para as contratações de publicidade, de forma a conferir segurança jurídica.[63] É de se pensar, no entanto, o quanto os elogios à Lei nº 12.232/2010, por parte do setor, encobrem as mesmas questões de apropriação suscitadas durante a tramitação do Projeto de Lei que originou a Lei nº 8.666/93, mantendo problemas e vantagens relacionadas à contratação de publicidade.[64] Cabe apontar por fim que, apesar da promulgação da Lei nº 14.133/2021, a substituir a Lei nº 8.666/93, não se vislumbra uma revolução, tampouco mudanças que alterem esse cenário.

1.2.4 O art. 4º da Lei nº 12.232/2010 e a adoção das normas de autorregulação setorial

O art. 4º da Lei nº 12.232/2010 prevê que apenas as agências de publicidade certificadas por entidade de autorregulação setorial poderão ser contratadas:

> Art. 4º. Os serviços de publicidade previstos nesta Lei serão contratados em agências de propaganda cujas atividades sejam disciplinadas pela Lei nº 4.680, de 18 de junho de 1965, e que tenham obtido certificado de qualificação técnica de funcionamento.
>
> §1º O certificado de qualificação técnica de funcionamento previsto no caput deste artigo poderá ser obtido perante o Conselho Executivo das Normas-Padrão - CENP, entidade sem fins lucrativos, integrado e gerido por entidades nacionais que representam veículos, anunciantes e agências, ou por entidade equivalente, legalmente reconhecida como fiscalizadora e certificadora das condições técnicas de agências de propaganda.

Como o parágrafo primeiro explica, tal certificado é emitido por uma entidade específica, formada pelas principais associações do setor: o Conselho Executivo das Normas-Padrão (CENP). Assim, o art. 4º da Lei traz a autorregulação setorial para as contratações administrativas.

---

[63] SCHWIND, Rafael Wallbach. Considerações acerca da nova lei de licitações e contratos administrativos de serviços de publicidade (Lei nº 12.232/2010). *Fórum de Contratação e Gestão Pública – FCGP*, Belo Horizonte, ano 9, n. 106, p. 30-44, out. 2010.

[64] Segundo oitiva do Sr. José Vicentine, então secretário da Secretaria de Gestão, Controle e Normas da SECOM, em 2012. BRASIL. Conselho Administrativo de Defesa Econômica. *Processo Administrativo 08012.008602/2005-09*, fl. 5049. E também: Lei foi alterada para proteger réus, diz presidente do STF. *Folha de São Paulo*, 31 ago. 2012. Disponível em: <https://m.folha.uol.com.br/poder/2012/08/1146127-lei-foi-alterada-para-proteger-reus-diz-presidente-do-stf.shtml>. Acesso em: 5 abr. 2022.

Isso significa manter, também por força do art. 2º da Lei, o modelo *full service* de agência de publicidade, em que a agência realiza todas as atividades da publicidade, desde a concepção até a distribuição, passando pela execução, ainda que conte com fornecedores. Nos argumentos que prevaleceram, isso seria importante para garantir a qualidade do produto final, desenvolvido de forma integrada pelos diversos profissionais existentes no setor, favorecendo o cliente. Assim, o CENP consagrou um modelo específico de negócios para a prestação de serviços de publicidade, segundo atividades determinadas, com a combinação das normas de autorregulação com a legislação, inclusive a Lei nº 12.232/2010.

De outro lado, para sustentar esse modelo, há a remuneração por desconto-padrão, eis que apenas as agências *full service* seriam certificadas e poderiam se remunerar por meio dele.

1.2.4.1 O modelo brasileiro de publicidade: a autorregulação das Normas-Padrão e do Conselho Executivo das Normas-Padrão (CENP)

A combinação das normas de autorregulação publicitária com a legislação resulta aquilo que usualmente se denomina "modelo brasileiro de publicidade".

O nome decorre do fato de que o Brasil seria o único país do mundo a contar com normas de autorregulação definindo os agentes do setor, seu relacionamento e as formas de remuneração, sob o pretexto de preservar sua qualidade. Isso é apontado por profissionais do setor, que apelidam o modelo, por vezes, de "jabuticaba do bem".[65]

Cabe esclarecer que tal autorregulação não se confunde com aquela exercida sobre o conteúdo da publicidade, como a exercida pelo CONAR (Conselho Nacional de Auto Regulamentação Publicitária). Essa sim é largamente disseminada mundo afora.

O que tal modelo faz, em verdade, é manter uma configuração setorial que remonta a meados do século XX. A autorregulação publicitária mencionada no art. 4º da Lei nº 12.232/2010 acompanha o setor, sob diversas formas, ao menos desde o final da década de 1940. Antes ainda das Normas-Padrão, teria havido o Convênio de 23 de

---

[65] Diálogo, convergência e responsabilidade ética: marcas da publicidade brasileira. *CENP em Revista*. ano 10, n. 37, dez. 2013.

fevereiro de 1949, firmado por representantes das então 11 maiores agências do país, o qual fixou a comissão de 17,65% sobre o valor líquido da veiculação.[66]

No entanto, apenas em 1957 o I Congresso da Publicidade aprovou uma primeira versão das Normas-Padrão, com definições das partes e condições para o relacionamento entre agências, veículos e anunciantes. Uma das principais condições definidas nessas Normas-Padrão foi a remuneração por desconto-padrão e, em linhas gerais, traz uma definição que faz sentido até hoje.[67]

Desde o Convênio de 1949, aponta-se que o modelo contou com forte inspiração dos Estados Unidos,[68] no entanto, quando as Normas-Padrão nasceram, na década seguinte, elas já haviam deixado de existir por lá. Naquele país, o modelo nunca foi tão absoluto ou sustentado pela legislação e pelo mercado, como no Brasil. Ainda em 1956, o Departamento de Justiça dos Estados Unidos firmou um acordo com a entidade das agências de publicidade do país (a *American Association of Advertising Agencies*, popularmente chamada de 4A's), impedindo que houvesse a determinação de preços, definição de descontos, distinção entre agências, forçar anunciantes a se utilizar de agências, dentre outras condutas que muito lembram o que o CENP veio a fazer e se mantêm a prática no Brasil até hoje.[69]

---

[66] Cf. ASSOCIAÇÃO BRASILEIRA DE AGÊNCIAS DE PUBLICIDADE. Pequena história da ABAP. Anuário ABAP 1981, p. 19-20. E também: ABREU, Alzira Alves de *et al*. *Dicionário histórico-biográfico da propaganda no Brasil*. São Paulo: Editora Fundação Getúlio Vargas, 2007.

[67] O item III das Normas-Padrão originais conta com o modelo que, em linhas gerais, é vigente até hoje: "III Pelos serviços que executa, a Agência de Propaganda recebe: a) a comissão uniforme de 20%, que lhe é concedida pela imprensa falada e escrita e por outros veículos, sobre o custo real da propaganda que lhes agencia e encaminha, na base das tabelas de preço em vigor; b) a taxa mínima de 15% que cobra aos clientes sobre o custo real comprovado dos trabalhos autorizados que não lhe propiciem comissões; c) honorários, a combinar, por serviços especiais, tais como pesquisas de mercado, promoção de vendas, relações públicas, etc.".

[68] MARCONDES, Pyr. As regras de negócio que você desconhece e que pagam a sua grana todo dia. Blog do Pyr. *Proxxima*, 20 dez. 2017. Disponível em: <https://www.proxxima.com.br/home/proxxima/blog-do-pyr/2017/12/20/as-regras-de-negocio-que-voce-desconhece-e-que-pagam-a-sua-grana-todo-dia.html>. Acesso em: 26 mar. 2022.
BINDER, Glaucio. Os 20 anos do CENP. *CENP em Revista*, ano 15, n. 58, p. 35, mar./abr./maio 2019.

[69] *Questions and Answers Pertaining to the Settlement of the Anti-Trust Action with Respect to A.A.A.A.* 1956, rev. 1992. Disponível em: <https://www.aaaa.org/index.php?checkfile access=/wp-content/uploads/2020/01/4As-QA-settlement-anti-trust-action-consent-decree-1992.pdf>. Acesso em: 2 abr. 2022.

Apesar da continuidade, a manutenção de tal modelo esteve no centro de uma disputa a partir dos anos 1990. Sua possibilidade, extraída do art. 7º do Decreto nº 57.690/66, teria deixado de existir na medida em que o Decreto nº 2.262/1997 passou a prever a liberdade de negociação entre as partes. Para manter vivas as Normas-Padrão é que teria sido criado o CENP enquanto tal, em dezembro de 1998. A questão foi contornada em parte, em 2002, quando o Decreto nº 4.563/2002 adotou uma nova redação para o art. 7º citado, reconhecendo o CENP.

Atualmente, as "Normas-Padrão da Atividade Publicitária" são um conjunto de normas acordado entre a "tríade" do setor publicitário (anunciantes, agências de publicidade e veículos), reunidos por meio do Conselho Executivo das Normas-Padrão, o CENP.

O CENP é formado por Associações de agências de publicidade, anunciantes e veículos, e buscou manter a sistemática anterior, ao mesmo tempo em que a aprofundava, com mais regras. Constam como entidades fundadoras: Associação Brasileira de Anunciantes (ABA), Associação Brasileira de Agências de Propaganda (ABAP), Associação Brasileira de Emissoras de Rádio e Televisão (ABERT), Associação Brasileira de Televisão por Assinatura (ABTA), Associação Nacional de Editores de Revistas (ANER), Associação Nacional de Jornais (ANJ), Central de Outdoor e Federação Nacional das Agências de Propaganda (Fenapro).

As Normas-Padrão hoje vigentes são divididas em oito partes: conceitos básicos; das relações entre agências, anunciantes e veículos; das relações entre agências e anunciantes; das relações entre agências e veículos; das relações entre veículos e agenciadores autônomos; das práticas e procedimentos operacionais da atividade publicitária; do CENP – Conselho Executivo das Normas-Padrão; e das disposições gerais e transitórias.

Basicamente, essas normas de relações tratam da forma de remuneração entre os agentes em questão, com a previsão das formas de remuneração, segundo patamares percentuais (item 3.6.2), bem como quais atividades poderão ser desempenhadas (item 3.1 e subitens) e qual deve ser a conduta das partes, de forma a evitar concorrência desleal (item 3.9) ou a apropriação de ideias alheias (item 3.7). A agência que seguir as normas de conduta e de remuneração ali previstas poderá solicitar seu Certificado de Qualidade Técnica de Funcionamento (item 2.5.1).

Além disso, o item 7 prevê as competências do CENP, como a certificação das agências, os órgãos que o compõem e seus membros, com destaque para o Conselho de Ética e o arbitramento de conflitos (item 7.3).

As Normas-Padrão também contam com anexos. O Anexo A traz um "Gabarito mínimo para os compromissos com serviços de informações de mídia (pesquisa)". Ele basicamente relaciona o tamanho da agência à quantidade de pesquisas que a agência deve dispor, de forma a permitir que a agência terá a estrutura suficiente para atuar, como requisito também para obter o Certificado de Qualificação Técnica.

O Anexo B, por sua vez, prevê um Sistema Progressivo de Serviços/Benefícios. A depender do volume investido em mídia, a agência poderá conceder descontos sobre os valores cobrados de seus clientes para veicular a publicidade. Esse Anexo foi alterado por meio de um adendo, em 16 de julho de 2019, de forma a prever patamares ainda maiores de desconto, conforme o volume de mídia investido, prevendo ainda quais as premissas e os serviços que poderão ser remunerados pela agência, apesar do desconto progressivo. Por fim, o Anexo C trata de uma remuneração específica, os planos de incentivo, específico entre agências e veículos, como será explicado mais adiante.

Além das Normas-Padrão em si, o CENP ainda conta com Resoluções e Comunicações Normativas (CNs). As Resoluções tratam de questões mais internas do CENP, como contribuições associativas, período de recesso, funcionamento de Comitês, mas também regras pontuais sobre pesquisas, veículos, publicidade na internet. Já as CNs tratam de temas como atividades de agências, rescisão de contratos, agências experimentais, especializadas, *house agency*, estrutura e normas para certificação.

Em suma, como se percebe, as Normas-Padrão possuem normas de conduta, bem como de remuneração e relacionamento entre os agentes que realizam a publicidade, com o Certificado de Qualificação Técnica a indicar que a agência segue tais normas, dentro de uma concepção de estrutura e remuneração.

1.2.4.1.1 Vantagens da adoção da autorregulação setorial

O modelo conta com vantagens que explicam sua existência e manutenção. Elas estão em linha com o que a doutrina geralmente aponta para soluções de autorregulação: o maior conhecimento do setor, pelos seus próprios agentes, é capaz de produzir normas mais adequadas, detalhadas, que conseguem um maior nível de adesão entre os envolvidos, facilitando a fiscalização e a solução de controvérsias em casos difíceis.[70]

O CENP e as normas de autorregulamentação são uma referência para o mercado publicitário e para o setor público. Para isso, é necessário considerar que a remuneração de serviços de publicidade não é simples, por todas as especificidades que envolve e pelas inúmeras transações envolvidas entre os diferentes agentes. O componente criativo, técnico-artístico está presente, ao mesmo tempo em que a distribuição de uma campanha de publicidade pode envolver milhares de veículos, jornais, revistas, rádios e tvs Brasil afora, o que torna impossível a negociação caso a caso. Também a produção e o relacionamento com fornecedores envolvem tarefas complexas, que não poderiam ser negociadas à exaustão a cada caso. Como já apontado, a agência de publicidade, interna ou externamente, desempenha diversos papéis, o que dificulta a previsão de sua remuneração.

Por isso, em primeiro lugar, a definição de parâmetros para a remuneração, como a previsão de um desconto-padrão em 20%, é fundamental para que esse mercado possa funcionar. Isso abrevia negociações e permite uma previsibilidade em relação à remuneração em um cenário complexo. Ainda, esse modelo evitaria problemas de transparência e de concorrência, presentes em mercados como o norte-americano, devido à definição de padrões claros de remuneração.[71]

Em segundo lugar, a certificação também seria um indicativo da qualidade das agências que o possuem. Enquanto selo de qualidade, pode indicar a existência de uma estrutura adequada, bem como o profissionalismo necessário para a prestação de uma atividade. Isso evitaria, em tese, empresas aventureiras em contratações públicas, daí sua previsão no art. 4º da Lei nº 12.232/2010.

---

[70] DEFANTI, Francisco. Um ensaio sobre a autorregulação: características, classificações e exemplos práticos. *Revista de Direito Público da Economia – RDPE*, Belo Horizonte, ano 16, n. 63, jul./set. 2018, p. 161. GARDELLA, Maria Mercè Darnaculleta. *Derecho administrativo y autorregulación*: La autorregulación regulada. 2002. 732f. Tese (Doutorado). Universitat de Girona, Girona, 2002. p. 71 e ss. DIAS, Leonardo Adriano Ribeiro *et al*. Regulação e autorregulação do mercado de valores mobiliários brasileiro: limites da autorregulação. *Revista do Instituto do Direito Brasileiro – RIDB*, ano 1, n. 12, 2012. p. 7368. MOREIRA, Vital. Auto-regulação Profissional e Administração Pública. Coimbra: Almedina, 1997. p. 93-94.

[71] A esquizofrenia digital está no seu limite. *CENP em Revista*, ano 13, n. 50, p. 33.

Em terceiro lugar, no impulso ao profissionalismo, o CENP traz a disseminação de pesquisas, dados e rankings, fundamentais para a elaboração de estratégias de distribuição de campanhas publicitárias. Por meio dele, agências pequenas teriam acesso facilitado a pesquisas, sendo certificadas, bem como disporiam de normas a respeito de credenciamento de pesquisas.[72] No mesmo sentido, a entidade mantém um ranking de compra de mídia, em parceria com o Instituto Brasileiro de Opinião Pública e Estatística (IBOPE), que permite verificar quais as agências e os veículos com maiores transações e os valores, de forma a balizar decisões.[73]

Ainda, o CENP também mantém o Banco Único de Lista de Preços (BUP). Nele, consta o preço do espaço publicitário de todos os veículos de comunicação.[74] Isso auxilia na elaboração de estratégias pelas agências e sua verificação pelos clientes, inclusive com a segurança de que estão pagando um preço adequado pelo espaço em questão.

Em quarto lugar, está a capacidade de tais referências, por meio de suas normas, evitarem a concorrência desleal. Segundo o prof. Tércio Sampaio Ferraz Júnior, dentre as vantagens de autorregulação estariam justamente evitar a concorrência predatória e manter a imagem institucional de determinado setor.[75] Assim, segundo argumentos do setor, o preço deixaria de ser o principal fator de disputa e permitiria que o mercado publicitário se concentrasse na qualidade das campanhas produzidas. Isso evitaria a comoditização da atividade,[76] enquanto a livre negociação simplesmente destruiria todo o mercado.[77]

---

[72] Painel do Tribunal de Contas da União debate critérios para publicidade. *CENP em Revista*, ano 16, n. 64, p. 12-13. Também: Agências certificadas de menor porte acessam grátis informações de mídia. *CENP em Revista*, ano 16, n. 65, p. 12. "'Entendo como um ISO para os institutos de pesquisa'. Foi com esta frase que a diretora de planejamento e pesquisa da DPZ, Adriana Favaro, definiu a recente publicação pelo CENP de normas para credenciamento de institutos de pesquisa de mídia". Pesquisa de mídia: uso inteligente de informações para conquista de mercados. *CENP em Revista*, ano 7, n. 28, p. 33.

[73] Juntando forças para ampliar precisão do ranking das agências. *CENP em Revista*, ano 16, n. 69, p.4-5.

[74] RECH, Marcelo. O modelo e a democracia. *CENP em Revista*, ano 15, n. 58, mar./abr./maio 2019, p. 32.

[75] FERRAZ-JR., Tércio Sampaio. A nova lei de licitação e a concorrência no mercado publicitário. *In: CENP em Revista*, ano 6, n. 23, jun. 2010, p. 33.

[76] A esquizofrenia digital está no seu limite. *CENP em Revista*, ano 13, n. 50, p. 32. Depoimentos de quem ajudou e está ajudando a escrever a história da autorregulação. *CENP em Revista*, ano 10, n. 37, dez. 2013, p. 12 e p. 66.

[77] MARCONDES, Pyr. As regras de negócio que você desconhece e que pagam a sua grana todo dia. Blog do Pyr. *Proxxima*, 20 dez. 2017. Disponível em: <https://www.proxxima.com.br/home/proxxima/blog-do-pyr/2017/12/20/as-regras-de-negocio-que-voce-desconhece-e-que-pagam-a-sua-grana-todo-dia.html>. Acesso em: 26 mar. 2022.

Assim, apesar de único no mundo, tal modelo seria visto como referência, e responsável, segundo o professor Tércio Sampaio Ferraz Junior, pelo sucesso da publicidade brasileira.[78]

1.2.4.1.2 Problemas associados à autorregulação: a dificuldade em lidar com interesses públicos

As vantagens, relacionadas ao conhecimento técnico-específico que os agentes possuem, alertam para as desvantagens correlatas: utilizar tal conhecimento em seu próprio favor ou de poucas empresas, deixando de lado outros interesses mais gerais.

A *expertise* significa que o setor sabe mais que a própria Administração Pública. Isso resulta um conflito de interesses quando se trata de elaborar e aplicar uma norma que lhe é prejudicial.[79] O risco seria um quadro de "absolutismo industrial", em que as normas e interesses do setor são predominantes.[80]

Assim, interesses públicos de consumidores e trabalhadores ficariam sem regulação adequada[81] ou, para Floriano de Azevedo Marques Neto, seriam buscados apenas de forma reflexa.[82] No caso de conselhos profissionais, Vital Moreira bem aponta essa dualidade: ao mesmo tempo em que se preocupam com os interesses do setor, eles também devem se ocupar de um interesse público, da sociedade, de forma mais ampla.[83]

---

[78] "O mercado brasileiro de publicidade nasceu, cresceu e se tornou de qualidade mundial desde que adotou o modelo *full service* (ou pleno atendimento) para o funcionamento das agências de publicidade, que integradamente planejam, criam anúncios e executam a veiculação destes nos meios de comunicação, de maneira a atender às necessidades dos seus clientes-anunciantes, conforme a Lei nº 4.680/65 e a Lei nº 12.232/10". FERRAZ-JR., Tércio Sampaio. Autorregulação do mercado publicitário. *CENP em Revista*, ano 10, n. 37, dez. 2013, p. 66.

[79] DIAS et al., *op. cit.*, p. 7369. Também AYRES et al., *op. cit.*, p. 106. MOREIRA, Vital *et al*, *op. cit.*, p. 200.

[80] AYRES *et al.*, p. 132 e ss.

[81] MOREIRA, Vital, *op. cit.*, p. 94.

[82] MARQUES NETO, Floriano de Azevedo. Regulação estatal e autorregulação na economia contemporânea. *Revista de Direito Público da Economia – RDPE*, Belo Horizonte, ano 9, n. 33, jan./mar. 2011, p. 8/9. Disponível em: <http://www.bidforum.com.br/bid/PDI0006.aspx?pdiCntd=72094>. Acesso em: 2 abr. 2022. No mesmo sentido: FREEMAN, Jody. Private parties, public functions and the new administrative law. *Administrative Law Review*, v. 52, n. 3, verão de 2000, p. 830.

[83] MOREIRA, *op. cit.*, p. 102.

Um interesse público muitas vezes renegado é aquele referente à livre concorrência.[84] Há o risco de as normas serem utilizadas para a previsão de condutas anticompetitivas, com o intuito de eliminar concorrentes, por exemplo. Além disso, em especial na autorregulação profissional, as regras poderiam ser utilizadas indevidamente para determinar preços, com o estabelecimento de cartéis e a imposição de barreiras à entrada de novos concorrentes. Nesses casos, a legislação concorrencial seria chamada a intervir.

Assim, como já apontado, a atuação deve considerar a questão concorrencial. Conquanto a entidade possa se conformar em um espaço dos melhores, estabelecer padrões de qualidade e fiscalizá-los, isso não pode significar a dominação de todo um setor, impedindo novos entrantes e alternativas de organização, como alerta Marques Neto.[85]

1.2.4.2 Questões concorrenciais associadas à autorregulação publicitária

As Normas-Padrão suscitam problemas quanto aos seus efeitos concorrenciais, como os que tal doutrina aponta. Como os próprios membros do setor por vezes admitem, o CENP e o modelo brasileiro de publicidade constituem "uma instituição que desafia a lógica dos cartesianos, porque faz próximos os que normalmente estariam distantes nas negociações de qualquer espécie – agências, veículos e anunciantes".[86]

Isso ocorre de várias formas, como apontado abaixo. O CADE enfrentou essas questões e conseguiu controlar o ímpeto do CENP em algumas delas, mas se deteve diante da Lei nº 12.232/2010 e das limitações inerentes ao controle.

Adotando uma visão de legalidade estrita, o controle passou as últimas duas décadas tentando encaixar a criação do CENP no art. 7º do Decreto nº 57.690/66. No entanto, foi incapaz de perceber, ou alcançar

---

[84] Segundo PAGE, *op. cit.*, p. 143, também citado por MOREIRA, *op. cit.*, p. 94. E também OGUS, *op. cit.*, p. 591 e ss. HEPBURN, Glen. Alternatives to traditional regulation. OECD Digital Economy Papers, s/d, p. 37. No mesmo sentido: OGUS, p. 594.

[85] MARQUES-NETO, Regulação estatal e autorregulação na economia contemporânea. *Revista de Direito Público da Economia – RDPE*, Belo Horizonte, ano 9, n. 33, p. 11, jan./mar. 2011.

[86] FARIA-NETTO, João Luiz. Depoimentos de quem ajudou e está ajudando a escrever a história da autorregulação: uma jabuticaba publicitária. *CENP em Revista*, ano 10, n. 37, p. 52, dez. 2013.

– por uma questão de competência, os efeitos anticoncorrenciais de soluções autorregulatórias do tipo e que as Normas-Padrão, interessantes no contexto em que foram criadas, em meados do século XX, não resistiram tão bem ao passar dos anos.

1.2.4.2.1 Definição de um modelo de remuneração

Por todo o exposto no item anterior, tais riscos estão materializados no setor publicitário. Isso ocorre na conformação do setor publicitário com a tentativa de definição de um modelo de agência de publicidade, e na adoção de forma de remuneração específica, com patamar percentual pré-definido, além de várias regras que definem os limites da negociação possível. Em seu doutoramento, Oliveira aponta:[87]

> O lado positivo deste tipo de atuação auto-regulamentada, sem dúvida, é que o setor não sofre interferência de órgãos controladores do governo, podendo agir com a liberdade e sem censura prévia, obviamente agindo de maneira profissional, preservando os padrões morais da sociedade e atuando de forma ética. Por outro lado, parece que o setor estabelece mecanismos entre os seus agentes econômicos, com interesse em preservar a situação das práticas em vigor, não permitindo que outros agentes ou outras modalidades possam atuar neste setor.
>
> Óbvio que cada setor econômico tenta se preservar de ameaças representadas por agentes até então externos ao setor, e estão corretos em sua estratégia. Entretanto, a livre concorrência também é uma condição extremamente poderosa para aumentar a produtividade, a qualidade e a eficiência de qualquer atividade econômica. Ao colocar essas barreiras de entrada ou estabelecer certos vínculos entre as áreas, talvez, as consequências possam não ser tão satisfatórias no longo prazo.
>
> Ao fixar o percentual da comissão sobre a produção que a agência deve ser remunerada em 15%, por exemplo, ou estabelecer o desconto-padrão mínimo de 20% como comissão do investimento de mídia, conforme a norma-padrão estipula, parece uma imposição cujo critério é, no mínimo, controverso. Em alguns casos, essas comissões podem estar demasiadamente altas e, em outros, muito abaixo do empenho necessário para a execução daquela intermediação.
>
> Talvez a livre negociação entre as partes, ou pelo menos uma maior flexibilização, contando com um órgão que pudesse fazer alguma mediação em casos de abusos de poder de alguma das partes, seria mais adequado.

---

[87] OLIVEIRA, *op. cit.*, p. 247-248.

É certo que a norma vem sofrendo algumas atualizações ao longo do tempo e os anunciantes estão se movendo para outras formas de remuneração, aparentemente mais criteriosas na sua metodologia de cálculo. Por exemplo, permitiu como alternativa à remuneração através da comissão, a contratação dos serviços das agências de publicidade mediante a honorários ou fee de valor fixo mensal, podendo ainda ser cumulativo ou alternativo à comissão. Entretanto, pontua que a remuneração deve ser em valor aproximado ao que seria o valor da prática de comissão sobre a veiculação.

Ao adotar o desconto-padrão, o CENP também busca definir os preços praticados no mercado, em prejuízo da livre negociação. As Normas-Padrão preveem, no item 2.5.1., que a agência certificada é remunerada pelo desconto-padrão a 20%, e mesmo alternativas de remuneração, como os *fees*, devem seguir esse mesmo padrão de remuneração (item 3.10.2) – o que resulta em uma tentativa de definição estrita da remuneração. No início dos anos 2000, logo após sua criação, esse vetor de controle de preços ficava evidente em suas comunicações, que traziam estatísticas de quantos casos foram analisados e explicava a fiscalização realizada nas agências.[88]

No setor, há argumentos de que o modelo brasileiro de publicidade não seria tão rígido assim, mas permitiria a livre-negociação, definindo no máximo parâmetros percentuais, com a liberdade de o preço em si ser definido.[89] No entanto, as recorrentes menções a se evitar a concorrência desleal, segundo seus defensores, também sugerem que a livre concorrência é um empecilho a ser combatido, e não um valor a ser defendido.[90]

---

[88] "(...) foram vistoriadas as 58 maiores agências de propaganda do País, o órgão instaurou 274 procedimentos (veja box) o apenas dois chegaram à segunda instância. (...) o Conselho analisa se as relações comerciais estão sendo realizadas do acordo com as Normas-Padrão. (...) o foco principal de atuação do Conselho tem sido remuneração, mas há planos no sentido do estender a atividade do órgão para outras áreas". 1º workshop do Conselho de Ética discute relações do mercado. *CENP em revista*, ano 1, n. 2, 1º trimestre de 2005, p. 29. No mesmo sentido: "Para atingir este objetivo, o CENP dispõe de um grupo de "vistores" (auditores profissionais) que visitam periodicamente as agências certificadas, preocupando-se exclusivamente em verificar as relações entre as agências e seus clientes, de forma a poder comprovar se o "Anexo B" das Normas-Padrão está sendo obedecido". CÔRREA, Petrônio. Editorial. *CENP em Revista*, ano 2, n. 8, p. 4, out. 2006..

[89] FARIA-NETTO, João Luiz. Reafirmada a legitimidade do CENP e das Normas-Padrão da Atividade Publicitária. *CENP em Revista*, ano 2, n. 6, 1º trimestre de 2006, p. 7.

[90] Regulação, autorregulação e compliance. *CENP em Revista*, ano 10, n. 38, p. 22, mar. 2014. BARSOTTI, Caio. A qualidade da praça é responsabilidade de todos. *CENP in Revista*, ano 10, n. 40, p. 4, set. 2014.

No setor público, se existente essa livre negociação, ela não parece ser utilizada, eis que os contratos seguem sempre as formas analisadas no capítulo seguinte, com pouco ou nenhum espaço para alternativas.

Outro exemplo de norma anticoncorrencial é a previsão de que o desconto-padrão pertence à agência. Isso significa que a agência não pode, portanto, conceder descontos, ou negociá-lo com seus clientes, diminuindo sua margem de remuneração.[91] Ou seja, além de definir o patamar de remuneração, há uma tentativa inclusive de definir o que a agência faz com essa remuneração. No mais, ao definir seu pertencimento à agência, também indica que outras empresas, que não sejam agência, não podem recebê-lo.

Outro mecanismo de manutenção desse modelo é que a agência só pode agir por ordem e conta de seu cliente. Isso significa que a agência não pode negociar espaço publicitário sozinha, comprando e revendendo-o a seus clientes, conforme a demanda.[92] Por meio dessa regra, *bureaux* de mídia, já apontados, também ficariam impedidos de atuar no mercado brasileiro.

Enfim, por ora, destacamos que isso não significa que todo o modelo esteja errado, vide o importante papel de referência havido e a troca de informações realizada no âmbito do CENP, sendo seu maior defeito a falta de atualização.[93]

No setor privado, algumas dessas questões já foram enfrentadas, com maior espaço para negociação de preços, bem como a adoção de outras formas de remuneração. Nas contratações administrativas, porém, a menção à certificação na Lei nº 12.232/2010 promoveu, em maior grau, a adoção de um modelo muito mais rígido, com todos os problemas específicos que ainda veremos no capítulo seguinte.

1.2.4.2.2 Adoção de um modelo específico de agência de publicidade e a certificação

Outra questão é a definição estrita de agência de publicidade *full service*, inclusive com a exigência de uma estrutura mínima por parte

---

[91] FARIA-NETTO, João Luiz. As bases jurídicas e de autorregulação da atividade. *CENP em Revista*, ano 11, n. 44, p. 39. No mesmo sentido, CORRÊA, Petrônio Côrrea (depoimento, 2004), p. 25.
[92] "A agência DEVE adquirir espaço ou tempo especificamente para seu cliente. O veículo NÃO PODE, portanto, vender espaço ou tempo sem a indicação expressa do nome/ produto do anunciante". A autorregulação da publicidade no Brasil. *CENP em Revista*, ano 10, n. 38, p. 28, mar. 2014.
[93] Diálogo, sempre diálogo. *CENP em Revista*, ano 12, n. 45, p. 26, dez. 2015.

das agências certificadas.[94] Isso dificulta, e mesmo impede, que novos modelos sejam explorados, ainda que mais eficientes ou inovadores, com estruturas mais enxutas, outro tipo de prestação de serviço ou outra forma de remuneração.

Sobre a certificação pelo CENP, Agra aponta seu papel como reserva de mercado, na medida em que se torna uma obrigação, e deixa de ser uma indicação livre de maior qualidade das agências, além de representar um custo para as agências.[95] Apoiando-se na Lei nº 12.232/2010, o CENP, por sua vez, garante que não é reserva de mercado, mas uma forma de "preservar o interesse público".[96]

A preocupação concorrencial não é gratuita: a criação do CENP estava associada, na origem, à tentativa de evitar a entrada de novos modelos de negócios no mercado brasileiro de publicidade. Um deles é o *bureaux* de mídia, espécie de empresa que ficaria responsável apenas pela compra e venda de grandes volumes de espaço publicitário, lucrando com essa intermediação.[97]

Essa visão está associada ainda a uma interpretação extensiva e imutável da Lei nº 4.680/65, a ser aplicada de forma a impedir outras formas de remuneração ou outros modelos de negócios.[98]

Assim, como exploraremos ainda no capítulo 3, para além do modelo brasileiro de publicidade, em outros países, as últimas décadas desenvolveram a separação entre criação e mídia, com novos tipos de empresas e remuneração – o que ainda está longe de significar uma solução para todos os problemas. Com a atuação do CENP, essas inovações foram barradas no mercado brasileiro, principalmente quando a Lei nº 12.232/2010 e as contratações do setor público seguiram consagrando esse modelo brasileiro.

---

[94] Pergunte ao CENP – O que você gostaria de saber sobre o CENP e as Normas-Padrão e não tinha a quem perguntar. *CENP em Revista*, ano 3, n. 12, out. 2007, p. 37.
[95] AGRA, Liza Fernanda Fernandes Ribeiro Villas-Bôas. Análise Econômica da Contratação do Serviço de Publicidade pela Administração Pública Federal brasileira. *Revista Jurídica Luso-Brasileira*, ano 6, n. 3, p. 1148-1149, 2020.
[96] FARIA- NETTO, João Luiz. Publicidade pública só através de agência. *CENP em Revista*, ano 8, n. 30, p. 44, mar. 2012.
[97] "E o grande objetivo do Cenp é evitar, porque não pode proibir. Se eu sou dono de uma agência de mídia em Paris ou em Nova Iorque, eu venho para cá, me instalo. Só que agências de mídia não recebem os 20% nem a bonificação do veículo, pelo acordo do CENP. Então, coloca uma dificuldade enorme. E foi isso que nós fizemos, resumidamente". CORREA, *Petrônio Corrêa (depoimento, 2004)*, p. 28. No mesmo sentido: SILVA, *Análise da postura de anunciantes brasileiros com relação à remuneração de agências de propaganda*. 2005, 105 f. Dissertação (Mestrado em Administração de Empresas) – Escola de Administração de Empresas de São Paulo, Fundação Getúlio Vargas, São Paulo, 2005. p.23-26.
[98] CORRÊA, Petrônio Corrêa *(depoimento, 2004)*, p. 31.

Sobre a certificação, ela seria uma forma de, voluntariamente, disseminar valores e padrões de qualidade junto ao mercado publicitário.[99] Assim, a submissão a seus critérios seria uma sinalização importante de que a certificada seria uma empresa destacada das demais, a que se poderia recorrer pela sua qualidade e seriedade. Esse é o raciocínio subjacente ao art. 4º da Lei nº 12.232/2010, que veio a exigir a certificação pelo CENP, ou por entidade equivalente (hoje inexistente), como condição para a contratação pela Administração Pública.

No entanto, tal como colocada, a certificação significa a observância de normas estritas de funcionamento da agência, com a previsão de uma estrutura específica, bem como obrigações quanto à compra de pesquisas de mídia, conforme o tipo de agência e a submissão a condições específicas de remuneração. Portanto, não se trata apenas de uma certificação, ou um selo de qualidade honorífico, mas uma forma de definir a configuração do setor. No setor privado, isso foi progressivamente sendo percebido ao longo dos últimos 20 anos, com a diminuição do número de agências certificadas pelo CENP (enquanto por volta de 2007 o número de agências certificadas pelo CENP chegou a 4 mil Brasil afora, esse número se aproxima de 1 mil atualmente, segundo dados do próprio CENP), diferentemente do que ocorreu no setor público, em que a previsão legal subsiste na Lei nº 12.232/2010.

1.2.4.3 Soluções possíveis para tais problemas: a regulação da autorregulação

O enfrentamento dos problemas da autorregulação passa, assim, pela possibilidade de o Estado obrigar que os interesses externos sejam considerados nos processos decisórios e normativos das entidades de autorregulação.[100] Daí a importância de mecanismos que evitem uma captura pelo próprio setor autorregulado, principalmente no caso de grandes empresas.

Para entender essa solução, é necessário recorrer a aportes da sociologia do direito, como faz parte da doutrina. Uma contribuição

---

[99] GONÇALVES, Pedro. Entidades Privadas com poderes públicos. Coimbra: Almedina, 2005, p. 212 *apud* SCHWIND, Considerações acerca da nova lei de licitações e contratos administrativos de serviços de publicidade (Lei nº 12.232/2010). *Fórum de Contratação e Gestão Pública – FCGP*, Belo Horizonte, ano 9, n. 106, p. 30-44, out. 2010.

[100] BLACK, Julia. Constitutionalising Self-Regulation. The Modern Law Review. 59, 1, jan. 1996, Oxford, p. 30.

fundamental é entender a presença de subsistemas, em sociedades complexas e especializadas. A partir de Luhmann e Teubner, Black aponta que seriam exemplos de subsistemas o direito, a economia, a política, a religião, campos com regras e dinâmicas próprias. Ainda que pudessem ser afetados uns pelos outros, cada subsistema apenas reconheceria normas segundo suas próprias regras.[101] Mais especificamente, Marques Neto aponta, assim, a existência de ordenamentos setoriais, com regras e dinâmicas próprias.[102]

A grande questão se torna, então, entender qual o papel do direito diante disso. Marques Neto questiona em que medida o direito seria capaz de intervir na economia, por exemplo, enquanto Black investiga esse cenário especificamente no caso da autorregulação.[103] A partir de Teubner, Black aponta que seria possível realizar apenas uma regulação indireta, sob pena de cair em um trilema regulatório: o direito é ignorado pelo subsistema, o direito destrói as normas tradicionais de comportamento do subsistema ou o próprio direito pode ser desintegrado, por pressões políticas ou sociais.[104]

A resposta aponta, assim, para o desafio de o direito realizar a comunicação entre os diversos subsistemas e seus conflitos, dando origem inclusive a um novo tipo de direito, para alguns, o direito reflexivo.[105] Segundo ele, seria apenas possível atuar nos processos de decisão e elaboração de normas das entidades de autorregulação, inserindo atores e valores que deveriam ser levados em conta, no

---

[101] *Ibidem*, p. 44.
[102] MARQUES-NETO, Floriano de Azevedo. Interesses públicos e privados na atividade estatal de regulação. *In*: MARRARA, Thiago. (org.). *Princípios de Direito Administrativo*: legalidade, segurança jurídica, impessoalidade, publicidade, motivação, eficiência, moralidade, razoabilidade, interesse público. São Paulo: Atlas, 2012. p. 436. Também em: MARQUES-NETO, Regulação estatal e autorregulação na economia contemporânea. *Revista de Direito Público da Economia – RDPE*, Belo Horizonte, ano 9, n. 33, p. 2-3. jan./mar. 2011. Disponível em: <http://www.bidforum.com.br/bid/PDI0006.aspx?pdiCntd=72094>. Acesso em: 27 mar. 2022.
[103] MARQUES-NETO, Floriano Peixoto de Azevedo. Limites à abrangência e à intensidade da Regulação Estatal. *Revista de Direito Público da Economia – RDPE*, Belo Horizonte, ano 1, n. 1, jan./mar. 2003, nota de rodapé 15. BLACK, Constitutionalising Self-Regulation. The Modern Law Review. 59, 1, Jjan. eiro/1996, Oxford, p. 43.
[104] BLACK, Constitutionalising Self-Regulation. The Modern Law Review. 59, 1, Jjan. eiro/1996, Oxford, p. 44-47. TEUBNER, Gunther. Juridification – Concepts, aspects, limits, solutions. *In*: TEUBNER (org.). *Juridification of Social Spheres*. Berlin: Walter de Gruyter, 1987, p. 32 e ss.
[105] Cf. explica GARDELLA, *op. cit.*, p. 451. E, de novo, TEUBNER, Gunther. After legal instrumentalism: strategic models of post-regulatory law. *EUI working paper nº 100*. Florence: European University Institute, 1984. p. 50.

sentido de publificação do regime jurídico de tais entidades não governamentais.[106] Para tanto, o fortalecimento da transparência e de medidas de monitoramento são essenciais.[107]

Esse quadro da sociologia jurídica resume do que esse trabalho trata: como o direito pode intervir na remuneração das agências de publicidade, conformadas em parte pela autorregulação, de maneira que não signifique o fim do setor ou uma intervenção inútil? Ao que nos parece, as respostas, até agora, têm alternado entre intervenções exageradas, que não se sustentam, e intervenções conservadoras, que apenas trazem para o direito exatamente o que o setor já pratica. Exemplos de intervenções insustentáveis teriam sido o Decreto nº 2.262/1997, que pretendeu abrir o setor para a livre negociação ou o acórdão nº 2.062/2006, do TCU, que pretendeu colocar todo o setor publicitário dentro da então Lei nº 8.666/1993. Como vimos, o Decreto acabou revogado e o acórdão revisto em pedido de reexame, a partir da Lei nº 12.232/2010. Já dentre as intervenções conservadoras, temos a própria Lei nº 12.232/2010, que simplesmente positivou várias práticas do setor, bem como a decisão do CADE no processo CENP, reconhecendo que haveria problemas, mas ele CADE não teria condições de intervir. Até hoje, como veremos adiante, faltaram iniciativas capazes de mudar a dinâmica de poder do setor, ou capazes de introduzir interesses públicos relevantes na sua organização.

1.2.4.3.1 Exame pelo CADE e a indicação da advocacia da concorrência

A criação do Conselho Executivo das Normas-Padrão foi submetida ao CADE em 16 de dezembro de 1998, como o ato de concentração 08012.010080/98-52 entre as associações do setor e suscitou diversas questões. Ao longo da tramitação, o processo foi transformado em uma consulta, que decidiu pela possibilidade da criação do CENP, desde que suas normas não violassem a legislação anticoncorrencial.[108]

No Caso, o CADE buscou verificar (i) a ocorrência de práticas tendentes a uniformizar condutas comerciais, bem como (ii) práticas

---

[106] BLACK, Constitutionalising Self-Regulation. The Modern Law Review. v.59, n. 1, jan. 1996, Oxford, p. 45 e 53. Também GARDELLA, *op. cit.*, p. 25 e 556.
[107] MOREIRA, Vital, *op. cit.*, p. 102. No mesmo sentido: HEPBURN, *op. cit.*, p. 60.
[108] Decisão da Consulta 60/00 cf. consta BRASIL. Conselho Administrativo de Defesa Econômica. *Processo Administrativo 08012.008602/2005-09*, fls. 863/882.

de imposição de barreiras à entrada e ao funcionamento de empresas. Basicamente, a preocupação foi quanto aos valores cobrados pelas agências, o "desconto-padrão", a margem de negociação permitida, e em que medida um certificado de funcionamento emitido pelo CENP estaria restringindo o mercado e impondo essa forma de remuneração, em violação à legislação anticoncorrencial, art. 20 e 21 da então Lei nº 8.884/94. Em sua análise, o CADE partiu de procedimentos de fiscalização instaurados pelo CENP sobre agências e anunciantes e os percentuais de remuneração cobrados.

Ao final, a Nota Técnica concluiu que, apesar de potencialmente anticompetitivas, as práticas adotadas pelo CENP estariam cobertas pela legislação, em especial o Decreto nº 4.563/2002 e a Lei nº 12.232/2010, bem como pela prática histórica do setor publicitário. A Lei nº 12.232/2010 foi promulgada em abril de 2010, durante a tramitação do processo e, como já apontado, passou a prever a exigência do certificado de qualificação técnica, emitido pelo CENP, das licitantes (art. 4º, §1º). Assim, seria possível apenas punir práticas ocorridas entre 2000 e 2002, o que o CADE considerou indevido, também pela fragilidade das provas relativas especificamente a esse período.

Embora o CADE não tenha decidido pela punição de nenhum dos envolvidos, é preciso deixar claro que as práticas não foram elogiadas pela Autoridade da Concorrência, que não se convenceu dos argumentos econômicos trazidos pelo CENP, bem como apontou para um caso de advocacia da concorrência, ao entender que não caberia ao CADE questionar a constitucionalidade da Lei nº 12.232/2010 e a previsão legal do modelo brasileiro de publicidade.

Por isso, o CADE decidiu pelo arquivamento do caso e envio dos pareceres exarados à Secretaria de Acompanhamento Econômico do Ministério da Fazenda, em caso de advocacia da concorrência. Em parecer, o Ministério Público Federal junto ao CADE chegou a suscitar a inconstitucionalidade da Lei nº 12.232/2010, mas entendeu que seria polêmica a declaração de inconstitucionalidade pelo CADE.[109]

Eduardo Jordão ajuda a entender a advocacia da concorrência.[110] O autor a define como uma "atividade de cooperação institucional de natureza persuasiva", com duplo objetivo: difundir os valores da

---

[109] Parecer nº 43/2016/LJP/MPF/CADE, p. 5, do Processo Administrativo nº 08012.008602/2005-09.

[110] JORDÃO, Eduardo Ferreira. A advocacia da concorrência como estratégia para redução do impacto anticompetitivo da regulação estatal. *Revista Brasileira de Direito Público – RBDP*, Belo Horizonte, ano 7, n. 24, p. 127-153, jan./mar. 2009.

concorrência e persuadir entidades governamentais, o que ocorre por meio da troca de informações, e é adicional ao contencioso e menos custosa que esse:[111]

> A advocacia da concorrência também é mecanismo que caminha junto com o *enforcement* das normas anticoncorrenciais. De um lado, um *enforcement* sério fortalece a advocacia da concorrência, na medida que aumenta a credibilidade quanto à aplicação da lei, bem como identifica falhas regulatórias; de outro lado, o *enforcement* pode ser facilitado quando a advocacia da concorrência conseguir atuar para a elaboração de normas mais adequadas.

Jordão explica que, embora a defesa da concorrência se centre na atuação privada, a atuação estatal pode trazer diversas questões concorrenciais, como a imposição de barreiras à entrada em setores, estabelecimento de vantagens competitivas, assimetrias informacionais, imposição de custos, dentre outras. Ainda que a Administração Pública possa vir a limitar a concorrência, para defender certos fins, e no limite destes, não é isso que costuma ocorrer.

Dentre as vantagens, estaria sua maior repercussão, com a possibilidade de atuar antes da elaboração de uma regulação, influindo no lobby, e um potencial efeito anticaptura. Além disso, a advocacia da concorrência não depende de atribuição legislativa e mesmo sujeitos privados poderiam realizá-la, por meio de ONGs, por exemplo. Uma lei, porém, poderia promover uma coordenação com a autoridade concorrencial. A advocacia da concorrência seria ainda uma solução diante da impossibilidade de o CADE realizar controle de constitucionalidade ou de legalidade.

De fato, parece que esse é o caso do setor publicitário e da legislação correlata. Jordão aponta como, na Europa, a partir de 2004 e até 2009, quando escreve, haveria um movimento para se defender a concorrência nas profissões, além de casos envolvendo questões complexas ou diante de recentes reformas de estado. Manual recentemente editado pela Secretaria de Advocacia da Concorrência e Competitividade, do Ministério da Economia, baseado nas normas

---

[111] . É o que afirma: REIS-JÚNIOR, Alexandre Jorge dos. *Advocacia da concorrência*: propostas com base nas experiências brasileira e internacional. São Paulo: Editora Singular, 2016, p. 29-30. No mesmo sentido: SILVA, Carlos Eduardo Tobias de. A Advocacia da Concorrência na reforma do SBDC: a atuação da SEAE para a construção de uma cultura da concorrência no Brasil. *Revista de Defesa da Concorrência*, v 3, n. 2, p. 192-193, nov. 2015.

da Organização para a Cooperação e Desenvolvimento Econômico (OCDE), indica vários casos que em muito lembram a situação do setor publicitário.[112] Por exemplo, a exigência de um conjunto mínimo de serviços, custos desnecessários de qualificação técnica, limite à capacidade das empresas em definir preços, fixação de padrões de qualidade que beneficiam algumas empresas e estabelecimento de normas de autorregulação com características anticompetitivas.[113] A definição do modelo de negócios publicitário, como agência *full service*, sujeita à certificação e remunerada por desconto-padrão a 20%, segundo normas de autorregulação, são todas características que tornam imprescindível a aplicação da advocacia da concorrência.

Apesar de interessante, a decisão do CADE deixou uma sensação de incompletude ao indicar a advocacia da concorrência, a justificar esse trabalho. Em primeiro lugar, ao admitir que as condutas praticadas teriam efeitos deletérios, mas que somente poderiam ser combatidos por alteração normativa:[114]

> 372. O que se denota é que a condenação do CENP neste momento não seria a medida mais adequada e tampouco a mais efetiva, tendo em vista que os efeitos deletérios das condutas praticadas só seriam efetivamente eliminados com a alteração legislativa que tornasse livre a negociação entre os agentes do mercado ou mesmo com uma alteração na regulamentação e na autorregulamentação que buscasse um modelo mais eficiente e mais pró-competitivo. Nota-se que as disposições das Normas Padrão que regem a atuação do CENP e que estariam em desacordo com a Lei nº 12.529/2011 possuem incentivo e respaldo legal. Logo o problema maior encontrado no mercado de publicidade seria normativo, o que indica que se faz necessário o exercício da advocacia da concorrência.

Em segundo lugar, sob um viés de eficiência do mercado, o CADE discute estudo trazido pelo CENP e a importância que tais práticas teriam na organização do mercado. Aqui, também, o CADE discorda de tal importância e, como decorrência, suscita a advocacia da concorrência:[115]

---

[112] OCDE. *Guia para Avaliação de Concorrência*: Volume 1 – Princípios. 2017. Disponível em: <www.oecd.org/competition/toolkit>. Acesso em: 2 abr. 2022.
[113] BRASIL. Secretaria Especial de Produtividade, Emprego e Competitividade – Ministério da Economia. *Guia de advocacia da concorrência*. Brasília, 2020, p. 12-21.
[114] Nota técnica nº 11/2016/CGA4/SGA1/SG/CADE, do Processo Administrativo nº 08012.008602/2005-09.
[115] *Ibidem*, p. 79.

464. Conclui-se, portanto, que as eficiências alegadas, ao não serem inequívocas, não necessariamente superam o efeito anticoncorrencial apontado, sugerindo-se também em relação a este ponto que seja encaminhada a presente Nota Técnica ao Ministério da Fazenda para fins de advocacia da concorrência.

465. Ressalve-se que o que esta Nota Técnica sugere não é necessariamente o fim da comissão de veiculação, instrumento previsto em lei que tem por fim a remuneração devida pelos veículos de comunicação às agências de publicidade. O que se está a atacar é a fixação de seu valor por uma entidade centralizada, impossibilitando sua livre fixação por parte dos veículos, o que obedeceria aos fins descritos em lei e possibilitaria que os veículos pudessem regular a qualidade da propaganda veiculada a partir do montante pago como comissão às agências.

466. Da mesma forma, as regras de repasse representam injustificado limite de negociação de remuneração entre agências de publicidade e anunciantes.

Optamos por destacar esse ponto porque a decisão do CADE no caso bem indica os desafios a se enfrentar. Embora reconheça a atuação do CENP e seu amparo na legislação, ela indica que mais atenção precisa ser dada ao tema. Ademais, também é interessante destacar a existência de tal mecanismo, que subverte a lógica punitivista e permite uma terceira via: não se trata de punir ou absolver, mas de buscar estudos sobre o tema.

Por fim, apesar da decisão, outro elemento importante para se entender o deslinde do caso é o quanto o CENP foi se autocontrolando ao longo dessas quase duas décadas em que se discutiu sua atuação, como o próprio CADE reconhece.[116] Isso se verifica, em especial, na revogação, com efeitos retroativos, de duas Comunicações Normativas (CN). Na CN nº 3/2001, o CENP recomendava que apenas as agências certificadas deveriam ser remuneradas por desconto-padrão de 20%, sendo que as outras agências poderiam atuar no mercado, desde que recebendo remuneração "substancialmente inferior aos 20%". Já segundo a CN nº 7/2003, "recomenda-se e estabelece-se" que as agências recebam apenas 5% de desconto-padrão, no máximo 10% de forma transitória, e que apenas as agências certificadas pelo CENP possam receber remuneração de 20% dos veículos.

---

[116] Cf. Nota Técnica nº 11/2016/CGA4/SGA1/SG/CADE, do Processo Administrativo nº 08012.008602/2005-09, p. 70.

Assim, a decisão do CADE foi importante por analisar o setor publicitário, ouvir seus principais membros, questionar as condutas praticadas, as formas de remuneração possíveis e a legislação envolvida. No entanto, a decisão conservadora, elogiável por observar a legalidade e a tradição do setor, deixou a impressão de que nada foi feito.

1.2.5 A normatização da Secom

Ainda tratando-se das normas aplicáveis, cumpre lembrar o papel regulador da Secom, em âmbito federal. Esse papel é exercido de diversas formas, por meio de Portarias, Manuais, e, especialmente, por meio das Instruções Normativas. Além disso, como apontado, a Secom acompanha a publicidade exercida por toda a Administração Pública Federal. Assim, além dos normativos em si, a Secom conta com modelos de documentos, disseminados junto aos entes.

O detalhamento de tal normatização, construído ao longo das últimas três décadas, motivou o recorte desse trabalho para o âmbito federal. Ademais, embora restrito a esse, entende-se que serve de inspiração para Estados e Municípios que dificilmente possuem a mesma estrutura.

1.2.5.1 Instruções Normativas

O uso de instruções normativas data do começo dos anos 1990, ao menos, com a Instrução Normativa 1, de 27 de abril de 1993, que tratava do planejamento da publicidade e da promoção.[117] À época, ao invés da Secom, havia ainda uma Assessoria de Comunicação Institucional.

As instruções normativas tratam de diversos temas, e não apenas da contratação de agências de publicidade. Por exemplo, a IN nº 1/2018 trata da publicidade realizada em ano eleitoral,[118] a IN nº 4/2018 trata da licitação e dos contratos de serviços de comunicação corporativa, a IN nº 2/2019 trata do patrocínio, além de outras.

---

[117] Disponível em: <https://www.janela.com.br/textos/Normas_Secom-Instrucao_Normativa_01.html>.

[118] Para mais informações: FAGALI, Bruno; PEDROSO, Lucas. A publicidade estatal em época de eleições: considerações sobre a IN 01/18 e normas relacionadas. *Migalhas*, 14 maio 2018. Disponível em: <https://www.migalhas.com.br/depeso/279985/a-publicidade-estatal-em-epoca-de-eleicoes--consideracoes-sobre-a-in-01-18-e-normas-relacionadas>. Acesso em: 2 abr. 2022.

Na ausência da Lei nº 12.232/2010, eram tais normas que previam a forma de contratação das agências de publicidade pelo Governo Federal. Tal era o caso desde a IN nº 4/1993, que previa a necessidade de licitação, o formato do edital, a existência de um *briefing* e o que deveria constar na proposta, muito próximo ao que prevê a legislação atualmente. Assim, por meio de tais Instruções Normativas, muitos dos mecanismos hoje existentes e previstos em lei foram, pela primeira vez, adotados.

Se tal solução pode ser elogiada pela capacidade de trazer regras e conferir previsibilidade aos gestores, também era questionada por se tratar de solução infralegal, insuficiente para aqueles que adotam uma visão de legalidade estrita – daí a necessidade da Lei nº 12.232/2010 para conferir maior segurança jurídica.

Para os fins deste trabalho, interessam em especial a instrução normativa nº 2/2018, que disciplina a publicidade dos órgãos e entidades do Poder Executivo Federal; e a IN nº 3/2018, que disciplina as licitações e os contratos de serviços de publicidade prestados por intermédio de agências de publicidade. Seguindo a legislação, as Instruções Normativas descem a detalhes da execução.

1.2.5.2 O modelo de edital e sua minuta padrão de contrato

A Secom também elabora e divulga para toda a Administração Pública Federal modelos de edital para a contratação de agências de publicidade, com uma minuta contratual. A Secom conta com modelos para a contratação de agências de publicidade, de comunicação corporativa, comunicação digital e promoção, nas versões por melhor técnica e por técnica e preço. No caso de contratação de publicidade, constam ainda versões para a contratação de apenas uma agência de publicidade, ou mais de uma – peculiaridade das contratações do tipo, e que será analisada no capítulo seguinte.

A adoção de uma minuta-padrão pela Secom está em consonância com as alterações da Lei de Introdução às Normas do Direito Brasileiro (LINDB – Decreto-Lei nº 4.657/1942). Segundo seu art. 30: "[a]s autoridades públicas devem atuar para aumentar a segurança jurídica na aplicação das normas, inclusive por meio de regulamentos, súmulas administrativas e respostas a consultas". Assim, uma minuta-padrão para a licitação e a contratação de agências de publicidade é importante instrumento que ajuda a disseminar práticas entre as entidades contratantes e que facilita o controle.

Enquanto modelo, ele deve ser adaptado pelo órgão que deseje contratar uma agência de publicidade e, para tanto, conta com explicações e cláusulas que podem ser dispensadas conforme o caso. Por exemplo, desde as disposições iniciais, há explicações sobre as modalidades de licitações previstas na legislação (convite, tomada de preços e concorrência) e os valores respectivos, de forma a orientar os gestores.

No entanto, em termos de remuneração, a minuta é bastante restrita, como apontado no capítulo 2, em que ela é utilizada para tratar das formas de remuneração existentes na contratação de publicidade.

Além do modelo de edital, a Secom também conta com modelos de documentos, que auxiliam os órgãos a planejar e a executar a publicidade que realizam, e que também são utilizados pela própria Secom.

1.2.5.3 Outros regramentos: notas técnicas e portarias

Além das Instruções Normativas e do modelo de contrato, a Secom também conta com Notas Técnicas e Portarias que tratam de questões específicas. Destaque, por ora, para a Portaria 98, de 21 de julho de 2016, que aprova o Manual de Procedimento das Ações de Publicidade. Tal Manual estabelece uma espécie de roteiro, que indica ao gestor como o contrato deve ser executado, como campanhas devem ser elaboradas, segundo valores e tipos.

***

Assim, esse primeiro capítulo lança as bases do setor para a imersão nas formas de remuneração específicas da publicidade no capítulo seguinte. Aqui, foram apresentados os agentes envolvidos, bem como a legislação aplicável, sua origem e quais os interesses envolvidos.

Apesar de a contratação administrativa de publicidade se dar entre entes da Administração Pública e agências de publicidade (ou de propaganda, sinônimos na legislação), também estão envolvidos seus fornecedores, bem como veículos de comunicação que divulgam as campanhas, o que indica uma complexidade muito maior do que aparenta à primeira vista.

Da parte da Administração Pública Federal, cabe ter presente ainda a atuação da Secom (Secretaria Especial de Comunicação Social), não apenas como contratante, mas como órgão responsável pela normatização das contratações, por acompanhar e fiscalizar tais contratos, inclusive das empresas estatais.

Questionando visões que sobrevalorizam a criação e a tradição presentes no setor, examinamos a legislação, notadamente a Lei nº 4.680/65 e seu Decreto, além da Lei nº 12.232/2010 e as normas de autorregulação do setor, em busca de entender seus traços principais. O exame revelou que o setor conta com o "modelo brasileiro de publicidade", combinação única no mundo de normas de autorregulação reconhecidas pela legislação. Tais normas ajudam a lidar com a complexidade do setor, ao mesmo tempo em que mantêm problemas de tal tipo de solução, em especial em termos concorrenciais, com a definição de um modelo de negócios específico: a agência de publicidade *full service* (que presta um amplo leque de serviços), remunerada por desconto-padrão.

Tal ecossistema já foi examinado pelo CADE e pelo TCU. Quanto ao primeiro, nota-se que a tradição do modelo e sua previsão legal impediram um maior questionamento, recomendando-se, porém, que o tema fosse rediscutido via advocacia da concorrência, revendo-se a legislação. Quanto ao segundo, nota-se uma dificuldade em promover contratações administrativas para além da norma geral da Lei nº 8.666/1993 (influxo que tende a se manter na nova lei nº14.133/2021, ainda maior e mais minudente que a anterior). O resultado, assim, é que a Lei nº 12.232/2010 pouco alterou esse cenário, apenas reconhecendo a autorregulação e consagrando práticas já existentes.

Por último, apontou-se em linhas gerais o papel normativo da Secom, com destaque para sua minuta-padrão de edital e contratações de agências de propaganda, o qual é utilizado no capítulo seguinte como base para examinar as formas de remuneração existentes, seus contornos, problemas e soluções.

CAPÍTULO 2

FORMAS DE REMUNERAÇÃO, CONDIÇÕES CONTRATUAIS, PROBLEMAS E SOLUÇÕES NA MINUTA-PADRÃO DA SECOM

Neste capítulo, as formas de remuneração são analisadas a partir do já mencionado modelo de edital e sua minuta-padrão disponibilizados pela Secom.[119] Basicamente, três cláusulas tratam das formas de remuneração: a cláusula quinta, de obrigações da contratada; a cláusula oitava, de remuneração; e a cláusula nona, especificamente do desconto-padrão.

Na análise, segue-se a ordem de representatividade da remuneração para as agências conforme os valores envolvidos, com desconto-padrão, planos de incentivo, honorários e demais. Essa escolha contraria duas opções por vezes encontradas na doutrina. A primeira opção é não estudar as formas de remuneração, seja pela sua complexidade, seja porque seriam acertos privados.[120] A segunda opção por vezes adotada é restringir a remuneração da agência apenas àquela por honorários, única modalidade que seria paga diretamente do anunciante para a agência.[121] Adota-se aqui o entendimento de que é preciso entender a remuneração de forma ampla, em toda sua complexidade, para se entender seus méritos e problemas.

---

[119] Disponível em: <http://www.secom.gov.br/acesso-a-informacao/licitacoes-e-contratos/arquivos-de-modelo-de-editais/modelo-edital-de-publicidade-tecnica-e-preco-1-agencia.docx/view>.

[120] Por exemplo, caso de MOTTA, Carlos, *op. cit.*

[121] Caso de FORTES, Fernando. A remuneração das agências de propaganda, em face da lei nº 4.680/65 e seu regulamento, decreto nº 57.690/66. *Vigência, validade e eficácia atuais.* Parecer, 14 nov. 1996. Disponível em: <http://www.abap.com.br/pdfs/leis/parecer_fernando_fortes.pdf>. Acesso em: 2 abr. 2022.

Assim, aqui, cada espécie de remuneração é transcrita, comparada com a legislação (Lei nº 12.232/2010 e Instruções Normativas da Secom), com as Normas-Padrão do CENP, bem como eventual controle pelo qual já passaram, em especial Tribunal de Contas da União, com apontamentos da doutrina, se o caso.

Em visão panorâmica, as formas de remuneração adotadas são as seguintes, influenciadas por um critério de veiculação: a depender da distribuição por veículos de comunicação, pode haver seu pagamento ou não:

Figura 3 – Formas de remuneração das agências

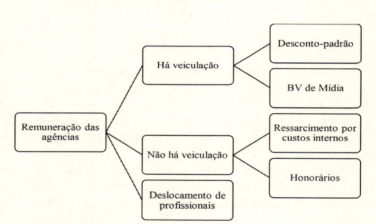

Fonte: elaboração própria.

A veiculação tende a estar sempre presente, enquanto as outras formas de remuneração representam porção diminuta da receita das agências. Veja-se cada uma delas.

2.1 Formas de remuneração

2.1.1 A remuneração por Desconto padrão: a tradicional remuneração fixada em 20% sobre o valor de veiculação

A remuneração por desconto-padrão é prevista na cláusula 9 da minuta-padrão utilizada pela Secom:

9.1 Além da remuneração prevista na Cláusula Oitava, a CONTRATADA fará jus ao desconto de agência concedido pelos veículos de divulgação, em conformidade com o art. 11 da Lei nº 4.680/1965 e com o art. 7º do Regulamento para Execução da Lei nº 4.680/1965, aprovado pelo Decreto nº 57.690/1966.

9.1.1 O desconto de que trata o subitem precedente é concedido à CONTRATADA pela concepção, execução e distribuição de publicidade, por ordem e conta da CONTRATANTE, nos termos do art. 19 da Lei nº 12.232/2010.

9.2 A CONTRATADA repassará à CONTRATANTE 1/4 (um quarto) do valor correspondente ao desconto de agência a que faz jus, calculado sobre o valor acertado para cada veiculação.

NOTA EXPLICATIVA – Alínea 'a' do subitem 3.11.2 das Normas-Padrão da Atividade Publicitária – CENP, observado o disposto nos subitens 3.11.

<quando for o caso, acrescentar os subitens 9.2.1 e 9.2.1.1>

9.2.1 Nas veiculações realizadas no exterior, a CONTRATADA apresentará, juntamente com as tabelas de preços dos veículos de divulgação programados, declaração expressa desses veículos nas quais seja explicitada sua política de preços no que diz respeito à remuneração da agência.

9.2.1.1 Se a CONTRATADA fizer jus a benefício similar ao desconto de agência de que trata o subitem 9.1, repassará à CONTRATANTE o equivalente a 1/4 (um quarto) do desconto que obtiver de cada veículo de divulgação.

O desconto-padrão é a remuneração tradicional[122] da agência e que garante grande parte de suas receitas. Como já entrevisto, o seu nome decorre do fato de que a agência recebe uma parte do valor devido ao veículo de comunicação (por isso desconto), e padrão porque

---

[122] A Nota Técnica nº 11/2016/CGAA4/SGA1/SG/CADE do caso CENP explica, no §256, a origem dessa remuneração no Brasil, ainda na década de 1910. Fora do Brasil, a pesquisa revelou duas origens de sua utilização, ambas nos Estados Unidos. Ainda no século XIX, a agência NW Ayers & Son ficaria responsável pelo conteúdo, por meio de um contrato aberto, cujo percentual variava entre 8,5 e 15%, até que em 1909 teria se disseminado como 15%. Outra versão é que Albert Lasker, um jovem de 18 anos, trabalhando como vendedor de espaços em Chicago, em 1898, propôs ao anunciante reescrever os anúncios, em sendo remunerado a 15%, ao invés dos 10% apenas pela intermediação, garantindo melhores resultados ou o dinheiro de volta. Respectivamente, HOWER, Ralph M. *The history of an advertising agency*: N. W. Ayer & Sons at Work, 1869-1949. Cambridge: Harvard University Press, 1978 *apud* ROCHA, Everardo P. G. *et al*. A publicidade como ação coletiva: agências, modelos de negócios e campos profissionais. *In*: *Revista Brasileira de História da Mídia*. v. 8, n. 1, jan/jun. 2019, p. 13. E a revista francesa: PETIT, Bernard. Rémunération des agences: choisir la valeur créée? *In*: *La revue des marques*, n. 98, avril 2017, Prodimarques, Paris, p. 29.

esse valor usualmente era estabelecido em um patamar único, de 20%. Basicamente:

Figura 4 – Remuneração por desconto-padrão a 20%

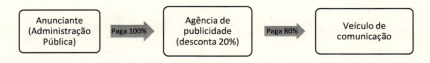

Fonte: elaboração própria.

Tais transações, porém, são feitas diretamente, inclusive por uma questão de faturamento prevista no art. 19 da Lei nº 12.232/2010. Assim, o veículo emite uma nota fiscal de 80% do valor, e a agência, dos outros 20%.

Os valores do desconto-padrão são calculados a partir de valor previsto em tabela dos veículos. Por exemplo, o canal de televisão X estipula que 30 segundos do intervalo do jornal Y custam R$100 mil. Com um desconto-padrão de 20%, a agência é remunerada em R$20 mil e o canal fica com R$80 mil.

No Brasil, o desconto-padrão é remuneração exclusiva das agências e não será devido quando a publicidade for encaminhada diretamente ou por meio de outras empresas, que não agências (art. 11 da Lei nº 4.680/65, e NPAP, itens 6.5 e 8.5).

Como se percebe, portanto, a agência de publicidade não é remunerada propriamente pelos trabalhos que realiza, mas por um valor associado à veiculação realizada. Na origem, segundo Silk, analisando os contratos de publicidade norte-americanos a partir da Economia, a remuneração por comissão, caso do desconto-padrão, teria se construído como uma solução para o risco moral.[123] A ideia era que campanhas de publicidade de qualidade seriam veiculadas em canais melhores e, portanto, com espaços publicitários mais caros. Ao contrário, a agência de publicidade não conseguiria distribuir uma campanha fraca por meio de um veículo excelente. Logo, colocar o veículo e o preço do seu espaço seria uma forma de o anunciante controlar a qualidade das campanhas.

---

[123] SILK, Alvin *et al*. Internalization of advertising services: testing a theory of the firm. *Marketing Science*, p. 11-12.

O desconto-padrão tem como principal vantagem a simplicidade, eis que resume a remuneração a um percentual, não envolvendo um conhecimento profundo sobre as atividades prestadas e/ou negociação específica.[124] Essa opção teria sido uma saída encontrada para cuidar da publicidade quando ainda era uma atividade muito mais singela, baseada apenas na intermediação.[125] Com a prestação de outras atividades, no entanto, que podem ser medidas e remuneradas, essa opção perderia sentido. Também é de se pensar o quanto a extrapolação da dimensão criativa da publicidade manteve essa remuneração. A dificuldade de se avaliar o preço de uma ideia genial teria privilegiado essa forma de remuneração, em percentual fixo e atrelado à veiculação, diminuindo os custos de transação.

2.1.1.1 Adoção de patamares menores conforme os valores envolvidos

Nos últimos anos, essa remuneração em 20% foi progressivamente flexibilizada. Isso ocorreu primeiro em dezembro de 1998 com o Anexo B das NPAP e em julho de 2019, com a aprovação de um Adendo ao referido Anexo, de forma a permitir que esses 20% tornem-se até 10%, dependendo dos valores envolvidos.

Figura 5 – Remuneração por desconto-padrão a 20% com percentual negociável de 5%

Fonte: elaboração própria.

---

[124] SILVA, Cristina Ponte de Andrade e. *Análise da postura de anunciantes brasileiros com relação à remuneração de agências de propaganda*. 2005, 105 f. Dissertação (Mestrado em Administração de Empresas) – Escola de Administração de Empresas de São Paulo, Fundação Getúlio Vargas, São Paulo, 2005. p. 50. E também ASSOCIATION OF NATIONAL ADVERTISERS. *Media Agency Compensation Practices*. set. 2019. p. 5.
[125] COSTA, Henrique *et al.*, *op. cit.*, 25.

A recente aprovação do Adendo, transformando os 5% em 10%, trouxe uma questão interessante: seria ele aplicável ao setor público? Ao mesmo tempo em que a redação do art. 7º do Decreto nº 57.690/66 é extremamente específica, ela prevê sua utilização apenas como "referência". Ao considerar a menção à Lei nº 12.232/2010 no Adendo e os benefícios que ele pode trazer, entende-se que ele deve ser aplicado, desde que observados seus critérios de valores, sob pena de incorrer na inexequibilidade do contrato. Isso produziria uma remissão dinâmica, no âmbito da autorregulação, segundo Gardella, quando a remissão a normas de autorregulação é feita de forma genérica, permitindo a atualização dessas e sua aplicação também pela Administração Pública.[126]

Diante disso, dentre outros fatores a serem examinados, é impreciso afirmar que as agências de publicidade ganhem fortunas com os contratos de publicidade com a Administração Pública, ainda que os valores totais envolvidos sejam consideráveis. Os altos valores estariam associados à veiculação, cabendo à agência apenas um percentual, cada vez menor, desses valores.

2.1.2 A remuneração por planos de incentivos ou bônus de volume

Outra forma de remuneração é aquela prevista na cláusula quinta do modelo de edital da Secom:

> 5.1.5.1 Pertencem à CONTRATANTE todas as vantagens obtidas em negociação de compra de mídia diretamente ou por intermédio da CONTRATADA, incluídos os eventuais descontos e as bonificações na forma de espaço, tempo ou reaplicações que tenham sido concedidos por veículo de divulgação.
> 5.1.5.1.1 O disposto no subitem 5.1.5.1 não abrange os planos de incentivo concedidos por veículos de divulgação à CONTRATADA, nos termos do art. 18 da Lei nº 12.232/2010.
> 5.1.5.2 O desconto de antecipação de pagamento será igualmente transferido à CONTRATANTE, caso esta venha a saldar compromisso antes do prazo estipulado.
> 5.1.5.3 A CONTRATADA não poderá, em nenhum caso, sobrepor os planos de incentivo aos interesses da CONTRATANTE, preterindo veículos de divulgação que não os concedam ou priorizando os que os ofereçam, devendo sempre conduzir-se na orientação da escolha desses veículos de acordo com pesquisas e dados técnicos comprovados.

---

[126] GARDELLA, *op. cit.*, p. 603.

5.1.5.3.1 O desrespeito ao disposto no subitem 5.1.5.3 constituirá grave violação aos deveres contratuais por parte da CONTRATADA e a submeterá a processo administrativo em que, comprovado o comportamento injustificado, implicará a aplicação das sanções previstas neste contrato.

Trata-se dos planos de incentivo, usualmente chamados de bônus de volume, ou simplesmente BV. Em sua forma mais tradicional, o Bônus de Volume (BV) de Mídia, segundo o nome sugere, é uma remuneração paga pelos veículos às agências, geralmente pelo volume de mídia encaminhado, em periodicidade semestral ou anual.[127] Uma definição simples é:[128]

> Quanto mais uma agência compra espaço ou tempo publicitário em determinado veículo – usando para tais compras os recursos de diferentes clientes – maior será a quantia em dinheiro que, a título de bônus de volume, a agência receberá do veículo de comunicação.

Ou seja, o relacionamento constante entre a agência e alguns veículos de comunicação, com maior poder econômico, resulta na possibilidade de fidelização entre eles, com a agência recebendo bônus pelo volume de publicidade encaminhada. Esquematicamente:

Figura 6 – Relacionamento Administração, agência e veículo

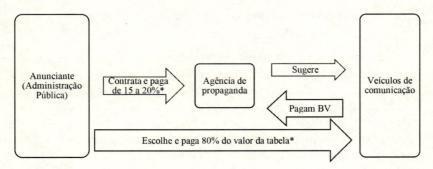

Fonte: elaboração própria.

---

[127] COSTA, Henrique *et al.*, *op.cit.*, p. 31. Em outros mercados, como o norte-americano, o crescimento anual também poderia ser utilizado como critério, adaptado para cada agência. K2 INTELLIGENCE. An independent study for media transparency in the US advertising industry. *Prepared for: the Association of Nacional Advertisers*, jun. 2016, p. 15-16.
[128] FREDDO, *op. cit.*, p. 303.

Apesar de se tratar de uma relação eminentemente privada entre agência e veículos, seu estudo justifica-se por ao menos dois grandes motivos. Primeiro, os contratos administrativos, bem como a legislação específica, reconhecem e preveem sua destinação, eis que importante fonte de renda das agências, talvez a principal hoje. Segundo, a falta de reconhecimento dessa realidade suscita dúvidas sobre a quem pertence tais valores e a regularidade da sua conformação, resultando inclusive em condenações criminais nos casos do Mensalão e na Operação Lava-Jato.

A base legal para essa forma de remuneração encontra-se na Lei nº 12.232/2010, no art. 18. O dispositivo basicamente repete a previsão contratual transcrita, admitindo tal forma de remuneração, que pertence, portanto, à agência.

Uma distinção refere-se ao art. 15. Esse artigo prevê que todas as vantagens, descontos e bonificações devem ser repassados à Administração Pública contratante. O art. 18, porém, exclui dessa regra geral os planos de incentivos, admitindo-os como pertencentes às agências.

No Brasil, assim, a distinção se construiu para que descontos de negociação beneficiem os anunciantes, como a Administração Pública, em oposição aos planos de incentivo, pertencentes à agência.[129] Fora do Brasil, consta que essa distinção nem sempre seria observada, devendo tais valores serem repassados ao cliente anunciante.

2.1.2.1 Bônus de volume de produção: a espécie não prevista pela legislação

Na prática, porém, também há relatos de BV de produção. Tal forma de remuneração estaria relacionada à aproximação da agência a seus fornecedores. Da mesma forma como ocorre no caso da veiculação, a agência apenas indica a contratação dos fornecedores, cabendo à Administração Pública pagar pelos serviços prestados.

Assim, os fornecedores pagariam à agência um percentual, como retribuição a cada contratação ou indicação, e não por volume. Ele teria se desenvolvido como forma de remuneração, na medida em que os anunciantes, pressionando a remuneração das agências, deixou de pagar-lhes por esse tipo de intermediação.[130] Esquematicamente:

---

[129] DI PIETRO. Maria Sylvia Zanella. *Direito Administrativo*. 28. ed. São Paulo: Atlas, 2015, p. 382.
[130] TURLAO, Felipe. BV de produção: a perigosa relação paralela. *Meio & Mensagem*. 29 abr. 2015. Disponível em: <https://dev.meioemensagem.com.br/home/comunicacao/

Figura 7 – Relacionamento entre anunciante, agência e fornecedor

Fonte: elaboração própria.

Em ambos os casos, trata-se de remuneração que não ocorre entre a Administração Pública e a agência contratada – por isso, há posicionamentos de que o BV seria fruto de uma relação exclusivamente privada, não relacionada com os contratos administrativos.

2.1.2.2 Peculiaridades nos contratos administrativos, a partir do caso do Mensalão tal como analisado pelo Supremo Tribunal Federal

A atual conformação dos planos de incentivos está relacionada à atuação do Supremo Tribunal Federal, no julgamento da Ação Penal 470 ("Mensalão"). Uma das condutas analisadas foi a apropriação dos BVs pelas agências e seus diretores, com a condenação pelo crime de peculato. Para além da condenação, a análise dos fundamentos revela uma questão maior de como funcionam os BVs nos contratos públicos e qual o sentido de sua existência.

A condenação baseou-se no entendimento de que a Lei nº 12.232/2010, no art. 18, regularizou apenas o BV de Mídia, sendo que as agências recebiam vantagens durante a fase de produção, não

---

2015/04/29/bv-de-produ-o-os-perigos-da-rela-o-paralela.html>. Acesso em: 3 abr. 2022. E também: FAGALI, A ética e as agências de publicidade : cinco das principais red flags anticorrupção da atividade. *Portal Jota*, 21 mar. 2017. Disponível em: <https://www.jota.info/opiniao-e-analise/artigos/a-etica-e-as-agencias-de-publicidade-21032017>. Acesso em: 2 abr. 2022.

repassadas para a Administração Pública contratante, não previstas na legislação,[131] e em violação ao contrato,[132] que previa à época:

> CLÁUSULA SEGUNDA – OBRIGAÇÕES DA CONTRATADA (...)
> 2.7.4.6. Envidar esforços para obter as melhores condições nas negociações junto a terceiros e transferir, integralmente, ao BANCO os descontos especiais (além dos normais, previstos em tabelas), bonificações, reaplicações, prazos especiais de pagamento e outras vantagens.

Apesar dos méritos do acórdão, merece uma ressalva o fundamento de que houve violação contratual. Isso porque ele desconsidera a realidade do setor publicitário, em que BVs entre agência e veículos, e inclusive fornecedores, são negociados à margem da Administração Pública. São, em regra, acordos que envolvem a agência, deixando de fora seus clientes. Assim, não estariam incluídas na previsão contratual. Parte dos Ministros alertou para o fato de que o contrato não seria tão claro assim.[133] Além disso, não parece ser o caso de se aventar uma oposição entre contrato e costumes, eis que o contrato simplesmente não tratou da hipótese.[134]

Outras questões também foram levantadas durante o julgamento, trazendo a reflexão de até que ponto a lógica do setor privado e sua organização fazem sentido nos contratos administrativos.

2.1.2.2.1 A noção de volume

Um fundamento aventado no Acórdão trata de questionar o "volume" envolvido no BV quando se trata de um cliente público. No setor privado, o volume envolvido é o da agência como um todo, considerando seus diversos clientes, ou, como parte da doutrina menciona, o "portfólio das agências".[135]

---

[131] Supremo Tribunal Federal. *Ação Penal 470* - Minas Gerais. Rel. Min. Joaquim Barbosa. Rev. Min. Ricardo Lewandowski, data do acórdão nº 17/12/2012. Assim, os Ministros Joaquim Barbosa, relator, fls. 52.328/9, Min. Lewandowski, revisor, fls. 52.526 e 52.640; Min. Rosa Weber, fls. 52.768/9; Min. Luiz Fux, fls. 53.183/4 e fls. 53.201/2; Min. Toffoli fls. 53.319/20, Min. Gilmar Mendes, fls. 53.990/991; Min. Ayres Britto, fl. 54.097 e ss.

[132] Esse é o fundamento utilizado pelos Ministros Joaquim Barbosa, relator, Fl. 52.327 e fl. 52.331; Min. Luiz Fux, fl. 53.183/4, fl. 53.200, 53.217, Min. Toffoli fl. 53.319/20; Min. Carmen Lúcia, fls. 53.446/7; Min. Peluso, fls. 53.789/90, 53.847; Min. Gilmar Mendes, fls. 53.986; Min. Marco Aurélio, fl. 54.037/8; Min. Ayres Britto, fl. 54.097 e ss.

[133] Cf. Min. Lewandowski, revisor, fl. 52.523.

[134] Cf. Min. Peluso, fls. 53.789/90, 53.847.

[135] JUSTEN-FILHO. *Comentários à Lei de Contratos de Publicidade da Administração*: Lei nº 12.232/2010. Belo Horizonte: Fórum, 2020. p. 419.

No caso do setor público, porém, segundo o STF, todo o volume estaria relacionado apenas a um cliente, o Banco do Brasil, situação em que a bonificação estaria atrelada em maior grau ao cliente, e não à agência.[136] O volume relevante seria do setor público e não da agência como grande intermediadora.

Nessa hipótese em específico, de agência privada, que trabalha apenas para um único anunciante público, não atuando no setor privado, faz sentido reconhecer que a lógica do setor privado pode não explicar o funcionamento do setor público.

No entanto, não há algo específico na legislação ou em normas do setor que autorize essa reinterpretação da remuneração.

Em teoria, a ideia é boa, principalmente ao se considerar que há várias agências especializadas em publicidade governamental, algumas delas praticamente exclusivas de uma estatal ou de um grande cliente público, ministério etc. De fato seria descabido pagar uma remuneração por volume à agência quando toda a sua atuação se deve ao volume de um único cliente, público. Não haveria a mesma variabilidade ou mesmo volume encontrado no setor privado. O sentido desse volume público seria diverso do volume privado.

A solução, porém, traz dificuldades de fiscalização. Haveria um controle proporcional, com repartição dos valores? Seria um controle tudo ou nada, representando incentivos para toda agência ter um cliente privado mínimo, apenas para garantir o recebimento do BV? Haveria patamares de proporcionalidade? Destaca-se tal raciocínio pelo fato de que insistir nele pode representar ainda mais dificuldades.

2.1.2.2.2 A distribuição de tarefas entre Administração Pública e agência contratada

Para alguns Ministros, ao considerar que a Administração Pública negocia a veiculação de mídia, o BV deveria ser-lhe destinado.[137] No setor privado, o pagamento de BV está relacionado à atuação da agência que, em regra, indica a veiculação, negocia em nome do cliente e acompanha sua execução. O pagamento do BV, assim, seria uma

---

[136] Cf. Min. Joaquim Barbosa, relator, fls. 52.331 e ss.
[137] Cf. Min. Joaquim Barbosa, relator, fl. 52.327; Min. Marco Aurélio fls. 54.037/8; Min. Ayres Britto, fl. 54.097 e ss.

forma de o veículo se aproximar da agência. Essa atuação apresenta algumas peculiaridades nos contratos administrativos, o que pode levar a confusões.

Além de ser uma criação dos ministros, que não encontra amparo na legislação, no contrato, ou nas normas do setor, o problema é que esse raciocínio simplifica a atuação das agências. Ao considerar que o BV de mídia está relacionado tão somente ao serviço que prestam como negociadoras de mídia, o Supremo ignora que a elaboração do plano de mídia é uma tarefa sofisticada e que a agência não atua sozinha, mas junto ao anunciante, mesmo no setor privado.[138] Também as Normas-Padrão, em especial no item 1.3 do novo Adendo ao Anexo B, destacam que várias atividades estão envolvidas, além da negociação de mídia. Em seu Manual de Procedimentos, a própria Secom reconhece que o papel da agência é muito maior do que apenas negociar mídia e envolve acompanhar a veiculação (item 9.5.1), apontar a checagem (item 9.6.1) e preparar a liquidação de despesas (item 9.8). O Manual ainda aponta que a agência será avaliada pela iniciativa na prospecção de novos meios, "competência para simular alternativas de mix de mídia e indicar a melhor cobertura".[139]

Por tudo isso, é imprescindível afirmar que a Administração Pública, como eventual negociadora de mídia, deva receber valores dos veículos. Adotar essa posição é desconsiderar o funcionamento de todo o setor, o trabalho das agências e supervalorizar as atividades desempenhadas pela Secom.

2.1.2.2.3 A remuneração por BV: o lucro privado a partir de recursos públicos

Outro fundamento levantado, e espécie de premissa que perpassa a análise da regularidade dos BVs, é o fato de a agência contratada lucrar a partir de um contrato público. Para o Ministro Relator, em se tratando de um contrato público, todos os valores nele envolvidos são públicos e não se tornariam privados apenas pela intermediação da

---

[138] D'ANDREA, Mario. Além da lenda. *In*: Uma ligação direta com a liberdade de expressão. *CENP em Revista*, ano 15, n. 58, p. 35 e ss, mar./abr./maio/2019. E também: SANT'ANNA, *op. cit.*, p. 215.

[139] BRASIL. SECOM. Portaria nº 98, de 21 de julho de 2016. Aprova o Manual de Procedimento das Ações de Publicidade. Diário Oficial da União: seção 1, Brasília, DF, Ed. 140, p.33, item 4. 21 jul. 2016.

agência.[140] O raciocínio decorreria do princípio da indisponibilidade do interesse público. Em outras palavras, a agência estaria usando um contrato público, e recursos públicos, para obter um ganho privado. Esse argumento repercute ainda em parte da doutrina: "O que, nas contratações da Administração Pública, significa usar recursos públicos privilegiando os interesses da própria agência em detrimento do interesse público em flagrante lesão ao princípio da moralidade administrativa".[141]

O Ministro relator e o Ministro Gilmar Mendes também entendem que, ao não repassar os valores como a cláusula contratual suscita, a agência seria remunerada duas vezes, provocando a cobrança de uma comissão, que elevaria os preços.[142]

Como premissa, aparece que a agência de publicidade não poderia ter lucro em razão da sua atuação. Em outros termos, sendo a agência contratada para prestar o contrato, ela deve ser remunerada apenas pelo valor pago a ela pela Administração Pública. Não seria possível que a agência conseguisse condições melhores junto a um veículo de comunicação, outra parte da cadeia, e ganhasse dinheiro com isso. Basicamente, sendo o contrato público, todas as relações são públicas, bem como os recursos.

Adotar tal visão significa punir ainda mais a contratada, que não teria incentivos para economizar recursos e favorecer a Administração Pública, atuando a um valor fixo. Ao contrário, ganhos de eficiência obtidos pela agência deveriam ser estimulados, podendo ser por ela apropriados. Por exemplo, se uma empresa é contratada para construir uma ponte por R$100 milhões, o fato de ela gastar apenas R$90 milhões para construí-la não significa que esses R$10 milhões de diferença sejam resultado de corrupção.

A preocupação do STF é pertinente, mas por outro fundamento: esse ganho pode significar o prejuízo aos interesses da Administração. Não se trata apenas de um particular buscando a eficiência na execução, mas em que medida sua atuação pode significar a má execução do serviço? Como examinado abaixo, a remuneração por BV pode significar

---

[140] Min. Joaquim Barbosa, relator, fl. 52.332 e fls. 54.068/9. Em outros votos, encontra-se ainda o fundamento de que todo o BV seria repassado no contrato com a Câmara, afirmação frágil diante da prática do setor publicitário, e do fato que se basearia apenas em depoimento de um servidor da Câmara. Cf. Min. Joaquim Barbosa, relator, fl. 52.333, Min. Luiz Fux, fl. 53.217, Min. Ayres Britto, fl. 54.097 e ss.

[141] FREDDO, *op. cit.*, p. 310.

[142] Cf. Min. Joaquim Barbosa, relator, fl. 52.339 e Min. Gilmar Mendes, fls. 53.991.

a indicação de um veículo ou de uma produtora que não atende aos interesses da Administração Pública, mas apenas ao interesse da agência em ser mais bem remunerada, ou seja, em prejuízo à Administração – e esse, sim, o problema.

Por isso é que, embora os fundamentos para questionar tal forma de remuneração sejam aparentemente frágeis, eles revelam os problemas associados a esse tipo de remuneração. Todas essas peculiaridades levantadas no acórdão indicam que se trata de forma de remuneração anacrônica, que é desafiada nos contratos administrativos e na atualidade de forma geral.

A manutenção dos planos de incentivo, se historicamente promoveu o desenvolvimento de veículos e até da liberdade de expressão, também parece estar relacionada a efeitos anticoncorrenciais, com concentração de publicidade e de verbas em poucos veículos, justamente aqueles que já detêm maior poder econômico.

Além disso, ela pode estar relacionada a um modelo específico de prestação de serviços de publicidade que não mais se sustenta. À medida que a agência de publicidade *full service* vai sendo questionada, com atividades redistribuídas com o anunciante, deixa de fazer sentido que ela seja remunerada por meio de tais planos de incentivo. Daí a necessidade de uma revisita a esse modelo e às formas de remuneração praticadas.

2.1.2.3 A cambiante jurisprudência do TCU sobre o tema

A decisão do STF foi, portanto, no sentido de que apenas o BV de Mídia poderia ser destinado às agências de publicidade, conforme previsto no art. 18 da Lei nº 12.232/2010. No entanto, a apropriação do BV de produção configuraria peculato. Apesar de todas as problematizações, a distinção encontra amparo legal.

Mas, além disso, o STF também indicou a inconstitucionalidade do art. 20 da Lei nº 12.232/2010, que pretendia sua aplicação para casos anteriores a ela e ainda não decididos. Segundo o artigo: "O disposto nesta Lei será aplicado subsidiariamente às empresas que possuem regulamento próprio de contratação, às licitações já abertas, aos contratos em fase de execução e aos efeitos pendentes dos contratos já encerrados na data de sua publicação".

Os fundamentos trazidos pelos Ministros quanto a esse ponto confundem-se com a própria fundamentação a respeito dos bônus de volume: o Banco do Brasil negociava tais valores, apenas uma parte se referia à veiculação (e não a fornecedores) e o art. 15 repete o que contrato previa à época,[143] bem como deveria ser observado o equilíbrio econômico-financeiro do contrato – que seria perdido caso a agência fosse remunerada por formas não previstas ou contrárias a ele.[144]

Um fundamento recorrente é de que o contrato não retroage, em razão da previsão constitucional do art. 5º, XXXVI.[145] O Ministro Gilmar Mendes também cita doutrina que entende a *abolitio criminis* como necessariamente expressa e específica.[146] Ao final, o pronunciamento da inconstitucionalidade de tal norma é realizado apenas em caráter incidental, em controle difuso.

Conquanto esse trecho da decisão deva perder importância ao longo do tempo, com a resolução dos casos anteriores à Lei, ele influenciou as decisões do TCU que se seguiram. A inconstitucionalidade incidental do art. 20 foi um dos pretextos para o TCU mudar sua jurisprudência a respeito dos planos de incentivos, no que chama a atenção inclusive pelo fato de o então presidente do STF rejeitar expressamente a jurisprudência do TCU sobre o tema.[147]

No Acórdão nº 2.062/2006, do Plenário do TCU, o entendimento foi pela indevida ausência de repasse de recursos oriundos do BV para a Administração Pública. O entendimento era, portanto, de que a agência negociava melhores condições de veiculação e lucrava com a diferença de valor.[148] Por isso, o Acórdão determinou a necessidade de um representante da Administração Pública a cada negociação entre a agência e os veículos (item 9.1.3.7.1).

Em 2010, porém, no Acórdão que examinou o pedido de reexame do Acórdão nº 2.062/2006, a decisão foi no sentido de que a Lei nº 12.232/2010 teria regularizado diversas situações, não mais se mantendo tal exigência. A partir desse Acórdão, em 2012, o TCU reviu seu posicionamento, discordando da Unidade Técnica, e concordando com o Ministério Público especializado, no sentido de que a partir da

---

[143] Min. Joaquim Barbosa, relator, fl. 52.330/52.331.
[144] Min. Ayres Britto, fl. 54.097 e ss.
[145] Min. Luiz Fux, fls. 53.183/4, 53.217, Min. Gilmar Mendes, fls. 53.991; Min. Ayres Britto, fl. 54.114. Questão que já havia sido aventada pela doutrina de MOTTA, Carlos, *op. cit.*, p. 197 e DI PIETRO, *op. cit.*, 382.
[146] Min. Gilmar Mendes, fls. 53.991.
[147] Voto Min. Ayres Britto, fls. 54.109/54.110.
[148] Item 4.4 do trabalho presente no relatório, realizado pela 6ª Secretaria de Controle Externo. BRASIL. Tribunal de Contas da União (TCU). *Acórdão 2.062/2006*, Plenário, relator Ministro Ubiratan Aguiar, dj. 8 nov. 2006, p. 9 e ss.

Lei nº 12.232/2010 não haveria mais que se discutir a questão dos planos de incentivo e seu repasse, sendo todos regularizados pela Lei nova.[149]

Essa decisão foi reproduzida nos Acórdãos seguintes e foi discutida pelo Supremo Tribunal Federal no julgamento da Ação Penal 470, caso em que esse decidiu que o art. 20 não permitira a retroação da Lei nº 12.232/2010 e, ademais, sinalizou pela distinção entre BV de mídia e BV de produção, como já apontado.

De fato, como já afirmado no capítulo 1, a decisão do TCU no Acórdão nº 3.233/2010 foi problemática, deixando de enfrentar e aprofundar diversas questões, na medida em que interpretou a Lei nº 12.232/2010 como um salvo-conduto para o setor.

O resultado é que, após o julgamento pelo STF, o TCU mais uma vez revisitou sua jurisprudência e, em um movimento processual mais do que questionável, decidiu rejulgar os casos a partir de 2015. Para tanto, o TCU interpretou que o recurso de revisão previsto na sua Lei Orgânica deveria ser entendido como uma ação rescisória, entendendo-se como fato novo, de forma ampla, a nova interpretação incidental de inconstitucionalidade do art. 20 da Lei nº 12.232/2010.[150] Nesse novo cenário, o TCU observou a decisão do STF, negou validade ao art. 20, passou a diferenciar os BVs e, sobretudo, julgou as contas irregulares, aplicou multa e condenou à devolução do montante, conforme o caso.[151]

Evidentemente, o art. 24 da Lei de Introdução às Normas de Direito Brasileiro (Decreto-Lei nº 4.567/1942) não foi aplicado:

> Art. 24. A revisão, nas esferas administrativa, controladora ou judicial, quanto à validade de ato, contrato, ajuste, processo ou norma administrativa cuja produção já se houver completado levará em conta as orientações gerais da época, sendo vedado que, com base em mudança posterior de orientação geral, se declarem inválidas situações plenamente constituídas. (Incluído pela Lei nº 13.655, de 2018)
>
> Parágrafo único. Consideram-se orientações gerais as interpretações e especificações contidas em atos públicos de caráter geral ou em

---

[149] TCU. Acórdão 638/2012 - Plenário, rel. Min. Walton Alencar Rodrigues, dj. 21/3/2012. Solução adotada também nos: Acórdão nº 1.342/2012 – Plenário, rel. Min. Ana Arraes, dj. 30/5/2012; Acórdão nº 1.715/2012 – Plenário, rel. Min. Ana Arraes, dj. 4/7/2012; e Acórdão nº 1.716/2012, rel. Min. Ana Arraes, dj. 4/7/2012.

[150] TCU. Acórdão nº 2304/2015 - Plenário, rel. Min. Ana Arraes, redator o Min. Walton Alencar Rodrigues, dj. 16/9/2015, p. 4 e ss.

[151] Isso ocorreu no já citado Acórdão nº 2.304/2015 – Plenário, mas também em: Acórdão nº 3.349/2015 – rel. Min. Vital do Rêgo, dj. 9/12/2015; Acórdão nº 1184/2017 - Plenário, rel. Min. José Múcio Monteiro, dj. 7/6/2017; e Acórdão nº 895/2019 - Plenário, rel. Min. Vital do Rêgo, dj. 16/4/2019.

jurisprudência judicial ou administrativa majoritária, e ainda as adotadas por prática administrativa reiterada e de amplo conhecimento público. (Incluído pela Lei nº 13.655, de 2018)

Esse histórico se presta a mostrar três pontos: a insegurança jurídica em relação ao tema; as sucessivas confusões proporcionadas pelo TCU, opondo Unidade Técnica, Ministério Público e Ministros; e como, após cerca de 15 anos e algumas reviravoltas, parece se encaminhar uma jurisprudência um pouco mais sólida sobre o tema, com a distinção entre BV de mídia e BV de produção, esse último não atingido pela Lei nº 12.232/2010.

2.1.3 Remuneração a título de ressarcimento dos custos internos a partir de tabela referencial de preços do Sindicato das Agências de Propaganda do Estado

As agências de publicidade ainda podem vir a ser remuneradas por outras três formas, não relacionadas à veiculação: ressarcimento de custos internos, a partir de valores referenciais da Tabela do Sindicato de cada região; por honorários, calculados sobre o valor do serviço prestado, em 15% pelas Normas-Padrão ou de apenas 5% caso a agência simplesmente faça a intermediação do valor; e pelo deslocamento de profissionais.

A começar pela remuneração a título de ressarcimento de custos internos, prevista na cláusula 8.1.1 do modelo de edital adotado pela Secom:

> 8.1.1 ....% (................ por cento) dos valores previstos na tabela referencial de preços do Sindicato das Agências de Propaganda de estado, a título de ressarcimento dos custos internos dos serviços executados pela CONTRATADA, referentes a peça e ou material cuja distribuição não lhe proporcione o desconto de agência concedido pelos veículos de divulgação, nos termos do art. 11 da Lei nº 4.680/1965.<sindicato ao qual a contratada está filiada>

Da leitura da cláusula, percebe-se que a agência é remunerada apenas por percentual do valor da tabela. A depender do valor total do contrato, é possível que a agência conceda 100% de desconto ao órgão contratante, renunciando a tal forma de remuneração. Isso ocorre atualmente nas contratações do Banco do Brasil, da Caixa Econômica Federal, da Liquigás Distribuidora SA, do Ministério da Saúde e da

Petrobras, sendo que a regra é os descontos superarem 50% do valor previsto na tabela.[152]

A tabela referencial utilizada é aquela do Sindicato do local onde a contratação se realiza. Em se tratando de contratos federais, costuma-se utilizar a tabela aprovada pelo Sindicato das Agências de Propaganda, do Distrito Federal (Sinapro-DF): "Valores Referenciais de Custos Internos Recomendados pelo Sinapro-DF".[153]

A tabela é extensa, conta com 32 páginas e, na verdade, trata-se de diversas tabelas para mais de 30 tipos de serviços, segundo a edição de 2019, prorrogada até setembro de 2020. Por exemplo:

Figura 8 – Tabela de ressarcimento de Custos Internos, item 17 – Mídia Interior

Fonte: Valores Referenciais de Custos Internos recomendados pelo Sinapro-DF – 2019.

---

[152] Disponível em: <http://antigo.secom.gov.br/acesso-a-informacao/licitacoes-e-contratos/anunciantes_do_poder_executivo_federal___remuneracao_de_agencias_de_propaganda.xlsx/view>.

[153] SINDICATO DAS AGÊNCIAS DE PROPAGANDA – DISTRITO FEDERAL. *Valores referenciais de custos internos recomendados pelo Sinapro-DF*, 2019. Disponível em: <https://sinaprodf.com.br/wp-content/uploads/2020/07/Referencial_de_Custos_Internos_SinaproDF_2019-prorrogado.pdf>. Acesso em: 3 abr. 2022.

Tais tabelas são elaboradas conforme pesquisa de preço realizada junto ao mercado publicitário e conferem previsibilidade para os valores envolvidos, especialmente em um setor complexo. Ausente a tabela, seria impossível esperar que cada um dos valores fosse negociado individualmente em uma concorrência, em um contrato de longo prazo. A tabela é, assim, importante instrumento de referência de valores.

Apesar disso, os valores sugerem que não é possível à agência extrair toda sua remuneração dos valores ali previstos, funcionando apenas de forma complementar às receitas advindas da veiculação. AGRA também lembra que a previsão de ressarcimento por custos internos não inclui todos os custos.[154] Não são incluídos custos de relatórios de checagem de veiculação, custos com estrutura interna da agência ou com núcleo de mídia, por exemplo, atividades previstas no contrato.

2.1.4 Remuneração por honorários

Outra remuneração da agência é a remuneração por honorários. Ela está relacionada à atuação da agência de propaganda como intermediária, junto a fornecedores. Existe o posicionamento de que ela seria a remuneração por excelência das agências, eis que a única paga diretamente do anunciante para a agência contratada.[155]

Em oitiva no âmbito do caso CENP, há a afirmação que a agência poderia sobreviver apenas com honorários.[156] Se tal situação pode de fato ocorrer no setor privado, a realidade no setor público é que 90% dos valores envolvidos vêm da veiculação. Ademais, a agência não é sempre mera intermediária, mas desempenha outras tarefas. Assim, as remunerações anteriores, em especial o desconto-padrão, apesar de sua conformação peculiar, são mais importantes.

Apesar disso, os contratos administrativos de publicidade chamam a atenção pelo fato de que a contratada realiza diversas outras contratações, tanto de mídia, quanto de produção. Freddo bem aponta que nas contratações de publicidade, a subcontratação é a regra, e sempre ocorrerá, diferente de outras licitações, casos em que a subcontratação

---

[154] AGRA, *op. cit.*, p. 1154-1155.
[155] FORTE, *op. cit.*
[156] Cf. afirmava o publicitário Sr. Luís Lara, nas oitivas do Caso CENP. BRASIL. Conselho Administrativo de Defesa Econômica. *Processo Administrativo* 08012.008602/2005-09, fl. 5.025.

é a exceção.[157] Isso produz uma disputa a respeito da natureza dessas contratações, de subcontratações.[158]

Sem entrar na disputa da natureza específica, fato é que a agência atua como intermediária de duas formas distintas. Na primeira, a agência apenas seleciona a contratação do fornecedor e/ou a aquisição do serviço específico, de forma instantânea. Na segunda, além dessa seleção, a agência atua no acompanhamento e na coordenação dos serviços prestados. É por isso que as Normas-Padrão preveem dois patamares de remuneração – em 15% ou de apenas 5%, caso a Agência apenas contrate ou repasse o pagamento ao fornecedor (itens 3.6.1 e 3.6.2), valores que vêm sendo pressionados para baixo, inclusive pelo TCU e que podem ser suprimidos caso haja veiculação (item 3.11.2).

Apesar de realizar a seleção, é sempre a Administração Pública a pagar pelos serviços prestados pelos fornecedores – e não a agência.

Por fim, apesar de inspiradas nas Normas-Padrão, tal remuneração não pode ser explicada apenas segundo a lógica e os patamares de 5% e 15% das normas de autorregulação, havendo geralmente disputa na licitação, dentro de limites máximos previstos no edital.

Vejamos tais remunerações.

2.1.4.1 Remuneração por honorários, referentes à produção e à execução técnica, prestados por fornecedores, desde que não haja o pagamento de desconto-padrão

Uma das formas de remuneração por honorários é aquela prevista na cláusula 8.1.2 do modelo de edital elaborado pela Secom:

> 8.1.2 Honorários de ....% (................ por cento), incidentes sobre os preços dos bens e dos serviços especializados prestados por fornecedores, com a intermediação e supervisão da CONTRATADA, referentes à produção e à execução técnica de peça e ou material cuja distribuição não lhe proporcione o desconto de agência concedido pelos veículos de comunicação e divulgação, nos termos do art. 11 da Lei nº 4.680/1965.

---

[157] FREDDO, *op. cit.*, p. 271.
[158] Cf. explicada, a organizada por JUSTEN-FILHO, Comentários à Lei de Contratos de Publicidade da Administração: Lei nº 12.232/2010. Belo Horizonte: Fórum, 2020. p. 378 e ss.

Trata-se da hipótese do inciso II da Lei nº 12.232/2010. Apesar da menção à execução técnica, o conceito não é exatamente encontrado entre os publicitários, conforme anota Freddo, mas se trata da etapa de produção da ideia vislumbrada.[159] Entrevista realizada pelo mesmo autor, com o publicitário Oscar Alves, também é interessante, por deixar claro algo que os profissionais da área bem sabem: apesar de todo alarde em relação à criação e à genialidade das ideias, na prática essa fronteira é pouco nítida e quem produz, ou executa, acaba tendo um enorme papel de criação, conferindo um "tratamento" à ideia, definindo, no exemplo, como serão a cena, os personagens, modo de filmagem etc., o que pode ter um impacto significativo no valor da produção, caso se opte por contratar atores famosos, por exemplo.[160]

Seguindo a entrevista, a produção conta ainda com três etapas, de pré-produção, produção e pós-produção. Na pré-produção, a agência detalha sua ideia criativa, apresenta opções de locação, atores, ideias de filmagem e trilha sonora. Isso tudo se materializa na produção, com a efetiva seleção das opções e prática, e finaliza na pós-produção, com a edição.

Conforme a previsão, a agência não recebe os honorários quando há remuneração por desconto-padrão, o qual deve ser suficiente para definir sua contratação. Assim, é de se pensar se tal conformação representa um incentivo para haver fornecedores e para não haver veiculação. No entanto, o valor da veiculação tende a ser sempre muito atrativo para a agência, caso em que, havendo a possibilidade, será a opção preferida, preteridos os honorários.

2.1.4.2 Remuneração por honorários, referentes a pesquisas, renovação do direito de autor e reimpressão de peças publicitárias prestados por fornecedores, desde que não haja o pagamento de desconto-padrão

Outras formas de remuneração por honorários são aquelas previstas na cláusula 8.1.3:

---

[159] FREDDO, *op. cit.*, p. 77.
[160] *Ibidem*, p. 377 e ss.

8.1.3 Honorários de ....% (............... por cento), incidentes sobre os preços dos bens e dos serviços especializados prestados por fornecedores, com a intermediação e supervisão da CONTRATADA, referentes:

I) ao planejamento e à execução de pesquisas e de outros instrumentos de avaliação e de geração de conhecimento pertinentes ao objeto do presente contrato;<complementar o texto, se for o caso, com:> exceto no tocante a pesquisas de pré-teste.

II) à renovação do direito de autor e conexos e aos cachês, na reutilização de peça ou material publicitário, exclusivamente quando sua distribuição/veiculação não lhe proporcione o desconto de agência concedido pelos veículos de divulgação, nos termos do art. 11 da Lei nº 4.680/1965;

III) à reimpressão de peças publicitárias.

8.1.3.1 Para fins do disposto no inciso III do subitem anterior, entende-se por reimpressão a nova tiragem de peça publicitária que não apresente modificações no conteúdo ou na apresentação, em relação à edição anterior, exceto eventuais correções tipográficas ou pequenas atualizações de marcas e datas.

Esse grupo de atividades aproxima-se do inciso I do art. 2º, §1º da Lei nº 12.232/2010 e suscita dúvidas sobre seu conteúdo.

Nos incisos I e III não há menção à veiculação. Uma interpretação possível é que tais pesquisas seriam mais gerais do contrato, não específicas de uma campanha. No caso de reimpressão de peças publicitárias, sequer faria sentido falar em veiculação, eis que não seriam distribuídas por meio de veículos.

Sobre as pesquisas mencionadas, a Lei nº 12.232/2010 evidencia um componente estratégico durante a elaboração, bem como uma avaliação posterior, além de que devem tratar do objeto do contrato (art. 3º).

Além disso, a minuta da Secom prevê:

2.1.1.4 As pesquisas e os outros instrumentos de avaliação previstos na alínea 'a' do subitem 2.1.1 terão a finalidade de:

a) gerar conhecimento sobre o mercado, o público-alvo e os meios para divulgação das peças ou campanhas publicitárias;

b) aferir o desenvolvimento estratégico, a criação, a veiculação e a adequação das mensagens a serem divulgadas; e

c) possibilitar o acompanhamento, a readequação de estratégias, a mensuração de desempenho e a avaliação dos resultados das campanhas publicitárias, vedada a inclusão de matéria estranha ou sem pertinência temática com a ação de publicidade.

Na cláusula 2.1.1.2, a minuta de contrato conta com uma definição de planejamento, relacionada à mídia, que não deve ser confundida com o planejamento específico das pesquisas, aí mencionado.

A limitação do objeto da pesquisa parece se relacionar a usos indevidos para finalidades eleitoreiras. Embora a publicidade seja vista como a criação, o anúncio, ela também conta com uma importante dimensão de pesquisas, utilizadas para entender os anseios da população, posicionamentos e também hábitos de consumo. Assim, a publicidade baseia-se no entendimento de cenários e na possibilidade de trazer tendências.

Chama a atenção, na cláusula remuneratória, a menção expressa à pesquisa de pré-teste. O Manual da Secom de Procedimento das Ações de Publicidade (Portaria nº 98/2016) prevê a possibilidade de pesquisas pré-teste (item 6.1 e 14.1), as quais não serão remuneradas à agência (item 11.2 alínea a). Nas ações com valor superior a R$10 milhões, o pré-teste será obrigatório, para verificar eficácia e eficiência e realização de ajustes (item 14.2). Nas ações acima de R$20 milhões, a realização de pesquisa pós-teste será obrigatória, realizada pela agência ou por instituto de pesquisa contratado (item 14.4).

OLIVEIRA, em doutoramento, explica que os pré-testes seriam uma forma de avaliação da propaganda, anterior à sua existência, ocorrida na fase de desenvolvimento. Seriam pesquisas referentes a ideias, testes de conceito, de esboço de arte, texto e filme, e até mesmo de anúncios finalizados, impressos ou eletrônicos.[161] Quanto ao pós-teste, o autor menciona que podem ocorrer assim que se inicia a veiculação, e buscam verificar se as pessoas lembram-se do anúncio, associam-no a marca, se a mensagem foi transmitida. Também seriam possíveis testes de persuasão, sobre o quanto determinado anúncio convenceu o público a fazer algo ou mesmo testes de reações emocionais e fisiológicas.[162] Em entrevistas com profissionais do setor, Oliveira apresenta que os pré-testes seriam malvistos pela dificuldade de conseguir um público adequado ou pela dificuldade de explorar ideias novas.[163] Por isso, pesquisas pós-teste seriam mais desejadas, permitindo avaliar como o público lidou com a propaganda e trazendo ensinamentos para o futuro.

---

[161] OLIVEIRA, *op. cit.*, p. 127.
[162] No mesmo sentido: SANT'ANNA, *op. cit.*, p. 133.
[163] OLIVEIRA, *op. cit.*, p. 196 e ss.

Além das pesquisas de pré-teste e pós-teste, é importante não as confundir com pesquisas regulares de audiência, cujos custos devem ser absorvidos pela agência, segundo as Normas-Padrão (item 3.4). Também há indicação de que as agências certificadas, via CENP, teriam pesquisas colocadas à sua disposição (anexo A). No recente Adendo ao Anexo B, item 1.4. d), fica claro que a agência pode utilizar a remuneração por desconto-padrão, quando há veiculação, para pagar pesquisas – o que explicaria a não remuneração de pesquisas pré-teste.

Na sequência, o inciso II trata basicamente dos direitos autorais. Os direitos autorais não recebem um tratamento mais extenso na doutrina provavelmente devido ao fato de que está incluso nas outras formas de remuneração. Em outras palavras, devem ser remunerados por meio de honorários, sendo que já devem estar incluídos nos orçamentos obtidos pelas agências. A cláusula décima, geralmente prevista nos contratos, prevê apenas percentuais no caso de reutilização das peças.

Tais direitos autorais não se confundem com aqueles relativos à concepção da campanha e ao trabalho desenvolvido pela agência de publicidade. Buscando evitar que ideias sejam utilizadas indevidamente, as Normas-Padrão preveem que estes se presumem da agência que criou a campanha os direitos autorais (item 3.7).

É possível enxergar também um modesto incentivo para a reimpressão, eis que seria mais econômico reimprimir peças do que realizar uma nova campanha, eis que contam com a previsão de pagamento de honorários, em inciso próprio. Outra interpretação é reconhecer o trabalho que a agência teria para acompanhar e coordenar a reimpressão, junto às gráficas.

Nos anunciantes do âmbito federal, os valores variam entre 0 e 5%, sendo comum não constar a previsão de remuneração por renovação do direito de autor ou pela reimpressão de peças publicitárias.[164]

---

[164] Disponível em: <http://antigo.secom.gov.br/acesso-a-informacao/licitacoes-e-contratos/anunciantes_do_poder_executivo_federal___remuneracao_de_agencias_de_propaganda.xlsx/view>.

2.1.4.3 Remuneração por honorários, referentes à criação, a implementação e ao desenvolvimento de formas inovadoras de comunicação publicitárias, prestados por fornecedores, desde que não haja o pagamento de desconto-padrão

A remuneração por honorários que mais suscita dúvidas é aquela da cláusula 8.1.4:

> 8.1.4 Honorários de ....% (................ por cento), incidentes sobre os preços dos bens e dos serviços especializados prestados por fornecedores, com a intermediação e supervisão da CONTRATADA, referentes à criação, à implementação e ao desenvolvimento de formas inovadoras de comunicação publicitária, destinadas a expandir os efeitos das mensagens e das ações publicitárias, em consonância com novas tecnologias, <se for o caso> cuja distribuição não lhe proporcione o desconto de agência concedido pelos veículos de divulgação, nos termos do art. 11 da Lei nº 4.680/1965.

A previsão se baseia no inciso III do art. 2º, §1º da Lei nº 12.232/2010, que pouco ajuda a esclarecer seu conteúdo. As Instruções Normativas da Secom apenas repetem a previsão, no caso do art. 3º, XV da IN Secom nº 3/18. Difícil entender o que seriam essas formas inovadoras de comunicação e em que medida qualquer forma inovadora justificaria a inclusão e remuneração aqui.

Cogita-se que a previsão viria de um contexto analógico da publicidade e da expectativa do que a *internet* poderia fazer pela publicidade, ainda que a Lei nº 12.232/2010 tenha apenas uma década de existência. Se esse foi o intuito, concordamos com Marçal Justen Filho, que não cabe falar em formas inovadoras quando a forma já se tornou disseminada junto ao mercado.[165]

Uma dificuldade adicional é o fato de que a contratação de comunicação digital acabou ficando sob a regência da então Lei nº 8.666/1993 e logo Lei nº 14.133/2021, em uma fronteira de definição pouco fácil e que mereceria um trabalho próprio.

No entanto, no segundo semestre de 2019, houve tentativa de definição do tema em minuta da Secom colocado primeiro em consulta e, em seguida, audiência pública. Segundo ela, tais formas inovadoras

---

[165] JUSTEN-FILHO, Marçal. Sou plenamente favorável à concepção da autorregulação. [Entrevista cedida a] com. *CENP em Revista*, ano 17, n. 66, p. 11, out. 2020.

estariam vinculadas "às tecnologias de gestão, análise, monitoramento, avaliação, otimização e impulsionamento das ações publicitárias", e ainda incluiriam a produção de conteúdos para as redes sociais do ente contratante, bem como moderação de comentários.

Assim, houve ainda a tentativa de usar a previsão para remunerar a publicidade veiculada em meios digitais, com a agência recebendo honorários de 3,5%. A solução foi tratada como inadequada por parte do setor, enquanto outra parte passou a defender uma remuneração por honorários de 15%.[166] O resultado é que tanto a junção com a comunicação digital quanto a definição dessas formas inovadoras acabaram retiradas da versão disponibilizada em seguida. Em âmbito federal, todos os anunciantes remuneram tais serviços com valores entre 0 e 5%, sendo a única exceção o Banco do Brasil, que o remunera a 13%, a indicar sua utilização para a comunicação digital.[167]

Chamamos a atenção, nesse momento, para o risco de se retomar uma situação anterior à Lei nº 12.232/2010, em que a falta de definição do objeto, ou sua definição muito ampla, permitia que a agência contratada desempenhasse tarefas as mais variadas, sendo remuneradas por honorários. Há um risco considerável de esse cenário se repetir, agora com a comunicação digital, o que deve demandar mais estudos nos próximos anos.

2.1.5 Remuneração por despesas com deslocamento

Por fim, outra forma de remuneração é aquela com o deslocamento de profissionais, prevista na cláusula 8.4 da minuta:

> 8.4 Despesas com deslocamento e diárias de profissionais da CONTRATADA, de seus representantes ou de fornecedores de bens e de serviços especializados por ela contratados são de sua exclusiva responsabilidade.
> 8.4.1 Quando houver a autorização excepcional da CONTRATANTE para o ressarcimento dessas despesas, deverão ser apresentados todos os comprovantes de pagamento dos deslocamentos e diárias, a fim de aferir a execução e assegurar o reembolso pelo valor líquido, sem a incidência de honorários.

---

[166] MACEDO, Paulo. Secom rejeita argumentos sobre concorrência de publicidade. *Propmark*, 27 fev. 2020. Disponível em: <https://propmark.com.br/mercado/secom-rejeita-argumentos-sobre-concorrencia-de-publicidade/>. Acesso em: 2 abr. 2022.

[167] Disponível em: <http://antigo.secom.gov.br/acesso-a-informacao/licitacoes-e-contratos/anunciantes_do_poder_executivo_federal___remuneracao_de_agencias_de_propaganda.xlsx/view>.

8.5 As formas de remuneração estabelecidas nesta cláusula poderão ser renegociadas, no interesse da CONTRATANTE, quando da renovação ou da prorrogação deste contrato.

Ela indica a necessidade de a Administração Pública contar com profissionais das agências para lidar com as demandas em reuniões, bem como na solução de demandas, muitas vezes urgentes.

Esse quadro já vinha sendo questionado com novas tecnologias, que permitem reuniões simultâneas, mesmo à distância. Minuta colocada sob consulta pública previa a possibilidade de videoconferência na cláusula 5.1.3.3. O contexto recente de pandemia do Coronavírus, com restrição à circulação de pessoas e desempenho de atividades à distância, deve aprofundar as mudanças.

Por fim, no art. 47 da IN Secom nº 3/18, consta apenas a previsão de que no caso de ressarcimento de despesas deverão ser exigidos comprovantes de passagens, diárias, locação de veículos, entre outros. Além disso, o pagamento será realizado pelo valor líquido, sem incidência de honorários.

Apenas um artigo, em instrução normativa, é pouco para reger o processo de pagamento. Seria interessante que houvesse uma maior definição de quais despesas poderão ser reembolsadas e parâmetros para tanto, como "segundo valor de mercado".

Ainda que possa haver uma maior processualização para essa espécie de remuneração, ele deve ser utilizado em situações excepcionais, diante das exigências de pessoal realizadas.

De um lado, são razões que justificam essa autorização a necessidade de um profissional examinar pessoalmente características como qualidade da publicidade produzida, em termos de cores, tipo de papel, impressões e outras especificações sensoriais que apenas pessoalmente é possível averiguar. Considerando que as agências muitas vezes contam com filiais e estruturas dedicadas especificamente a determinado cliente, por imposição contratual, a possibilidade de deslocamento deveria vir de forma ainda mais excepcional, por exemplo, na resolução de conflitos ou na supervisão específica para uma campanha de maior importância.

De outro lado, não são razões aptas a justificar esse deslocamento a necessidade de realizar uma reunião presencial, levar toda uma equipe para discutir algum ponto em específico, tarefas que podem muito bem ser resolvidas com soluções tecnológicas hoje disponíveis. Considerações de sigilo, estratégia também estariam resguardadas, apesar da reunião remota.

Apesar dos cuidados, vislumbram-se poucos problemas, seja por representar valores ínfimos diante do valor do contrato, seja por ser desde já uma hipótese excepcional.

2.1.5.1 Exigências quanto à estrutura da agência e seus profissionais

A remuneração por despesas com deslocamento suscita ainda uma das condições peculiares dos contratos administrativos de publicidade: a previsão minudente da estrutura de funcionamento requerida. No edital, constam exigências de profissionais disponíveis para a Administração Pública, inclusive sua formação e experiência, cf. cláusula 5.1.2.1, por exemplo:

> 5.1.2.1 A CONTRATADA deverá comprovar, no prazo máximo de XX (por extenso) dias corridos, a contar da data da assinatura deste instrumento, que possui, no estado, estrutura de atendimento compatível com o volume e a característica dos serviços a serem prestados à CONTRATANTE, representada, no mínimo, pelos seguintes profissionais e respectivas qualificações:<prazo máximo recomendado: 30 dias corridos>
>
> <as quantificações e qualificações a seguir devem estar adequadas às necessidades de comunicação publicitária do anunciante, como por exemplo:>
>
> (...)
>
> j) 01 (um) Diretor de Mídia: possuir formação acadêmica e experiência comprovada, de no mínimo 03 (três) anos, em planejamento e execução de mídia;
>
> k) 02 (dois) profissionais de mídia: possuir formação acadêmica e experiência comprovada em planejamento e execução de mídia.

Além disso, em muitos casos, a agência vencedora da licitação é obrigada a manter um núcleo de mídia em Brasília, no caso das contratações federais (cf. cláusula 5.1.2.2). Isso pode restringir a competitividade das licitações apenas a agências que já tenham escritório em Brasília ou que tenham condições de realizar um investimento do tipo.[168]

---

[168] Nas oitivas do caso CENP, o então secretário Sr. José Vicentine apontava como a remuneração seria pressionada, dentre outros fatores, pela obrigação de manter um núcleo de mídia. Processo Administrativo CADE nº 08012.008602/2005-09, fl. 5.063.

Agra aponta que essa é uma forma de a Administração garantir uma boa execução do contrato, com qualidade e estrutura adequadas, ainda que a Administração não se remunere ou garanta tamanha segurança para a contratada.[169] De fato, é problemático que a Administração intervenha na organização interna da agência, ao exigir uma estrutura mínima e sua localização, o que pode impedir ganhos de eficiência da agência na prestação do serviço.

2.2. Condições contratuais

Além da remuneração em si, há ao menos quatro condições dos contratos administrativos de publicidade que afetam sua remuneração.

2.2.1 Não obrigatoriedade da execução do valor total do contrato

Uma condição peculiar dos contratos de publicidade é que a Administração reserva-se o direito de não executar o valor nele previsto. Segundo a cláusula 4.4: "A CONTRATANTE se reserva o direito de, a seu juízo, executar ou não a totalidade do valor contratual". O valor é tido como uma mera estimativa, que pode ser observada ou não. Em uma hipótese extrema, é possível a Administração não executar nenhuma campanha, situação que indica a disparidade entre contratante e contratada, ficando esta última à mercê da primeira.

A base legal citada, de forma a sustentar tal condição, varia. Uma opção é o art. 13 da Lei nº 12.232/2010. Segundo ele, a execução ocorrerá conforme previsto no edital e no contrato, o qual, por sua vez, reserva à Administração o direito de não o executar. Segundo a IN Secom nº 2/18, no art. 29, a execução fica a cargo dos órgãos, portanto.

Questionada em audiência pública sobre essa possibilidade de não execução do contrato, a Secom apontou que se trata de faculdade prevista no art. 65, §1º da Lei nº 8.666/93.[170] Também aqui indevida a menção: tal artigo prevê a prerrogativa de a Administração realizar acréscimos ou supressões de até 25% do valor do contrato – mas não simplesmente deixar de executá-lo. A disposição se mantém no art. 125 da nova Lei nº 14.133/2021, com o risco de continuar a ser usada.

---

[169] AGRA, *op. cit.*, p. 1148.
[170] SECOM, Audiência Pública nº 1/2020, p. 9.

Apenas situações opostas a essa teriam sido questionadas pelo controle: quando a execução supera o valor originalmente previsto. Assim, no sempre citado Acórdão nº 2.062/2006, o Plenário do TCU já teria se manifestado com críticas à contratação de mais de uma agência e a garantia de patamares mínimos de contratação, bem como críticas à utilização de aditivos superiores a 25%.[171] Nos anos 2000, por exemplo, era muito mais comum ver contratos que ultrapassavam o valor previsto para a contratação, alcançando valores astronômicos – e não o contrário.

A hipótese de não execução, no entanto, não é meramente teórica. Diante de críticas recorrentes aos gastos com publicidade, bem como de um cenário fiscal pressionado, surgem notícias de redução de verbas gastas com publicidade.[172]

Um problema desse cenário, no extremo, pode se dar com a garantia oferecida durante a contratação. Após o impeachment da Presidente Dilma e a crise econômica da época, entidades públicas diminuíram sensivelmente os valores dos respectivos contratos. Assim, era possível que o custo da manutenção da garantia, calculada a partir do valor integral, estimado no edital, fosse maior do que o novo valor do contrato. Ausente qualquer previsão contratual, demandaria uma readequação com o ente contratante.

A minuta contratual disponibilizada pela Secom define o tema das garantias de forma extensa, mas sem tratar da possibilidade de diminuição. Assim, na cláusula 12 da minuta, prevê prazo e valor para prestar garantia, indicando até rescisão se não apresentar, casos de reposição, complementação e apresentação de nova garantia em caso de prorrogação, com prazo de comprovação, além de casos de substituição. A apresentação inadequada pode resultar ainda em multa ou rescisão do contrato, conforme cláusulas 13 e 14. No caso de prorrogação, a Administração também se reserva o direito de negociar a remuneração das agências, mas sem qualquer previsão quanto a garantias (cf. cláusulas 4.3, 8.5 e 12.12).

Questionada, a Secom afirmou que as garantias, previstas em 5% na legislação, seriam exigidas em 1%, caso em que não haveria pressão sobre as contratadas.[173]

---

[171] Por exemplo, no caso do Acórdão nº 2.062/2006, p. 33.
[172] MACEDO, Paulo. Governo reduz orçamento de publicidade em 60%, diz Secom. *Propmark*, 16 abr. 2019. Disponível em: <https://propmark.com.br/mercado/governo-reduz-orcamento-de-publicidade-em-60-diz-secom/>. Acesso em: 2 abr. 2022.
[173] Cf. SECOM, Audiência Pública nº 1/2020, p. 9.

No final das contas, a Administração Pública se vê diante de uma relação unilateral, em que possui um poder desmesurado de decidir pela execução do contrato ou não, apesar de todas as exigências feitas às agências contratadas para sua contratação.

2.2.2 Adjudicação do contrato a mais de uma agência

Uma das peculiaridades dos contratos de publicidade é que mais de uma agência pode ser contratada, caso em que se estabelece uma seleção interna entre as contratadas. Anteriormente questionada pelo controle, a hipótese passou a ser admitida na Lei nº 12.232/2010.

A previsão remonta aos anos 1990. Segundo a IN nº 7/95, a possibilidade era devida à existência de várias linhas de atuação, a demandarem agências específicas (item 4). A questão é que tal previsão foi feita em outro contexto, em que o objeto das contratações era muito mais amplo, e uma agência poderia ser contratada para cuidar da publicidade, outra de patrocínio, outra de assessoria de imprensa etc. Ao longo do tempo, porém, o objeto das contratações de publicidade foi sendo restringido e, mesmo assim, a previsão permaneceu.

O TCU já examinou essa questão. Em um primeiro momento, a conclusão foi pela violação à Lei nº 8.666/93 (art. 15, IV e 23, §1º), que prevê a seleção da proposta mais vantajosa e o parcelamento do objeto:[174]

> A contratação de mais de uma licitante para um mesmo item não encontra respaldo na Lei nº 8.666/93. A etapa para definição das contratadas que executarão o percentual restante dos serviços (25% no exemplo acima) não é prevista na lei de licitações e não está disciplinada por procedimentos subordinados aos princípios da publicidade e impessoalidade.

E assim determinou a adequação dos editais.

Em recurso, a Secom, via AGU, sustentava que todas as agências eram consultadas diante de uma demanda, com a possibilidade de apresentar uma ideia e serem escolhidas. Também defendeu que haveria a contratação das condições mais vantajosas, conforme o sentido da Lei nº 8.666/93, e não apenas a "proposta mais vantajosa", no singular, sendo que, de acordo com o art. 64, §2º, qualquer empresa habilitada

---

[174] BRASIL. Tribunal de Contas da União (TCU). *Acórdão 2.062/2006*, Plenário, relator Ministro Ubiratan Aguiar, dj. 8 nov. 2006, p. 27.

pode ser contratada, se aceitas as condições da proposta da vencedora.[175] Curiosamente, a nova Lei nº 14.133/2021 mantém a redação no singular em suas diversas disposições.

Assim, há posicionamentos contrários e favoráveis à questão. Como argumentos a favor dessa contratação de mais de uma agência estaria a necessidade de juntar ideias, promover o desenvolvimento do mercado, com sua abertura, a maior geração de empregos, privilegiando a concorrência e a formação de mais profissionais.[176] Também Agra bem aponta que a contratação de mais de uma agência favorece a Administração Pública, eis que as agências passam a se esforçar para efetivamente prestarem o objeto do contrato. Essa vantagem, porém, poderia ser mitigada pelo fato de ser possível a dispensa da seleção interna, conforme o caso.[177]

Em qualquer caso, é preciso cuidado com argumentos que sobrevalorizam a dimensão criativa das agências, como já apontado. Machado critica o que chama de consórcio compulsório, eis que nem sempre há clareza de como será a disputa interna pela prestação do contrato, em desrespeito à autonomia da vontade e sem definição de responsabilidades. Essas questões são suficientemente previsíveis em âmbito federal, não sendo caso propriamente de consórcio, eis que as partes não necessariamente trabalham juntas e submetidas umas às outras. Além disso, de se concordar com a crítica específica do autor: qual o sentido de defender um modelo de agência *full service*, avantajada e supostamente qualificada para prestar todas as tarefas, e precisar dividir os trabalhos com outra agência, que segue a mesma configuração?[178]

Na doutrina, Marçal Justen Filho critica a possibilidade de obrigar as outras colocadas a seguirem a proposta de preços mais vantajosa, eis que cada uma das agências elaboraria sua proposta conforme suas peculiaridades.[179] A preocupação é válida, mas deve ser atenuada

---

[175] BRASIL. Tribunal de Contas da União (TCU). *Acórdão 3.233/2010*, Plenário, relator Ministro Marcos Vilaça, dj. 1 dez. 2010, p. 35 e ss.
[176] Caso do então secretário Sr. José Vicentine, no caso CENP, fl. 5.064 e também de SINAPRO-SP, *Licitações públicas de Agências de Propaganda: Guia de orientação à Administração Pública sobre licitações de serviços publicitários*. São Paulo, 2017. p. 19.
[177] AGRA, *op. cit.*, p. 1138-1140.
[178] MACHADO, Oscar Pelissari. Licitações de serviços de publicidade. *Lex Magister*. Disponível em: <http://www.editoramagister.com/doutrina_6235643_LICITACOES_DE_SERVICOS_DE_PUBLICIDADE.aspx>. Acesso em: 2 abr. 2022.
[179] JUSTEN-FILHO, *Comentários à Lei de Contratos de Publicidade da Administração*: Lei nº 12.232/2010. Belo Horizonte: Fórum, 2020. p. 371.

conforme o caso, pelo fato de que a maior parte da remuneração da agência decorre da veiculação, com o desconto-padrão previsto em 15% na maior parte dos casos, em razão das Normas-Padrão – assim, a negociação seria marginal na maior parte dos casos. Minuta mais recente, colocada sob audiência pública, prevê a negociação a ser entabulada com as demais colocadas (cf. cláusula 15.4 do edital), nos termos do art. 46, §1º, II da Lei nº 8.666/93 – o que parece permanecer no art. 61 da nova Lei nº 14.133/2021.

Outros argumentos presentes no Acórdão tratavam da criação de um saudável ambiente de competição entre as contratadas e uma forma de cumprir com a urgência e a boa execução envolvidas, com a necessidade de contar com estrutura de prontidão, não sendo caso de favorecimento.[180]

Enquanto a discussão ocorria no TCU, a Lei nº 12.232/2010 foi promulgada e veio a solucionar a questão no seu art. 2º, §3º, permitindo a contratação de mais de uma agência. A questão hoje parece pacificada, mas é evidente seu impacto na remuneração das agências. Ao mesmo tempo em que promoveria maior competitividade para as agências, também pode significar um alto grau de incerteza sobre vir a executar o objeto do contrato em parte moderada.

2.2.2.1 Previsão de um procedimento de seleção interna

Em decorrência da contratação de mais de uma agência, surge a questão de como escolher qual agência efetivamente realizará as campanhas, daí outra peculiaridade dos contratos de publicidade: a realização de uma seleção interna, prevista na Lei nº 12.232, art. 2, §4º. A agência, mesmo vencedora da licitação, ainda precisará disputar com as outras se realizará qualquer campanha. Motta defende que as regras para a seleção interna devem estar presentes desde a publicação do edital.[181] No caso da Secom, isso ocorre na cláusula 5.1.33.3 da minuta do contrato, que prevê a utilização do Manual de Procedimentos da Secom, Portaria Secom nº 98/2016.

Até a época dos acórdãos do Mensalão, junto ao TCU, ao menos, havia a previsão de um mínimo a ser executado para cada agência. Esses, no entanto, eram criticados por restringir a competitividade

---

[180] BRASIL. Tribunal de Contas da União (TCU). *Acórdão 3.233/2010*, Plenário, relator Ministro Marcos Vilaça, dj. 1 dez. 2010, p. 35 e p. 110.
[181] MOTTA, Carlos, *op. cit.*, p. 84.

entre as contratadas, bem como permitir a concentração em apenas uma delas.[182] A partir do argumento da maior competitividade a justificar mais de uma contratada, esse mínimo deixou de existir em nível federal.[183]

Segundo o Manual, no item 5, a seleção interna ocorre conforme o investimento, em três níveis: até R$1 milhão, entre R$1 e 5 milhões; e acima de R$5 milhões. No processo de nível 1, são critérios a experiência da agência com campanhas similares, suas condições, caso em que haverá escolha direta, devidamente justificada. No caso do nível 2, é feita solicitação às agências para determinada data, a qual pode ser dispensada em caso de urgência, iniciativa da própria agência, doação dos direitos de autor, reaproveitamento ou adaptação. No caso do nível 3, é elaborado *briefing* (resumo do que se vislumbra para campanha), entregue às agências e a avaliação deve considerar o planejamento, solução criativa e estratégias de mídia e não mídia, como se fosse uma licitação da Lei nº 12.232/2010. Em qualquer dos casos, a Secom poderá sugerir a junção de ideias de várias agências, bem como a execução conjunta.

Apesar da previsão dos procedimentos a serem seguidos, é de se questionar o quanto a falta de um percentual mínimo ou máximo para cada agência pode levar a um cenário de incertezas, indevidamente explorado.[184]

2.2.3 Cláusula de não competição no caso da Administração Pública indireta

Destaque para a possibilidade de incluir uma cláusula de não competição (cláusula 5.1.29.2). Prevista para empresas estatais, uma vez contratada, a agência ficaria impossibilitada de atuar para suas concorrentes no mercado, inclusive outras empresas estatais, caso de bancos públicos. Sua previsão demandaria uma remuneração adequada, o que pode nem sempre ser o caso.

A impossibilidade de uma agência prestar serviços para empresas concorrentes em um mesmo setor seria uma especificidade

---

[182] BRASIL. Tribunal de Contas da União (TCU). *Acórdão 3.233/2010*, Plenário, relator Ministro Marcos Vilaça, dj. 1 dez. 2010, p. 27 e 36.
[183] SINAPRO-SP, *Licitações públicas de Agências de Propaganda*: Guia de orientação à Administração Pública sobre licitações de serviços publicitários. São Paulo, 2017. p. 62.
[184] FREDDO, *op. cit.*, p. 91.

ainda mantida no Brasil em certos casos, tendo deixado de existir, por exemplo, nos Estados Unidos, ao longo do tempo.[185]

Se a cláusula busca garantir maior credibilidade e comprometimento da agência, também pode significar menor atratividade, com a impossibilidade de atender outros clientes do mesmo setor, o que deve resultar em uma remuneração adequada e na maior previsibilidade quanto à execução do contrato.

Considerando a limitação de empresas estatais ou mesmo de entes que possam a vir utilizar a previsão, bem como os valores elevados dos contratos, o impacto da cláusula tende a ser limitado.

2.2.4 Prazos de pagamento diferidos na prática

A execução dos contratos administrativos de publicidade, tal como colocada, não ocorre segundo uma periodicidade definida, com campanhas mensais ou trimestrais, mas está sujeita à disponibilidade orçamentária, à vontade política, à necessidade de alguma comunicação premente etc. O resultado é que, realizada a campanha, ainda cabe à agência enviar a documentação devida à Administração Pública e cobrar seu pagamento. No entanto, nem sempre o pagamento ocorre no prazo previsto contratualmente.

Tais questões estão previstas na cláusula 11 da minuta-padrão do contrato. Segundo ela, a Administração Pública deve observar o prazo de pagamento de 30 dias, uma vez apresentados os documentos exigidos. Tais documentos podem ser a nota fiscal da agência, o documento fiscal do fornecedor e a comprovação de veiculação ou entrega, a depender do serviço. O pagamento ainda depende da consulta às regularidades fiscal e trabalhista da contratada. Contratualmente, cabe à Administração reter os tributos devidos e pagar os fornecedores.

Apesar da previsão do prazo de 30 dias e de incidência de encargos moratórios em caso de atraso, eles ocorrem.

Assim, na prática, um problema recorrente é que a agência, para manter seu bom relacionamento com os veículos de comunicação e receber os planos de incentivo, muitas vezes pague, ela mesma, o valor da veiculação, vindo a exigi-lo em seguida da Administração.

---

[185] CÔRREA, *Petrônio Côrrea (depoimento, 2004)*, p. 16. Sobre a investigação do tema: SILK, Alvin J. Conflict policy and advertising agency-client relations: the problem of competing clients sharing a common agency. *Foundations and Trends in Marketing*, v. 6, n. 2, p. 63-149, 2011.

Mesmo no setor privado, condições de pagamento extemporâneas são uma questão relevante. Nesses casos, talvez por o anunciante depender de resultados, tais como vendas, também é comum que agências esperem até 90 dias para serem pagas. No caso de fornecedores, produtoras em especial, o efeito cascata pode ser ainda pior, com pagamentos levando até 180 dias, no setor privado. Em pesquisa realizada em 2017, mais da metade dos profissionais de produtoras afirmaram que o prazo de pagamento mínimo seria de 45 dias.[186] Além disso, em abril de 2020, a Associação Brasileira de Produção de Obras Audiovisuais (APRO) apresentou carta aberta ao mercado afirmando que 95% das produtoras estavam com pagamentos atrasados ou haviam recebido pedidos de prorrogação de prazo.[187]

Também fora do Brasil é recorrente a reclamação sobre a extensão do pagamento, para 90 e até 120 dias. Ela seria forçada pelas áreas de compras e finanças, com impactos sobre a rentabilidade das agências e até mesmo a criação realizada.[188] Segundo pesquisa da ANA, anunciantes usariam esses prazos maiores para adequar o fluxo de caixa, e o prazo médio teria aumentado de 46 dias, em 2013, para 58, em 2020.[189]

Enfim, o resultado dessa dinâmica de pagamentos é que a agência financia campanhas para seu cliente, o que pode representar uma oportunidade para pagamentos "por fora" ou relacionamentos indevidos.

Em esclarecimentos prestados em audiência pública, em fevereiro de 2020, a Secom afirmou que sempre busca seguir o prazo de 30 dias.[190]

---

[186] Pagamento atrasado: o drama das produtoras. *Meio & Mensagem*, 23 maio 2017. Disponível em: <https://www.meioemensagem.com.br/home/ultimas-noticias/2017/05/23/pagamento-atrasado-o-drama-das-produtoras.html>. Acesso em: 2 abr. 2022.

[187] JULIO, Karina Balan. Atrasos no pagamento a produtoras passam de R$25 mi. *Meio & Mensagem*, 23 abr. 2020. Disponível em: <https://www.meioemensagem.com.br/home/comunicacao/2020/04/23/apos-atrasos-no-pagamento-a-produtoras-apro-lanca-carta-a-anunciantes.html>. Acesso em: 2 abr. 2022.

[188] BLUM, T. Alex. Opinion: how advertisers' long payment schedules are hurting the creative process. *AdAge*, 28 fev. 2020. Disponível em: <https://adage.com/article/opinion/opinion-how-advertisers-long-payment-schedules-are-hurting-creative-process/2241116>. Acesso em: 2 abr. 2022.

[189] WILLIAMS, Robert. Ana: Advertisers extend time to pay agencies for marketing services. *Marketing dive*, 11 mar. 2020. Disponível em: <https://www.marketingdive.com/news/ana-advertisers-extend-time-to-pay-agencies-for-marketing-services/573883/>. Acesso em: 3 abr. 2022.

[190] BRASIL. Presidência da República. Secretaria de Governo. Secretaria Especial de Comunicação Social. *Audiência Pública nº 1/2020*. Esclarecimentos às contribuições recebidas, p. 16. Disponível em: <http://antigo.secom.gov.br/acesso-a-informacao/licitacoes-e-

Todas as condições apontadas sugerem que apenas grandes agências de publicidade podem participar de licitações da Administração Pública Federal. Como grandes, entenda-se as agências que possam assumir um risco considerável, lidar com insegurança jurídica e atuar inclusive como uma financiadora das campanhas realizadas, antecipando junto aos veículos valores que a Administração Pública só lhe pagará adiante. Esse cenário, como apontado a seguir, também é propício para a corrupção.

2.3 Problemas associados à configuração contratual

A análise de cada uma das formas de remuneração das agências de publicidade em contratos administrativos revela a complexidade dos atores e respectivos interesses envolvidos. Para lidar com esse cenário, uma noção de supremacia do interesse público é francamente insuficiente. Defender o interesse público, a moralidade, os princípios administrativos, supor que a Administração Pública sempre é prejudicada e pressionar a remuneração das agências são soluções que pouco ajudam a entender as questões presentes.

Ao contrário, dois aportes podem ajudar nessa empreitada: a adoção de um paradigma multipolar do direito administrativo, capaz de enxergar os diversos interesses envolvidos e as respostas possíveis; e aportes da análise econômica do direito, a ajudar entender como o contrato está estruturado em termos de incentivos.

Sobre o primeiro, em artigo, Floriano de Azevedo Marques Neto reconstrói a trajetória do Direito Administrativo e, com base na doutrina italiana, aponta a passagem de um cenário de bipolaridade, fundado na oposição Estado e súdito, para multipolaridade, em que vários interesses e agentes coexistem.[191]

Para o autor, desde a origem, o direito administrativo teria surgido para limitar a atuação da Administração Pública, e não para lhe dispensar de deveres e obrigações, em posição privilegiada. Assim, não faria sentido defender um interesse público supremo e uno, mas os deveres impostos à Administração exigem cada vez mais o manejo de

---

contratos/arquivos-de-audiencias-publicas/esclarecimentosaud_publica_no-1-2020_definitivo_21-02-20x.pdf>. Acesso em: 3 abr. 2022.

[191] MARQUES-NETO, Floriano Peixoto de Azevedo. A Bipolaridade do Direito Administrativo e sua Superação. *In*: Carlos Ari Sundfeld; Guilherme Jardim Jurksaitis. (Org.). *Contratos Públicos e Direito Administrativo*. São Paulo: Malheiros Editores, 2015. p. 353-415.

interesses múltiplos, bem como a atuação concertada com particulares. Esses aparecem na posição de súditos, mas também na de beneficiários, de clientes e inclusive de parceiros, a depender da situação. Nesse cenário, o direito desempenha diversas funções, desde a ablatória, tradicionalmente lembrada, passando também pela de efetivar direitos, até a de compor interesses. É esse quadro muito mais complexo que revela a insuficiência da bipolaridade, da distinção superficial entre dois polos, ao se analisar o Direito Administrativo, e leva à adoção da multipolaridade.[192]

A partir de tal perspectiva é que, neste capítulo, analisamos cada uma das formas de remuneração prevista para as agências de publicidade em contratos com a Administração Pública Federal, quais os agentes e os respectivos interesses envolvidos e como a legislação e a jurisprudência têm lidado com eles.

Esse tipo de raciocínio envolvendo interesses já é aventado ao se tratar dos contratos administrativos de publicidade, vislumbrando a complexidade do setor, das partes envolvidas e os desafios decorrentes, no caso do Tribunal de Contas da União, por exemplo.

Já o segundo paradigma, uma análise econômica ajuda a entender como a contratação de publicidade se configura em termos de incentivos, conforme alguns autores já vêm apontando, caso de Agra e também de Silva.[193] Como sistematiza a primeira, a teoria dos incentivos aponta como a remuneração estimula ou inibe comportamentos entre as partes de um contrato.[194]

Ainda no âmbito de uma análise econômica, outra teoria importante é a principal agente, segundo a qual o contrato consiste de uma parte que contrata e outra que realiza o objetivo contratado. A grande questão é entender como a contratada realiza seus próprios interesses ou os do principal, e em que medida.[195] Utilizando a teoria agente-principal, Ferreira aponta duas principais questões: a necessidade de alinhamentos dos interesses envolvidos e a assimetria de informação,

---

[192] *Ibidem*, p. 405. Também sobre a pluralidade na sociedade, por vezes com base na doutrina italiana: MOREIRA-NETO, Diogo de Figueiredo. *Quatro paradigmas do Direito Administrativo Pós-Moderno*: legitimidade, finalidade, eficiência, resultados. Belo Horizonte: Fórum, 2008. p. 54.

[193] AGRA, *op. cit.*, p. 1148-1149. SILVA, Cristina Ponte de Andrade e. *Análise da postura de anunciantes brasileiros com relação à remuneração de agências de propaganda*. 2005, 105 f. Dissertação (Mmestrado em Administração de Empresas) – Escola de Administração de Empresas de São Paulo, Fundação Getúlio Vargas, São Paulo, 2005.

[194] AGRA, *op. cit.*, p. 1123.

[195] *Ibidem*, p. 1124.

na medida em que as partes possuem informações diversas sobre o contrato e tudo que circunda o relacionamento.[196]

Um problema desse tipo de relacionamento é o risco moral. Ele ocorre quando a decisão do agente concentra-se em seu interesse, ao invés daquele do principal.[197] Para se evitar isso, seriam necessárias cláusulas adequadas, bem como monitoramento.

Por todo o apresentado até agora, identificam-se ao menos cinco grandes problemas quanto ao modelo de remuneração das agências de publicidade em contratos administrativos: a assimetria de informação e a incerteza da motivação das partes; o incentivo para a agência aumentar sua remuneração; a atuação da agência dissociada de resultados; a atuação da agência dissociada de seus custos; e a prevalência de um modelo de remuneração com efeitos anticoncorrenciais.

Todos esses problemas são potencializados em um cenário em que se promove a insegurança da agência de publicidade, segundo condições que não lhe garantem a certeza do valor que lhe será destinado, sujeita a processo de seleção interna com outras contratadas para vir de fato a executar o objeto. Exigências estritas de estrutura de funcionamento, com demanda por profissionais específicos, bem como condições de pagamento diferidas, pressionam ainda mais as agências de publicidade.

Além desses grandes problemas, pode-se ainda citar questões secundárias de institucionalização e procedimentalização. Relativamente recente, cerca de três décadas, ainda são poucas as normas instituídas em relação às licitações e contratações de publicidade, sendo que a legislação específica conta com uma década apenas. Além disso, diversos mecanismos contam com parca normatização e transparência, em sendo desenvolvidos.

A presença dos problemas está longe de significar que as partes sempre agirão de má-fé ou que os riscos serão materializados em eventos ilegais.

---

[196] FERREIRA, Fernanda Meirelles. *Regulação por Contrato no Setor de Saneamento*: o caso de Ribeirão Preto. 2005, 129 f. Dissertação (Mestrado em Administração Pública e Governo). Escola de Administração de Empresas de São Paulo. Fundação Getúlio Vargas, São Paulo, 2005. p. 73.

[197] *Ibidem*, p. 75.

2.3.1 Assimetria de informação e a incerteza quanto à real motivação da agência nas decisões sugeridas para compra de espaço publicitário

A assimetria de informação verifica-se quando, em uma determinada relação, uma das partes possui mais informações que a outra.[198] Assim, é possível que uma delas valha-se da sua posição para tomar vantagem. Ou, sob outro ângulo, a diferença faz com que uma delas tome decisões que para a outra parece indevida, ou em que há mesmo uma dificuldade em entender sua real motivação.

Os contratos administrativos de publicidade são um ambiente ótimo para a aplicação desse conceito, uma vez que a tomada de decisões depende do uso de pesquisas e informações comerciais, sendo difícil saber se as recomendações são as mais adequadas ou quais as reais intenções de cada uma das partes. Assim, verifica-se uma oposição de interesses de difícil controle. De um lado, a Administração Pública tem pouca informação a respeito dos relacionamentos mantidos pelas agências com veículos e produtoras e como isso a afeta. De outro lado, a agência tem que lidar com apontamentos feitos pela Administração Pública que nem sempre são feitos com a melhor das intenções.

2.3.1.1 As sugestões no âmbito da remuneração por desconto-padrão

Essa assimetria verifica-se no caso da remuneração por desconto-padrão. De um lado, a agência contratada possui uma quantidade de informações, pesquisas e relacionamentos, nem sempre acessíveis ou transparentes para a Administração Pública. De outro lado, a Administração Pública também possui outra ordem de relacionamento com veículos de comunicação, muitas vezes pertencentes a famílias de políticos, ou possuir um viés editorial mais favorável ou mais crítico ao governo de plantão. O resultado, em qualquer dos casos, é que cada uma das partes tem dificuldade em entender a indicação dos veículos.

---

[198] Nesse sentido, George Akerlof, que se valeu do mercado de compra e venda de carros usados para expor sua teoria. AKERLOF, George Akerlof. The market for "lemons": quality uncertainty and the market mechanism. *The Quarterly Journal of Economics*, v. 84, n. 3, ago. 1970. Oxford University Press, p. 488-500. Disponível em: <https://www.jstor.org/stable/1879431?seq=1>. Acesso em: 2 abr. 2022.

A decisão tomada afeta, indiretamente, a própria sobrevivência de veículos de comunicação e a realização de direitos como liberdade de expressão e de imprensa (art. 5º, IX da Constituição). Ao mesmo tempo em que as verbas de publicidade estatal ajudaram e ajudam os veículos que as recebem Brasil afora a sobreviverem e crescerem,[199] elas também podem proporcionar uma "censura sutil", caso reduzidas (*soft censorship*).[200] Segundo as palavras do então presidente do CENP, Petrônio Côrrea:[201]

> Quando um governo estadual ou prefeitura direciona seus investimentos publicitários para veículos de baixa audiência ou sem penetração no mercado em detrimento de outros, comprovadamente mais populares e eficientes, ou então discrimina determinado veículo em benefício de outro, de porte semelhante, o que temos é pura e simples malversação dos recursos públicos. É um bem da sociedade usado de forma leviana, com intuitos condenáveis e sem cumprir o objetivo primordial da publicidade: levar informação aos cidadãos.
>
> De forma geral, o uso político das verbas publicitárias governamentais busca premiar determinados grupos e asfixiar outros. Quando essa lamentável prática está voltada para veículos de comunicação, o que temos é um evidente atentado à liberdade de expressão. Numa democracia, nas saudáveis regras da livre-iniciativa, jornais, revistas, emissoras de rádio e TV e sites informam e opinam com independência quando se relacionam com o mercado publicitário a partir de sua eficiência junto ao público. Neste sentido, o uso político de verbas publicitárias de governos é também uma forma covarde e revoltante de interferência na liberdade da sociedade de informar e ser informada.

Logo, é imenso o poder que a Administração Pública tem na destinação de tais verbas. A depender do veículo escolhido para distribuição da campanha, esse receberá uma quantia considerável: a Administração Pública, como anunciante, poderá se ver motivada a concentrar sua publicidade no veículo que lhe é mais simpático,

---

[199] Como afirmava o Sr. Luís Lara, publicitário, nas oitivas do Caso CENP, Processo Administrativo nº 08012.008602/2005-09, fl. 5023 e ss.

[200] Como afirma Marcelo Rech, presidente da Associação Nacional de Jornais em: Painel do Tribunal de Contas da União debate critérios para publicidade. *CENP em Revista*, ano 16, n. 64, p. 10, ago. 2020. No mesmo sentido, SANT'ANNA, *op. cit.*, p. 379. E fora do Brasil: *Una censura sutil*: abuso de publicidad oficial y otras restricciones a la libertad de expresión en Argentina. Buenos Aires: Open Society Institute, 2005.

[201] CÔRREA, Petrônio. A democracia precisa de publicidade ética. *CENP em Revista*, ano 4, n. 14, abr. 2008, p. 7.

favorável ao governo, ou poderá asfixiar o veículo que se mostra crítico ao Chefe do Executivo, por exemplo, ou poderá incluir dentre os veículos programados também uma emissora daquele deputado da base de apoio do governo.[202] O risco estaria inclusive relacionado a um suposto "mensalão constituinte" quando, durante os trabalhos para a Constituição de 1988, o então presidente Sarney teria premiado alguns deputados e senadores que votassem medidas de seu interesse com concessões de rádio e de TV Brasil afora.[203] Esse risco é evidente para quem cuida do tema, como Sant'Anna, que defende a impossibilidade de se usar tais verbas para um controle da informação.

Retomando a análise econômica mencionada, fica evidente ainda um problema de assimetria de informação. As partes dificilmente têm certeza da recomendação de determinado veículo ou estratégia, bem como a Administração Pública, enquanto anunciante, não tem acesso a todas as informações.

Portanto, identificam-se ao menos três interesses, de complexo equilíbrio. Primeiro, o interesse da agência contratada em ganhar mais dinheiro, ao mesmo tempo em que mantém o contrato e presta um bom serviço. Segundo, o interesse da Administração Pública em ter uma boa campanha e conseguir a maior eficiência possível com os valores gastos. E tereiro, o interesse dos veículos em atrair publicidade, comercializando o espaço publicitário. De forma não republicana, é de se considerar ainda o interesse de políticos com influência no governo para atrair a publicidade, e as respectivas verbas, para veículos a eles relacionados.

Noções de impessoalidade e de desvio de finalidade deveriam ser suficientes para combater tais ilegalidades, no entanto, vejamos como exatamente tais decisões são tomadas e quais os critérios e mecanismos utilizados para promover uma tomada de decisão mais adequada. Destacamos abaixo a elaboração do plano de mídia e a previsão de critérios técnicos, apontando suas limitações.

---

[202] Cf. aponta FAGALI, A ética e as agências de publicidade: cinco das principais red flags anticorrupção da atividade. Portal Jota, 21 mar. 2017. Disponível em: <https://www.jota.info/opiniao-e-analise/artigos/a-etica-e-as-agencias-de-publicidade-21032017>. Acesso em: 2 abr. 2022.

[203] REALE-JR, Miguel. Sarney cooptou a Constituinte com o mensalão de rádios e TVs. In: CARVALHO, Luiz Maklouf. 1988: segredos da Constituinte. Os vinte meses que agitarem a mudaram o Brasil. Rio de Janeiro: Record, 2017. p. 310.

2.3.1.2 O sigilo comercial na remuneração por bônus de volume

O mesmo raciocínio vale para a remuneração por planos de incentivos, potencializada por um sigilo comercial. A Administração Pública ignora os relacionamentos mantidos entre agências contratadas e veículos, as metas e os bônus associados a elas. Assim, não fica claro se a agência, ao recomendar a distribuição da campanha em determinado veículo, está pensando em seu próprio interesse de sobrevivência, de forma a conseguir valores maiores, ou se pensa na efetividade da campanha.

As Normas-Padrão adotam uma solução bem moderada ao prever que o cliente pode questionar a participação em planos de incentivo, bem como a agência e o veículo podem manter sigilo sobre valores e critérios, conforme seu Anexo "C":

> 6. É lícito ao cliente indagar se a agência participa ou não de planos de incentivo, assim como, é lícito à agência e ao veículo guardar, nos termos da lei, sigilo acerca de valores recebidos e pagos, e dos critérios para a concessão de incentivos.

Ou seja, apenas reconhece a possibilidade de perguntar, sem obrigar a agência a responder. Na prática, em sendo tratadas como relações exclusivamente privadas, a Administração Pública afirma desconhecer sua existência.

Fora do Brasil, em 2016, investigação conduzida por consultoria independente no mercado norte-americano teria apontado os planos de incentivos (na sua versão em inglês, "*rebate*") como uma prática não transparente disseminada e não informada aos clientes.[204] O próprio estudo, porém, indicou que a falta de transparência não significaria que as decisões tomadas pelas agências fossem sempre ruins ou prejudiciais aos clientes.

Autoridades concorrenciais de ao menos Espanha e França analisaram o setor recentemente. Não se trata, assim, de exclusividade do Brasil, mas é um problema global saber se as agências estariam

---

[204] K2 INTELLIGENCE, *op. cit.*, p. 1-2. Também nesse sentido: ARMSTRONG, Sarah *et al*. Truth in advertising: achieving transparency with medi rebates to fuel growth. *McKinsey*, 2 maio 2018. Disponível em: <https://www.mckinsey.com/business-functions/marketing-and-sales/our-insights/truth-in-advertising>. Acesso em: 2 abr. 2022.

pensando no lucro ou nos clientes ao sugerirem a distribuição da publicidade, com o comprometimento da imparcialidade e da qualidade dos serviços prestados.[205] Como exemplo, no Reino Unido, a agência Omnicon teria deixado de sugerir o Channel 5 para seus clientes porque teria conseguido um melhor acordo com a concorrente iTV, e não por defender os interesses de seus clientes.[206]

Tais questionamentos surgiriam em um cenário em que as agências são submetidas a pagamentos cada vez menores.[207] Sem conseguir sobreviver dos valores pagos pelos clientes, a aproximação entre as empresas do próprio setor seria bem-vinda. Isso seria viabilizado pelo fato de que, em 2011, 10 compradores representariam 80% de toda a publicidade televisiva, negociada por meio de seis holdings de comunicação – concentração já conhecida.[208] Por isso, apesar de investigações, a impressão é de que o setor estaria equilibrado e com pouca vontade de mudar, não se vislumbrando uma mudança imediata, com várias agências negando tais práticas, preocupadas com sua sobrevivência e os ganhos a curto prazo. Alguns anos depois de denunciar esse tipo de relacionamento entre veículos e publicidade, o próprio jornal Guardian também assumiu praticá-lo.[209]

Inquérito administrativo aberto pelo CADE no final de 2020 contra a principal emissora de tv aberta do Brasil reavivou os argumentos, de ambos os lados. Assim, a agência atuaria de forma transparente, junto ao cliente, sendo os incentivos um mecanismo presente em qualquer

---

[205] GARSIDE, Juliet. Media buying: a flawed system? *Guardian*, 4 abr. 2011. Disponível em: <https://www.theguardian.com/media/2011/apr/04/media-buying-flawed-system>. Acesso em: 2 abr. 2022.

[206] COOKSON, Robert *et al*. Channel 5 attacks Omnicom in letter to ad group's clients. *Financial Times*, 28 jan. 2015. Disponível em: <https://www.ft.com/content/19b36cda-a646-11e4-9bd3-00144feab7de>. Acesso em: 2 abr. 2022.

[207] CHRISTENSEN, Nic. Is this the most hated man in advertising? *Mumbrella*, 10 maio 2016. Disponível em: <https://mumbrella.com.au/the-most-hated-man-in-global-advertising-jon-mandel-on-how-media-value-banks-are-destroying-advertising-365406>. Acesso em: 2 abr. 2022.

[208] GARSIDE, *op. cit*. Cf. TAVASSI, Ana Paula Chudzinski. Regulação da mídia e Direito da Concorrência no Brasil: a interface entre democracia e concorrência no mercado televisivo brasileiro. *Revista de Defesa da Concorrência*, v. 3, n. 1, p. 206-232, maio 2015. E também: DRAGOMIR, Marius. Concentração de meios de comunicação na Europa: o jogo dos Golias. *In*: A mídia entre regulamentação e concentração. *Cadernos Adenauer*, v. 8, n. 4. Rio de Janeiro: Fundação Konrad Adenauer, p. 63-81, 2008.

[209] SPANIER, Gideon. Guardian discloses it gives cash and free ad space in rebates to agencies. *Campaign*, 23 ago. 2016. Disponível em: <https://www.campaignlive.co.uk/article/guardian-discloses-gives-cash-free-ad-space-rebates-agencies/1406504>. Acesso em: 3 abr. 2022.

mercado e que pouca influência tem nas decisões recomendadas pela agência, além de que a atribuição de BV considera toda a estrutura e o profissionalismo das partes. Ao contrário, há relatos de clientes que não sabem sobre sua existência e que em nada interferem na relação.[210]

2.3.2 Incentivo para a agência aumentar sua própria remuneração: um problema agente-principal

Como apontado, o problema agente-principal verifica-se quando uma das partes, o agente, no caso a agência contratada, tem incentivos para perseguir seus próprios interesses em detrimento do principal, o contratante.[211]

No caso das contratações administrativas de publicidade, como se percebe, as agências, em diversos momentos e formas de remuneração, têm a possibilidade de indicar soluções mais caras, de forma a aumentar sua remuneração, geralmente vinculada a tais gastos, em prejuízo aos interesses da Administração Pública e à boa execução do contrato.

Apesar disso, tal teoria deve ser aplicada de forma matizada nas contratações de publicidade, uma vez que além da disputa e dos interesses antagônicos, o setor também está sujeito à cooperação, muitas vezes ilícita, entre os agentes. A construção de tal teoria, bem como de boa parte do aparato da análise econômica do direito, pressupõe que os atores envolvidos possuem interesses opostos e excludentes.[212] Ocorre que, dependendo da perspectiva, em casos em que há corrupção, os interesses não seriam opostos, mas convergentes, com dois ou mais atores atuando em conjunto para alcançar um benefício comum, em prejuízo à coletividade e à aplicação da legislação.

---

[210] MACEDO, Paulo. BVs fazem parte do mix econômico das agências com respaldo técnico. *Propmark*, 15 dez. 2020. Disponível em: <https://propmark.com.br/mercado/bvs-fazem-parte-do-mix-economico-das-agencias-com-respaldo-tecnico/>. Acesso em: 2 abr. 2022.

[211] Tal como apontado por ROSS, Stephen A. The economic theory of agency: the principal's problem. *American Economic Review*, v. 63, n. 2, fev. 1973. p. 134-139. JENSEN, Michael C.; MECKLING, William H. Theory of the firm: managerial behavior, agency costs and ownership structure. *Journal of Financial Economics*, v. 3, n. 4, out. 1976, p. 305-360.

[212] OLIVEIRA-JÚNIOR, Temístocles Murilo *et al*. Perspectivas teóricas da corrupção no campo da administração pública brasileira: características, limites e alternativas. *Revista Serviço Público*, Brasília, v. 67 (Especial), p. 121, 2016.

2.3.2.1 Indicação de veiculação mais cara na remuneração percentual do desconto-padrão

No caso da veiculação, verifica-se a vantajosidade para a agência contratada em sugerir a veiculação de campanhas em espaços cada vez mais caros, buscando aumentar sua própria remuneração.[213] Em sendo remunerada por um desconto-padrão de 20%, enquanto uma veiculação de R$1 milhão retorna R$200 mil à agência, uma veiculação de R$10 milhões retorna R$2 milhões. Por isso, quanto mais cara a veiculação, maior o valor que a agência recebe.

A remuneração atrelada à veiculação, assim, pode afetar a recomendação dos veículos de comunicação pela agência. Veículos com espaços publicitários mais caros e com maior comissão devida às agências tendem a ser preferidos por essas.

A questão é agravada ao se considerar o reduzido número de veículos. A quantidade de veículos relevantes, que concentram a audiência, seria reduzida, ou seja, não é tão simples, ou mesmo possível, trocar de veículo ou fazer estratégias variadas sem os veículos de maior audiência.

2.3.2.2 Indicação de mais serviços na remuneração percentual por honorários

Problema semelhante se verifica na remuneração por honorários. A agência possui o incentivo para indicar serviços mais caros, aumentado sua remuneração, calculada sobre o valor de tais serviços – e pagos pela Administração. Além disso, em segundo lugar, na falta de uma definição adequada, a agência poderia usar sua criatividade para sugerir a contratação dos serviços mais variados, auferindo honorários em todos os casos.

Isso era parte de um cenário problemático. No Acórdão nº 2.062/2006, o Tribunal de Contas da União apontava o impacto para a licitação, com a falta de planejamento (fls. 21/23), bem como por uma interpretação extensa da necessidade de intermediação da agência de

---

[213] COSTA, Henrique *et al.*, *op. cit.*, p. 28. No mesmo sentido: AGRA, *op. cit.*, p. 1159 e SILVA, *Análise da postura de anunciantes brasileiros com relação à remuneração de agências de propaganda*. 2005, 105 f. Dissertação (Mmestrado em Administração de Empresas) – Escola de Administração de Empresas de São Paulo, Fundação Getúlio Vargas, São Paulo, 2005. p. 29-30.

publicidade. Assim, o resultado era que a agência subcontratava as mais diversas atividades, sendo remunerada por honorários:[214]

> Em relação aos outros serviços, instala-se insuperável conflito de interesses. Contratualmente, a agência deve buscar o menor preço na subcontratação, em benefício do cliente e em detrimento do seu interesse particular, pois, quanto maiores os gastos que intermedeia, maiores os seus lucros.
>
> (...)
>
> A sistemática remuneratória vigente se revela duplamente onerosa para o anunciante em geral, não sendo o setor público exceção. De fato, as agências são estimuladas a subcontratarem, no todo ou em parte, até mesmo os serviços de criação, pela evidente razão de que, relativamente a qualquer subcontratação, logram receber integral ressarcimento das despesas com o pagamento dos subcontratados, acrescido de percentual pago a título de comissão.
>
> Nos contratos examinados, é notório o alto grau de subcontratação, havendo casos em que a agência executou diretamente menos de 2% do valor total do contrato e outros em que até o trabalho de criação foi subcontratado.

Além disso, uma situação identificada em 2006 era a confusão entre remunerações. Em meio a diversos serviços subcontratados, com dois patamares de remuneração, havia notícias de remuneração pelo patamar maior, ao invés do menor, previsto contratualmente, confundindo-se os serviços envolvidos.[215]

2.3.3 Atuação dissociada dos resultados

Em terceiro lugar, a remuneração da agência é em boa medida dissociada dos resultados que ela traz à Administração Pública. Em outras palavras, pouco importa se as sugestões apontadas pela agência

---

[214] BRASIL. Tribunal de Contas da União (TCU). *Acórdão 2.062/2006*, Plenário, relator Ministro Ubiratan Aguiar, dj. 8 nov. 2006, p. 9 e ss, p. 43 e ss. Fugindo do objeto deste trabalho, a mesma dificuldade teria se verificado na análise empreendida pelo Supremo Tribunal Federal, ao tratar das subcontratações realizadas em contrato da Câmara dos Deputados. A decisão foi por mais condenações por peculato, eis que a agência de publicidade teria subcontratado o objeto a ponto de prestar diretamente apenas 0,01% do contrato – ou 11,32% do total, excluída a veiculação da definição. BRASIL. Supremo Tribunal Federal. Ação Penal nº 470 – Minas Gerais. Relator Ministro Joaquim Barbosa. Rev. Ministro Ricardo Lewandowski, data do acórdão 17 dez. 2012, fls. 57.967 e ss.
[215] Item 4.6.13 do Acórdão nº 2062/2006, p. 35.

são adequadas ou se são boas: sua remuneração, atrelada em grande parte à veiculação e aos serviços que contrata junto a fornecedores, conferem-lhe a segurança de uma remuneração.

2.3.3.1 Remunerações associadas ao valor do espaço contratado e aos serviços de fornecedores

Seja no caso da remuneração por desconto-padrão, seja no caso dos honorários, a remuneração da agência não está atrelada aos resultados que produz, mas simplesmente ao volume contratado. Como apontado acima, isso representa um incentivo para a agência sugerir maiores gastos, tendo os resultados de determinada campanha um peso bastante diminuto.

No caso da veiculação, por certo que a audiência associada a determinado veículo importa, no entanto mesmo assim não há uma correlação dessa audiência com os resultados efetivamente trazidos. Também no caso de contratação de fornecedores, o resultado alcançado ao final tampouco é um critério de destaque ou que venha a ser aferido. O resultado, em ambos os casos, é que a efetividade da campanha ocupa um papel moderado nas recomendações feitas, de difícil controle.

2.3.3.2 Comprometimento às metas e resultados firmados com os veículos, ao invés da Administração Pública, no caso da remuneração por bônus de volume

No caso da remuneração por planos de incentivos, tal remuneração aprofunda os problemas do desconto-padrão, aproximando os interesses da agência e do veículo, em oposição aos da Administração Pública anunciante. A agência possui um incentivo para recomendar a concentração de publicidade em um número reduzido de veículos, aqueles que lhe pagam tais planos[216] – ainda que representantes do setor neguem esse incentivo.[217] Enquanto isso, o interesse da Administração

---

[216] AGRA, *op. cit.*, p. 1160. No mesmo sentido: MACHADO, Oscar, *op. cit.*
[217] MARCONDES, As regras de negócio que você desconhece e que pagam a sua grana todo dia. Blog do Pyr. *Proxxima*, 20 dez. 2017. Disponível em: <https://www.proxxima.com.br/home/proxxima/blog-do-pyr/2017/12/20/as-regras-de-negocio-que-voce-desconhece-e-que-pagam-a-sua-grana-todo-dia.html>. Acesso em: 26 mar. 2022.

de ter uma campanha com amplo alcance de distribuição pode ficar renegado ou seja, o comprometimento da agência muitas vezes é quanto às metas e aos resultados que os próprios veículos estabelecem.

A origem de tal remuneração de fato aponta para essa oposição, a partir dos interesses dos veículos. Segundo uma versão, ela teria surgido no jornal impresso, nos classificados, para incentivar os pagamentos em dia, principalmente em épocas de alta inflação.[218] Segundo outra versão, porém, ela teria surgido na década de 1960, sob o discurso de estimular o aprimoramento das agências e de seus profissionais.[219] Incerta sua origem ou a intenção, fato é que desempenhou papel importante em atrair publicidade para certos veículos, ainda novos, permitindo sua consolidação e seu crescimento.

Assim, verifica-se um conflito de interesses para a agência: sugerir a solução mais adequada para o anunciante e que atingirá o público-alvo devido ou sugerir inserções no veículo que vai lhe render o pagamento do plano de incentivo? A agência, assim, possui um incentivo considerável para concentrar toda a publicidade em veículos que lhe concedam tais benefícios. Ou, colocado de outra forma, é possível interpretar que os veículos estariam "comprando" a sugestão das agências junto a seus clientes. E então, seria a Administração Pública, enquanto anunciante, e toda a sociedade, a pagar por isso.[220]

Por isso, tal forma de remuneração sempre foi muito mal vista pelos clientes e inclusive proibida pelas Normas-Padrão originais, ainda em 1957.[221] A previsão de tal forma de remuneração na Lei nº 12.232/2010 seria uma derrota para eles.[222] Antes tido como uma peculiaridade brasileira, a pressão sobre os preços cobrados pelas agências estaria motivando-as a se aproximar dos veículos, por meio dessa remuneração.[223] Em trabalho de 2005, Silva apontava o BV como

---

[218] VERGEIRO, Ênio. Mídia técnica ou política: uma visão de mercado. *Propmark*. 27 dez. 2018. Disponível em: <https://propmark.com.br/mercado/midia-tecnica-ou-politica-uma-visao-de-mercado/>. Acesso em: 3 abr. 2022.

[219] KITA, *op. cit.*, p. 382.

[220] GUSHIKEN, Felipe. *Os mecanismos de remuneração das agências de propaganda e sua aplicação na Lei nº 12.232/2010*. São Paulo, 2011. 66 f. Monografia (Graduação em Direito) – Faculdade Paulista de Direito. Pontifícia Universidade Católica de São Paulo, São Paulo, 2011. p. 56-57. E também: FAGALI. A ética e as agências de publicidade: cinco das principais red flags anticorrupção da atividade. *Portal Jota*, 21 mar. 2017. Disponível em: <https://www.jota.info/opiniao-e-analise/artigos/a-etica-e-as-agencias-de-publicidade-21032017>. Acesso em: 2 abr. 2022.

[221] Como bem nota COSTA *et al.*, *op. cit.*, p. 32.

[222] FREDDO, *op. cit.*, p. 307. Em sentido contrário, KITA aponta que pode ser interpretada como apenas o reconhecimento de uma situação já consolidada: KITA, *op. cit.*, p. 267.

[223] K2 INTELLIGENCE, *op. cit.*, p. 50-51.

peculiaridade brasileira, considerado imoral por 81% dos respondentes.[224]

Ademais, o conflito de interesses pode se verificar mesmo internamente na agência, entre o profissional que pensa no resultado, na campanha ideal, e a necessidade de sustentar a agência, bem como de garantir que esse profissional seja pago.

Assim, os planos de incentivo aprofundam a questão do item anterior. O problema sempre é conseguir determinar em que medida a atuação da agência deixa de pensar na campanha e passa a pensar nos valores envolvidos.

Sobre a produção, um caso recente ocorreu nos Estados Unidos, com a investigação de agências de criação que estariam direcionando contratações para produtoras do mesmo grupo ou próximas, em prejuízo à concorrência e aos preços pagos por clientes. A investigação acabou concluindo pela ausência de irregularidades.[225]

2.3.4 Atuação dissociada dos custos

Além disso, como apontado, a remuneração é dissociada dos custos efetivamente incorridos pela agência, com estrutura, horas trabalhadas, pessoal contratado etc. O resultado é que a agência não tem um incentivo direto para ser mais eficiente e economizar valores. Ao contrário, a agência pode recomendar, sugerir, criar com enorme liberdade, na expectativa de que a Administração irá fazer frente a tais gastos.

2.3.4.1 Remuneração publicitária associada à veiculação

A grande questão da remuneração por desconto-padrão é que ela não guarda correlação direta com os custos,[226] mas se configura em

---

[224] SILVA, *Análise da postura de anunciantes brasileiros com relação à remuneração de agências de propaganda*. 2005, 105 f. Dissertação (Mestrado em Administração de Empresas) – Escola de Administração de Empresas de São Paulo, Fundação Getúlio Vargas, São Paulo, 2005. p. 31.

[225] BRUELL, Alexandra. DOJ concludes investigation of production practices at largest ad companies. *The Wall Street Journal*, 13 nov. 2018. Disponível em: <https://www.wsj.com/articles/justice-department-concludes-investigation-of-omnicom-and-mdc-1542120811>. Acesso em: 2 abr. 2022.

[226] BRASIL. Tribunal de Contas da União (TCU). *Acórdão 2.062/2006*, Plenário, relator Ministro Ubiratan Aguiar, dj. 8 nov. 2006, p. 9 e ss., p. 41 e ss.

um percentual fixo, que depende de sugestão apontada pela agência contratada e da decisão tomada pela Administração Pública:[227]

> Lamentavelmente, uma das poucas questões ainda mal resolvidas é o modelo de remuneração, pautado em percentuais sobre o investido, o que, muitas vezes, inibe o crescimento das pequenas e médias agências, pois estas não conseguem cobrar o merecido preço pelo real trabalho que efetuam. Como se vê na própria história, para começar, o nome agência é um condicionador desse processo, por caracterizar um agente, e não uma consultoria, real papel que as agências vêm assumindo desde muito tempo.

A remuneração atrelada à veiculação e/ou produção não garante que a agência esteja sendo remunerada com base nos custos que tem, como estrutura, pessoal, horas trabalhadas,[228] ou com a própria criação, como aponta Agra.[229]

Em razão disso, tal forma de remuneração relaciona-se apenas com a decisão de veiculação que é tomada – pouco importando os custos incorridos. Assim, se o veículo define que um espaço publicitário de 30 segundos no horário nobre custa R$100 mil, e a agência é remunerada a um desconto-padrão de 20%, isso significa que a agência receberá R$20 mil, independentemente se a campanha custou R$200 ou R$40 mil ou o acerto da escolha em anunciar no veículo em questão.

Disso decorrem dois problemas. Primeiro, sem saber quais os custos reais da agência, ignora-se também a margem de lucro da agência e/ou a (in)suficiência da remuneração. Segundo, os incentivos para a agência melhorar seu desempenho tornam-se incertos ou inexistentes.

2.3.4.2 Remuneração associada aos custos de produção

Também no caso dos honorários, a remuneração da agência não tem relação direta com os custos de produção efetivamente incorridos

---

[227] SANT'ANNA, *op. cit.*, p. 321. No mesmo sentido: SILVA, Análise da postura de anunciantes brasileiros com relação à remuneração de agências de propaganda. 2005, 105 f. Dissertação (Mestrado em Administração de Empresas) – Escola de Administração de Empresas de São Paulo, Fundação Getúlio Vargas, São Paulo, 2005. p. 51.

[228] Como já apontado, em parte isso se deve à suposição de que o trabalho artístico realizado pela agência impediria a correlação. O argumento foi ventilado inclusive no TCU: não seria possível pagar um pintor apenas pelo custo da tinta e da tela e o tempo gasto. BRASIL. Tribunal de Contas da União (TCU). *Acórdão 3.233/2010*, Plenário, relator Ministro Marcos Vilaça, dj. 1 dez. 2010, p. 100.

[229] AGRA, *op. cit.*, p. 1159.

pela agência. Em sendo remunerada por percentual vinculado aos custos de produção, a agência de publicidade não é remunerada pelos custos que realmente possui no acompanhamento da produção e coordenação dos serviços junto a fornecedores. Não lhe são pagas as horas de funcionários ou os custos efetivos que possui nessa intermediação. O valor pago à agência é apenas uma abstração que ajuda a tornar o contrato possível.

2.3.5 Um modelo de remuneração com efeitos anticoncorrenciais

Em quinto lugar, a remuneração tal como estruturada, preserva um modelo que remete em grande parte ao que é praticado desde meados do século XX. Isso significa a manutenção de um modelo de agência de publicidade *full service*, que presta todos os serviços, ainda que com fornecedores, e se remunera por meio do desconto-padrão, em um percentual imune à negociação. Assim, a Administração Pública mantém um modelo que é questionado no setor privado e em outros países.

2.3.5.1 Desconto-padrão em valores determinados

As contratações administrativas de publicidade geralmente ocorrem a um percentual fixo de 15% sobre o valor da veiculação, segundo o desconto-padrão e as normas de autorregulação setorial. À exceção das agências contratadas pelo Banco do Brasil, remuneradas a 13,5%, todas as outras são remuneradas segundo tal valor.[230]

A remuneração em percentual fixo significa a diminuta negociação ou a impossibilidade de seleção por preço, ou seja, o anunciante não escolhe a agência pelo preço oferecido, que é fixo. A questão foi aventada durante o caso CENP, e buscaria evitar uma concorrência predatória entre agências, diante do caráter intelectual, privilegiando a qualidade e diminuindo os custos de transação.[231] Como resposta, ao longo do tempo teria se desenvolvido apenas a diminuição do patamar de 20% conforme os valores envolvidos, como apontado.

---

[230] Disponível em: <http://antigo.secom.gov.br/acesso-a-informacao/licitacoes-e-contratos/anunciantes_do_poder_executivo_federal___remuneracao_de_agencias_de_propaganda.xlsx/view>.
[231] Nota Técnica nº 11/2016/CGAA4/SGA1/SG/CADE, p. 60.

Um indicativo de que tal cenário pode mudar é a recente atualização das Normas-Padrão, com a previsão de um Adendo ao Anexo-B. A partir disso, os valores do desconto-padrão poderiam alcançar até 10%, ao invés dos originais 20%. Ocorre que essa alteração é pequena e continua dependente do valor total investido em mídia, não caracterizando uma verdadeira autonomia para a agência e a Administração Pública negociarem os valores de forma livre, no caso concreto.

2.3.5.2 Ressarcimento por custos internos segundo tabela

A remuneração por ressarcimento de custos internos a partir de valores previstos em tabela do sindicato de cada região aparentemente suscita uma questão de tabelamento de preços, em violação à legislação concorrencial. No entanto, o risco é atenuado por se tratar de preços referenciais, que acabam negociados – e até suprimidos.

O nome "Valores Referenciais de Custos Internos Recomendados pelo Sinapro-DF" bem sugere os cuidados relativos à tabela em expressões como "valores referenciais" e "recomendados". Isso porque tabelamento de preços é frequentemente analisado pelo CADE, em casos dos mais diversos setores (médico, corretores de imóveis, segurança privada etc.).[232] Em todos esses setores, é comum encontrar casos de Sindicatos e Conselhos Profissionais que realizam ou contratam estudos de valores a serem praticados, aprovam tabelas e passam a punir profissionais e empresas que não os observam.

O cenário lembra-nos da autorregulação, vista ao final do primeiro capítulo, e como ela pode ser utilizada indevidamente para moldar a concorrência a seu favor. Inclusive, no próprio setor publicitário, em 2015, o CADE firmou Termo de Cessação de Conduta (TCC) com a Associação Brasileira de Produção de Obras Audiovisuais (APRO) e duas pessoas físicas a ela vinculadas. O processo discutia a fixação de preços para os serviços e produtos de pós-produção de peças publicitárias, e a orientação de seus associados para adoção de orçamentos fechados.[233] As partes decidiram pelo pagamento de

---

[232] Respectivamente, Processo Administrativo nº 08700-001830/2014-82, Processo Administrativo nº 08700.004974/2015-71 e Processo Administrativo nº 08700.000719/2008-21.
[233] BRASIL. Conselho Administrativo de Defesa Econômica. *Processo 08700.010847/2013-40*, p. 2 do Requerimento nº 08700.007946/2014-25. Conforme explica: TURLAO, Felipe. Cade publica acordo pró-ABA contra Apro. *Meio & Mensagem*, 16 out. 2014. Disponível em: <https://www.meioemensagem.com.br/home/comunicacao/2014/10/16/cade-publica-acordo-pr-aba-contra-apro.html>. Acesso em: 3 abr. 2022.

multa de R$45.000,00 e assumiram as obrigações de não praticar tais condutas, bem como orientar todos os colaboradores, além de divulgar mensagem junto à ABA (Associação Brasileira de Anunciantes) e à ABAP (Associação Brasileira de Agências de Publicidade), bem como no site da entidade.[234] Ainda em 2015, a Procuradoria, junto ao CADE, reconheceu o cumprimento do TCC.[235]

Assim, de um lado, a tabela sugere um problema de formação de preços, principalmente quando realizada de forma obrigatória e sancionada pelos agentes do setor. Em apresentando preços abaixo daqueles de mercado, poderia significar o decréscimo da qualidade dos serviços prestados. Em apresentando preços superiores ao do mercado, haveria um prejuízo para a Administração Pública. O tabelamento afeta a concorrência e atua na formação de preços, impedindo que se pague diretamente pelo serviço prestado. Pode-se pensar ainda no risco de a tabela vir a afetar outros preços e formas de remuneração do contrato, em uma espécie compensação.

Esses riscos, porém, tendem a ser mitigados, na medida em que cerca de 90% da dinâmica do contrato refere-se à veiculação, além de haver negociação sobre os preços das tabelas.

Quanto aos interesses envolvidos nessa forma de remuneração, portanto, pode-se pensar em duas situações específicas: (i) se a tabela prever valores baixos como ressarcimento, ou for mesmo excluída, o interesse da agência será em subcontratar e ser remunerada por honorários, pela intermediação, como veremos abaixo; (ii) se a tabela prever valores consideráveis, a agência terá um incentivo para prestar os valores ela mesma e ser ressarcida para tanto.

De forma mais ampla, a pressão representada por preços baixos poderia levar a agência a concentrar mais esforços em recomendar a veiculação em espaços publicitários de valor elevado.

De qualquer forma, esse tipo de remuneração tende a ser menos problemático que os anteriores, por ter pouca participação na dinâmica do contrato.

---

[234] BRASIL. Conselho Administrativo de Defesa Econômica. *Requerimento 08700.007946/2014-25*.
[235] Parecer nº 148/2015/UCD/PFE-CADE-CADE/PGF/AGU, constante do Requerimento CADE nº 08700.007946/2014-25, p. 27-29.

2.3.5.3 Remuneração por honorários e valores definidos segundo normas de autorregulação

Também no caso da remuneração por honorários, os patamares são previstos em normas de autorregulação, de 5% ou 15%, conforme as tarefas exercidas pelas agências. Na prática, como apontado em tabela presente em âmbito federal, os valores variam entre 0 e 5%.

Apesar dessa maior variação, sem um tabelamento, o fato é que não há uma efetiva escolha dos preços praticados, sendo a negociação apenas marginal, segundo margens estreitas.

Mais do que isso, como apontado, pressionar as margens de remunerações da agência junto a seus fornecedores pode ter justamente o efeito contrário ao pretendido: levar a uma aproximação agência e fornecedor, em prejuízo dos interesses da Administração Pública contratante. Nesse sentido, os BVs de produção são um exemplo de remuneração paralela não admitido pela legislação.

2.3.5.4 Manutenção de um modelo de agência de publicidade *full service* e uma forma de contratação específica

Como já apontado, o art. 4º da Lei nº 12.232/2010, ao admitir que apenas agências certificadas pelo CENP possam ser contratadas pela Administração, estabeleceu um modelo específico de contratação de agências de publicidade, o *full service*, remunerada essencialmente por desconto-padrão.

Isso significa que a agência deverá prestar todos os serviços da concepção até a distribuição, passando pela execução.

Para sustentar esse modelo, é necessária a manutenção também de um modelo específico de remuneração, em prejuízo de outras formas de remuneração e organização setorial.

2.3.5.5 Dificuldade de adotar um modelo de remuneração associado a diversos agentes

Sob outro ângulo, a remuneração praticada opõe os interesses de uma complexa cadeia de fornecedores.

Evidente que todo tipo de contratação geralmente envolve uma cadeia de fornecedores, com interesses opostos, mas aqui a remuneração associada a percentuais de serviços alheios significa que, em muitos casos, o lucro de uma empresa só pode ser alcançado mediante o prejuízo da outra.

As contratações administrativas de publicidade, ainda que sejam formalizadas apenas com a agência de publicidade, no atual modelo, dependem dos veículos e dos fornecedores, conforme o tipo de remuneração, trazendo uma complexidade desmesurada aos relacionamentos.

Essa complexidade significa a constante confusão entre quem é o agente e quem é o principal de cada relação.

Sem entrar na capitulação penal das condutas ou buscar um aprofundamento a respeito da Operação Lava-jato, tarefa dos penalistas e penal processualistas, é possível ao menos entender riscos envolvendo as relações existentes entre agências de publicidade contratadas, seus fornecedores e agentes políticos, a partir de caso da Operação Lava-Jato.

Segundo a sentença, por ora mantida no que nos interessa na segunda instância e também no Superior Tribunal de Justiça, teria restado provado que diretor de agência de publicidade contratada pela Administração Pública utilizou-se dos valores advindos de BV de produção, obtidos junto a fornecedores, para pagar vantagem indevida a político capaz de influenciar na contratação da própria agência pela Administração.

Esquematicamente pode ser mais fácil visualizar, revisitando figura anterior:

Figura 9 – Desvio de recursos de BV de produção

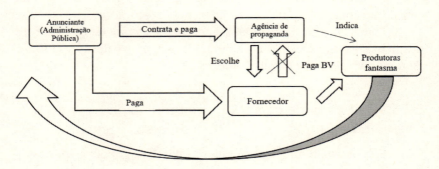

Fonte: elaboração própria.

Como se percebe, o BV de produção, eventualmente pago pela produtora para a agência de propaganda, foi pago para duas produtoras-fantasma, indicada pela agência. Tais produtoras pertenciam a político, então Vice-Presidente da Câmara dos Deputados, bem como a seu irmão, e os valores teriam servido como troca para garantir a contratação da agência de publicidade pela Administração Pública.

Evidente que esse é um caso que foge à regra da prestação adequada do serviço. A ideia aqui, porém, é que a forma como o setor publicitário conforma-se atualmente deixa espaço para um acerto do tipo, retroalimentando o cenário. Principalmente em um cenário de insegurança jurídica, em que o BV de produção é pouco entendido, e não está previsto na legislação nem para condenar nem para admiti-lo. Também nos Estados Unidos, o risco já teria sido identificado também.[236]

A sentença traz alguns aspectos das contratações de publicidade, como a subcontratação, examinada adiante. Por ora, destaque para o fato de que o BV de produção se conformaria na prática de fornecedores pagarem 10% de todas suas contratações para a agência que os indica.[237] Em outras palavras, no BV de produção, o pagamento não advém do volume de diversos contratos ao longo do tempo, mas de um valor considerável dentro da mesma contratação. Por exemplo, a cada R$1 milhão de serviços indicados à produtora, a agência recebe R$100 mil de volta.

Nesse caso em específico, ainda haveria a questão de as produtoras emitirem notas fiscais em nome de outras empresas que não lhe prestaram qualquer serviço, e que sequer existiam efetivamente, apenas por orientação da agência de publicidade (§§187 e 189).

A sentença também deixa entrever que os BVs de produção hoje são práticas rejeitadas pelas agências, em especial as com sede no exterior, mas que, apesar disso, o dinheiro é separado por algumas produtoras, que os oferecem à agência e, eventualmente, acabam desviados para fins escusos (§§239/243).

Por falta de amparo legal ou previsão nas Normas de Autorregulação do CENP, entende-se que tal prática é indevida, afeta as decisões tomadas pela agência e constitui uma vantagem, essa sim, que deveria reverter ao anunciante, no caso, a Administração Pública, eis que o preço final acaba por ser menor do que aquele exigido. Cabe lembrar, como

---

[236] K2 INTELLIGENCE, *op. cit.*, p. 20, diagrama B.
[237] BRASIL. Justiça Federal. 13ª Vara Federal de Curitiba. *Ação Penal nº 5023121-47.2015.4.04.7000*, PR, j. Sérgio F. Moro, dj. 22 nov. 2015., §§181 e 182.

já apontado, que a interpretação do BV como uma comissão havia sido aventada pelo STF também no âmbito do julgamento do Mensalão, como uma remuneração repetida para a agência, além daquela que já recebe da Administração Pública.

2.4 Soluções previstas na legislação e no modelo de contrato

É evidente o avanço havido em torno dos contratos administrativos de publicidade nos últimos anos. Também impulsionado pelo controle, o fortalecimento do cenário normativo promoveu a mais adequada definição do objeto a ser contratado, bem como um maior cuidado nas decisões que envolvem a veiculação, com a previsão de critérios técnicos, um cadastro de veículos (o Midiacad), o estabelecimento de um comitê para negociação do preço da mídia e a verificação de veiculação, além de um procedimento para a seleção de fornecedores, resultando em um cenário legal com muito mais segurança jurídica que antes.

É de se lembrar ainda que o cenário é uma resposta para um serviço que conta com especificidades, na organização, na forma de prestação, diferente de obras e serviços de engenharia, por exemplo. Assim, tais respostas têm sido uma forma de equilibrar a maior imprevisibilidade e a dificuldade de precificação com os deveres usualmente associados às contratações públicas, de forma mais simples e possível de ser controlada.

Assim como apontado quanto aos problemas que, apesar dos riscos, nem sempre se materializam, ao contrário, apenas em casos específicos, tampouco é de se imaginar que todas as soluções sejam específicas das contratações administrativas ou que tenham surgido recentemente.

2.4.1 Soluções quanto à assimetria de informação

Considerados os problemas relativos à assimetria de informação e à incerteza de como as indicações de veiculação e as decisões são sugeridas e tomadas, atuou-se de forma a prever um procedimento (a elaboração de um plano de mídia), segundo critérios técnicos definidos, com definição da parte que deve tomar a decisão, associada a um dever de transparência.

2.4.1.1 Elaboração de um plano de mídia para a veiculação da publicidade

A definição de qual(is) veículo(s) serão utilizados para comunicar determinada campanha depende de um instrumento denominado "plano de mídia", definido no art. 3º da IN Secom nº 3/2018,

> Art. 3º. Para fins desta Instrução Normativa, considera-se: (...)
>
> XXV – plano de mídia: documento composto por planilhas de programação de inserções, onde deverá constar o detalhamento dos custos das tabelas dos veículos, constantes do cadastro de veículos de divulgação – Midiacad, negociações, custos negociados, formatos, períodos de veiculação, quantidade de inserções, nomes de programas, faixas horárias, custos relativos a CPM, CPP, CPC etc., o percentual de investimentos por veículo entre outros, bem como os dados referentes a audiência, tiragem ou circulação, além dos somatórios dos investimentos por meios.

O resultado é uma série de documentos bastante detalhados, indicando datas da veiculação, periodicidade e valores pagos, para cada veículo e horário, sendo que, a depender da campanha, é possível alcançar milhares de veículos programados. Em visão panorâmica:

Figura 10 – Modelo Plano de Mídia – Cronograma de veiculação

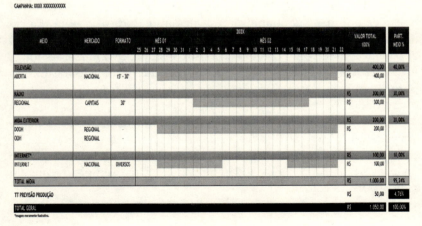

Fonte: Secom.

Além dessa espécie de cronograma de veiculação, cada meio conta com planos de mídia específicos. Um exemplo, ilegível até, mas que sinaliza a complexidade envolvida, é:

Figura 11 – Modelo plano de mídia – Programação –
TV aberta nacional

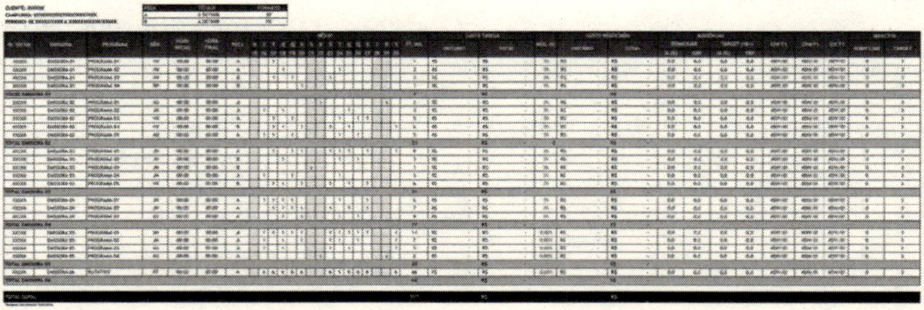

Fonte: Secom.

A legislação ainda prevê que constem objetivos, estratégia com definição de meios, acompanhadas de estudos e dados técnicos e tática, com a apresentação detalhada (segundo art. 17, II da IN nº 2/2018). Segundo a definição dos publicitários, o objetivo deve apontar se acaso se trata do lançamento de um produto, de continuidade, de resolver questões pontuais, enquanto na estratégia justifica-se a importância de cada meio, a partir de conhecimento profundo do profissional envolvido, em relação às preferências do consumidor, hábitos, assuntos, formadores de opinião, enquanto na tática indica-se o melhor caminho para a solução da questão, com indicações de frequências, dias, quantidade, etc.[238]

Uma vez aprovado o plano de mídia, ele vai resultar efetivamente em pedidos de inserção (PIs, no jargão do setor) enviados a cada veículo, em que o cliente acerta a veiculação da publicidade em cada espaço e o valor (art. 3º, XXIV da IN Secom nº 3/2018). Um exemplo, fornecido pela própria Secom, é:

---

[238] SANT'ANNA, *op. cit.*, p. 220 e ss e p. 270 e ss.

Figura 12 – Modelo pedido de inserção

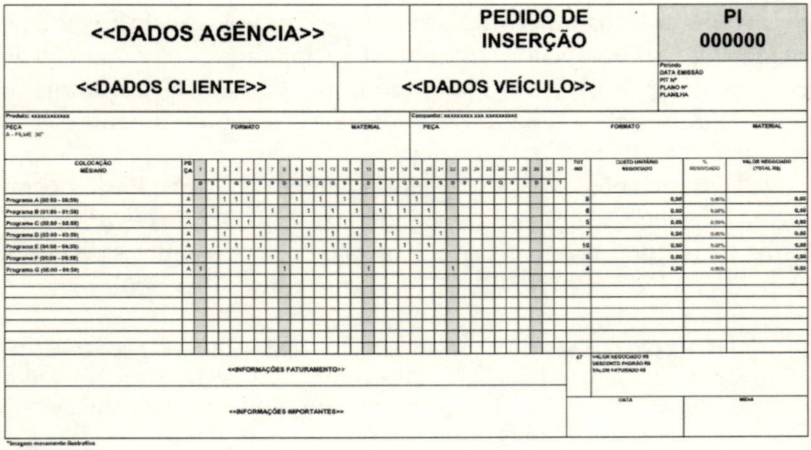

[Tabela: Modelo de pedido de inserção com campos <<DADOS AGÊNCIA>>, <<DADOS CLIENTE>>, PEDIDO DE INSERÇÃO, <<DADOS VEÍCULO>>, PI 000000, e colunas para programas, colocação, custo unitário, % negociado e valor negociado]

Fonte: Secom.

A elaboração do plano de mídia é um desafio, justamente por opor os interesses entre os envolvidos, exigindo que haja a realização de pesquisas e um trabalho em conjunto entre as partes, inclusive no setor privado.[239]

Ainda assim, a previsão de sua elaboração ajuda a conferir uma visualização adequada de qual a veiculação adotada e sua proporcionalidade.

2.4.1.1.1 Observância de critérios técnicos

A elaboração do plano de mídia depende de objetivos e de critérios técnicos, segundo a legislação. O planejamento de mídia é tido como complexo justamente por envolver diversas variáveis e consiste em definir o público-alvo, objetivos, escolher veículos e efetivamente comprar o espaço.[240]

---

[239] O profissional de mídia continua no centro do negócio. *CENP em Revista*, ano 15, n. 59, p. 13, jun./jul./ago. 2019.

[240] FREUNDT, Valéria Leal Marinho de Andrade. *Métricas de avaliação de comunicação de marketing off-line e online*: um estudo sobre o setor de bancos. 2012, 237 f. Tese (Doutorado em Ciências). Faculdade de Economia, Administração e Contabilidade, Universidade de São Paulo, São Paulo, 2012. p. 86.

Quanto aos objetivos, o Decreto nº 6.555/2008, no seu art. 2º, prevê diretrizes para as ações de comunicação, desde "afirmação dos valores e princípios da Constituição", passando por "preservação da identidade nacional" e "observância da eficiência e racionalidade na aplicação de recursos públicos" até um parágrafo único que autoriza o Ministro competente a estabelecer diretrizes adicionais, o que atualmente ocorre em especial na IN nº 2/2018, da Secom.

Diante de objetivos amplos, foram desenvolvidos critérios técnicos, que devem ser observados segundo o art. 18, §2º da Lei nº 12.232/2010 e o art. 6º do Decreto nº 6.555/2008. São exemplos aqueles previstos no art. 10 da IN Secom nº 2/2018, conforme o meio de veiculação:

> Art. 10. Nos casos de compras avulsas de tempos e/ou espaços publicitários, em campanhas ou ações de oportunidade, deverão ser observados os seguintes critérios de planejamento e seleção dos veículos de comunicação e divulgação, por meio:
>
> I – Televisão:
>
> a) índices de audiência e afinidade, conforme pesquisa e dados técnicos de mercado. Nos casos em que a praça de veiculação não possua pesquisa de audiência, utilizar índices de audiência do mercado nacional ou de mercados similares;
>
> b) avaliação de perfil, segmento, cobertura e demais características de cada emissora; e
>
> c) pesquisas de audiências realizadas há no máximo seis meses, por instituto reconhecido nacionalmente, junto ao público-alvo e no mercado onde será veiculada a ação.
>
> (...)

Basicamente, nesses critérios há uma preocupação com os níveis de audiência e adequação conforme o público-alvo da mensagem. Tais critérios demandam a realização de pesquisas, definições do que a campanha deve alcançar e são típicos da publicidade, por meio da defesa de uma mídia técnica.[241]

A preocupação é importante, sendo necessário que a Administração Pública e a agência de publicidade atuem de forma justificada, segundo critérios definidos.[242] A concepção encontra resistência no já apontado exagero da criatividade presente na publicidade,

---

[241] SANT'ANNA adota critérios técnicos, explicando critérios utilizados, p. 245 e ss.
[242] JUSTEN-FILHO, *Comentários à Lei de Contratos de Publicidade da Administração*: Lei nº 12.232/2010. Belo Horizonte: Fórum, 2020. p. 429.

que dispensaria dados, em nome da genialidade,[243] bem como na intervenção nem sempre adequada da Administração Pública: em 2010, matéria investigava a correlação entre o aumento de veiculações e a programação de mais veículos em período próximo ao eleitoral.[244]

No entanto, apenas citar os critérios técnicos e a necessidade de fundamentação é insuficiente. Primeiro, os critérios não são isentos de dúvidas. Dentre eles há previsões como perfil editorial e comportamental, perfil do público-alvo, presentes no citado art. 10, que vão além da audiência, e contam com algum grau de imprecisão. Além disso, as pesquisas, principalmente nos meios tradicionais, poderiam ser questionadas, segundo Agra.[245]

Segundo, mesmo em um cenário de critérios técnicos claros e dados precisos, é de se considerar alguma disputa na sua aplicação, considerando a variedade e ainda os objetivos e as diretrizes extremamente amplos previstos na legislação. Um dado pode justificar a programação do veículo x segundo um critério técnico a, enquanto outro justifica o veículo y, segundo um critério técnico b.

Terceiro, a realidade revela uma limitação de dados disponíveis. As agências, ao serem certificadas pelo CENP, têm acesso a vários dados e pesquisas. No entanto, Brasil afora, os dados vão ficando mais escassos, pelos custos envolvidos e pouca atratividade comercial dos veículos,[246] o que resulta o risco de se anunciar em veículos que sequer existem.[247] As próprias agências contratadas muitas vezes admitem as dificuldades em realizar uma campanha de nível nacional, conhecer veículos locais, identificando seus pontos fortes e fracos, havendo um incentivo para a concentração.[248] A ausência de pesquisa, no entanto, não necessariamente significa sua inadequação, e a legislação prevê que, se indisponíveis os dados, deverá ser priorizada uma programação

---

[243] Pesquisa de mídia. *CENP em Revista*, ano 12, n. 47, p. 27-30, jun. 2016.
[244] COSTA, Breno *et al.* Propaganda oficial dobrou na eleição. *Folha de São Paulo*. Brasília, 9 maio 2011. Disponível em: <https://www1.folha.uol.com.br/fsp/poder/po0905201104.htm>. Acesso em: 2 abr. 2022.
[245] AGRA, *op. cit.*, p. 1170-1171.
[246] Como explica KITA, *op. cit.*, p. 265. E também: Painel do Tribunal de Contas da União debate critérios para publicidade. *CENP em Revista*, ano 16, n. 64, p. 9-10, ago. 2020. Sobre os custos: A pesquisa de mídia e os profissionais de insights. *CENP em Revista*, ano 9, n. 36, p. 28, set. 2013. Pesquisa de mídia. *CENP em Revista*, ano 12, n. 47, p. 31, jun. 2016.
[247] COLON, Breno Costa Leandro *et al.* Presidência destinou verba a jornais que não existem. *Folha de São Paulo*, 11 nov. 2012. Disponível em: <https://www1.folha.uol.com.br/fsp/poder/77444-presidencia-destinou-verba-a-jornais-que-nao-existem.shtml>. Acesso em: 2 abr. 2022.
[248] FREDDO, *op. cit.*, p. 311-312. No mesmo sentido, a oitiva do publicitário, Sr. Luis Lara no caso CENP, fl. 5027.

abrangente, com justificativa técnica para a escolha de veículos com audiência não auditada (art. 10, §§2º e 3º da IN Secom nº 2/2018).

Alguns casos ajudam a entender esse cenário.

O primeiro caso, mais famoso e que ajudou a moldar a legislação, envolve a regionalização da mídia. Trata-se de objetivo extraído das diretrizes do Decreto nº 6.555/2008, cujo art. 2º prevê "a valorização dos elementos simbólicos da cultura nacional e regional" (inciso VI) e, especialmente, a "valorização de estratégias de comunicação regionalizada" (inciso X). Tais diretrizes produziram uma política de regionalização da mídia que se traduziu no aumento exponencial de veículos cadastrados: entre 2003 e 2017, esse número passou de cerca de 500 para 13.000, sendo pouco mais de 4 mil veículos programados.[249]

Como resposta, de um lado, surgiram denúncias de suposta utilização de veículos inexistentes. De outro lado, a expansão da publicidade governamental, inclusive com a utilização de meios digitais, levou a recorrentes acusações de veículos escolhidos a partir de critérios ideológicos, por afinidade com políticas públicas desenvolvidas pelo Governo Federal e cobertura favorável.[250] O resultado foi a progressiva definição de critérios técnicos nas Instruções Normativas da Secom, inclusive a partir de determinação do TCU para a edição de "regras objetivas, transparentes e impessoais"[251] – em mais uma decisão legalista do TCU, que pretendeu cuidar de uma situação complexa com regras estritas. Diante desse cenário, os critérios técnicos ganharam projeção também na mídia.[252]

---

[249] Cf. BRASIL. SECOM. Secretaria Especial de Comunicação Social. *Relatório de Gestão do exercício de 2017*. Brasília, 2018. E também: BRASIL. SECOM. Secretaria Especial de Comunicação Social. *Evolução do Cadastro de Veículos por Meio*. Disponível em: <http://antigo.secom.gov.br/atuacao/midia/1.jpg/view>. Acesso em: 3 abr. 2022.

[250] MURAD, Fernando. Regionalização: um caminho sem volta. *Meio & Mensagem*, 29 maio 2012.
Disponível: <http://www.meioemensagem.com.br/home/comunicacao/2012/05/29/regionalizacao-um-caminho-sem-volta.html>. Acesso em: 2 abr. 2022. DAMÉ, Luiza. Verba de publicidade oficial para mídia alternativa só com mudança na lei. *O Globo*, Rio de Janeiro, 8 fev. 2014. Disponível em: <https://oglobo.globo.com/brasil/verba-de-publicidade-oficial-para-midia-alternativa-so-com-mudanca-na-lei-11548727 >. Acesso em: 2 abr. 2022. RODRIGUES, Fernando. Estatais defendem estratégia de publicidade em veículos alternativos. *Blog do Fernando Rodrigues*, 2 jul. 2015. Disponível em: <https://fernandorodrigues.blogosfera.uol.com.br/2015/07/02/estatais-defendem-estrategia-de-publicidade-em-veiculos-alternativos/>. Acesso em: 3 abr. 2022.

[251] BRASIL. Tribunal de Contas da União (TCU). *Acórdão 2.770/2014*, Plenário, relator Ministro Marcos Bemquerer, 15 out. 2014, item 9.1.1.

[252] RODRIGUES, Fernando. "Dados técnicos" justificam investir em mídia alternativa, diz Secom. *Blog do Fernando Rodrigues*, 2 jul. 2015. Disponível em: <https://fernandorodrigues.blogosfera.uol.com.br/2015/07/02/dados-tecnicos-justificam-investir-em-midia-alternativa-diz-secom/>. Acesso em: 3 abr. 2022.

O segundo caso, mais recente, envolve a proporcionalidade dos veículos programados. Além dos critérios técnicos propriamente considerados, a legislação ainda menciona uma proporcionalidade, com o dever de se observar um tratamento equânime aos veículos, conforme seu tamanho (art. 8º, I da IN nº 2/2018). Basicamente, isso significa evitar que um canal de televisão ou uma rádio com reduzido número de ouvintes receba milhões, enquanto os principais veículos do país são ignorados.

No entanto, de 2019 para cá, a maior emissora de televisão brasileira estaria sendo preterida por outros veículos.[253] É de se pensar em que medida seria possível utilizar as significativas verbas de publicidade do Governo Federal para promover uma pretensa (des)concentração da mídia brasileira. Ou em que medida uma política como essa esconderia retaliações a veículos críticos ao Governo Federal e ao chefe do Poder Executivo? Além disso, os critérios técnicos, ao serem associados apenas à audiência ou ao público-alvo, em uma interpretação estrita, podem suscitar uma atuação estática, que rejeita a utilização das verbas para outros objetivos.

Um terceiro caso envolve veículos que propagam notícias falsas. Os critérios técnicos de audiência e perfis parecem insuficientes para cuidar do conteúdo dos veículos. Recentemente, um critério que vem se delineando é a proibição de programação em veículos que estimulam notícias falsas.[254] Ao tratar da comunicação digital mais especificamente, a recente CPI das Fake news divulgou canais que vinham recebendo publicidade do Governo Federal.[255]

Por último, os mencionados critérios técnicos, por si só, também têm sido insuficientes para cuidar de casos de conflitos de interesses.[256]

---

[253] FABRINI, Fabio. Globo perde participação em verba oficial de publicidade sob Bolsonaro. *Folha de São Paulo*, Brasília, 12 nov. 2019. Disponível em: <https://www1.folha.uol.com.br/poder/2019/11/globo-perde-participacao-em-verba-oficial-de-publicidade-sob-bolsonaro.shtml>. Acesso em: 3 abr. 2022.

[254] MACHADO, Ralph *et al*. Proposta veda publicidade oficial em veículo que estimula notícia falsa. *Câmara dos Deputados*. 3 set. 2020. Disponível em: <https://www.camara.leg.br/noticias/683499-proposta-veda-publicidade-oficial-em-veiculo-que-estimula-noticia-falsa/>. Acesso em: 2 abr. 2022.

[255] KRÜGER, Ana *et al*. Governo veiculou mais de 2 milhões de anúncios em canais com conteúdo "inadequado", diz relatório de CPI. *Portal G1*, 3 jun. 2020. Disponível em: <https://g1.globo.com/politica/noticia/2020/06/03/anuncios-pagos-pelo-governo-foram-veiculados-em-mais-de-2-milhoes-de-canais-com-conteudo-inadequado.ghtml>. Acesso em: 2 abr. 2022.

[256] Contratos da Secom envolveriam conflitos de interesses. *Meio & Mensagem*, 15 jan. 2020. Disponível em: <https://www.meioemensagem.com.br/home/midia/2020/01/15/contratos-

Direcionar as verbas de publicidade para veículos pertencentes a deputados da base aliada, a familiares de ministros, secretários ou mesmo aos próprios, é questão que ainda demanda maior controle.

Assim, apesar de a observância de critérios técnicos ser uma solução valorosa, entende-se que uma solução ainda maior passa por fortalecer esse processo decisório e, mais profundamente, pensar em remunerações que não coloquem peso excessivo na veiculação da publicidade.

2.4.1.2 Atuação da agência apenas por ordem e conta do contratante (art. 4º da Lei nº 12.232/2010)

O cenário de assimetria informacional também é contornado pela definição de quem toma as decisões no âmbito do contrato. A agência contratada sugere uma lista para a Administração Pública anunciante, que examina e realiza pequenos ajustes. Tanto a legislação quanto o contrato (na cláusula 5.1.9) preveem que a agência apenas pode agir por ordem e conta do contratante, Administração Pública, caso em que está obrigada a obter autorização do cliente para reservar e comprar espaço na mídia. Assim, a interpretação mais usual da legislação é de que tal decisão cabe, no final das contas, ao anunciante, nos termos do art. 4º, §2º da Lei nº 12.232/2010:

> Art. 4º (...)
> §2º A agência contratada nos termos desta Lei só poderá reservar e comprar espaço ou tempo publicitário de veículos de divulgação, por conta e por ordem dos seus clientes, se previamente os identificar e tiver sido por eles expressamente autorizada.

Tal dinâmica antecede a Lei nº 12.232 e, em 2008, Nota Técnica da Secom já indicava essa conformação. Não caberia à agência escolher os veículos, mas realizar estudos, apresentados ao anunciante, que efetivamente elegeria os veículos para que a agência então os distribuísse, com base nos critérios técnicos.[257]

---

da-secom-envolveriam-conflitos-de-interesses.html>. Acesso em: 2 abr. 2022. E também: GADELHA, Igor. Fábio Faria e o desafio de não favorecer o sogro Silvio Santos. *CNN Brasil*, 18 jun. 2020. Disponível em: <https://www.cnnbrasil.com.br/politica/2020/06/18/fabio-faria-e-o-desafio-de-nao-favorecer-o-sogro-silvio-santos>. Acesso em: 2 abr. 2022.

[257] Nota Técnica nº 08/2008/DENOR/SGCN/SECOM-PR, p. 8.

Apesar de a agência atuar por ordem e conta do anunciante na compra de mídia, o próprio contrato aponta que isso não a exime das recomendações feitas à Administração (cláusula 5.1.9.1.1). Some-se a isso, do lado da agência, o mal-estar de eventualmente ter que distribuir publicidade para veículos não justificados por critérios ou estudos técnicos, por pedidos escusos da Administração Pública. Uma saída aqui seria lembrar que ninguém é obrigado a cumprir ordens ilegais, ou, ainda, exigir que o cliente deixe a opção registrada em e-mail encaminhado à agência.

A atual interpretação da Secom é que a negociação de espaço de mídia cabe ao agente público, que deve recorrer às contratadas quando necessário.[258]

Essa é a dinâmica que prevalece no setor publicitário como um todo. A agência atua como intermediária, e a decisão, em última análise, é do cliente. Alterar essa regra teria o risco de aumentar o risco das contratadas e ainda aprofundar os problemas porventura existentes, contratando agências de qualidade inferior.

2.4.1.3 Cadastramento de veículos: o Midiacad

Outro instrumento importante nessa tomada de decisões é o Midiacad, um cadastro de veículos mantido pela Secom. O Midiacad ajuda a organizar os veículos, comprovando sua existência (por meio de envio de um exemplar) e habilitando-os a serem programados.[259] No entanto, ainda se trata de cadastro simples, que não permite afirmar se o veículo tem uma abrangência e audiência adequadas e se deve ser escolhido para determinada campanha, e tampouco armazena dados da efetiva veiculação da publicidade.

A Portaria Secom nº 142/14 instituiu o Cadastro, que já era utilizado antes.[260] Como fica claro em seus artigos, trata-se de cadastro formal, que "não terá a função de aferir, avaliar, verificar e atestar a audiência e circulação dos veículos nele cadastros" (art. 1º, §2º).

---

[258] BRASIL. Presidência da República. Secretaria de Governo. Secretaria Especial de Comunicação Social. *Audiência Pública nº 1/2020*. Esclarecimentos às contribuições recebidas, p. 17-18. Disponível em: <http://antigo.secom.gov.br/acesso-a-informacao/licitacoes-e-contratos/arquivos-de-audiencias-publicas/esclarecimentosaud_publica_no-1-2020_definitivo_21-02-20x.pdf>. Acesso em: 3 abr. 2022.

[259] AGRA, *op. cit.*, 1162.

[260] BRASIL. Secretaria de Comunicação Social. *Relatório de Gestão do exercício de 2013*. Brasília, DF, 2014. p. 37. Disponível em: <https://www.gov.br/secom/pt-br/acesso-a-informacao/auditoria/relatoriodegestao2013.pdf>. Acesso em: 3 abr. 2022.

A Portaria ainda prevê requisitos técnicos de segurança para o armazenamento de informações (art. 2º) e garante seu sigilo, já que nem todas as informações contidas nele são públicas (art. 3º). O Anexo da Portaria é um Manual de cinco páginas que prevê atribuições dos envolvidos, por exemplo, profissionais de agências devem consultá-lo, de veículos devem mantê-lo atualizado etc. Também prevê informações necessárias para se ter acesso ao sistema e documentos, bem como informações que devem ser enviadas como CPF, nome completo, e-mail e endereço (itens 4.1.1 e 8.3). O Midiacad também é, hoje, condição necessária para o faturamento da veiculação, segundo a IN Secom nº 2/2018 (art. 32).

Sua origem parece remontar a acórdão do TCU. Uma preocupação revelada na auditoria do TCU na época do Mensalão foi quanto à efetiva veiculação das campanhas (determinações 9.1.3.6 e 9.1.4 do Acórdão nº 2.062/2006, mantidas pelo Acórdão nº 3.233/2010). Assim, no relatório de gestão da Secom, relativo a 2009, menciona-se pela primeira vez um banco de dados relativo aos veículos.[261] O que se repete no Manual de Procedimentos de Ações de Publicidade (Portaria nº 83/2011), com a formação e manutenção de um cadastro de veículos de divulgação (item 9.9). O Relatório de 2012 narra o lançamento do Midiacad, bem como o fato de que 1200 jornais foram inabilitados por não enviarem exemplares, comprovando sua circulação.[262]

Na versão mais recente de contrato colocado a audiência e consulta públicas para licitação, a Secom teve o cuidado de prever um prazo de 120 dias para o envio da documentação relativa à cobrança e ainda fazer constar no Midiacad eventuais veículos que não emitam nota fiscal no prazo adequado (cf. Cláusula 11 da minuta).

2.4.1.4 O dever de transparência dos valores gastos (art. 16 da Lei nº 12.232/2010)

A outra solução envolve a transparência do art. 16 da Lei nº 12.232/ 2010, que obriga a divulgação dos valores pagos a fornecedores, com

---

[261] BRASIL. Secretaria de Comunicação Social. *Relatório de Gestão do exercício de 2009*. Brasília, DF, 2010. p. 20.

[262] BRASIL. Secretaria de Comunicação Social. *Relatório de Gestão do exercício de 2012*. Brasília, DF, 2013. p. 83. Disponível em: https://www.gov.br/cidadania/pt-br/composicao/esporte/secretaria-nacional-de-futebol-e-defesa-dos-direitos-do-torcedor/arquivos/relatorios-e-certificados-de-auditoria/relatorio_de_gesto_exercicio_de_2012.pdf>. Acesso em: 3 abr. 2022.

todas as dificuldades de controle e processamento de informações já mencionados:

> Art. 16. As informações sobre a execução do contrato, com os nomes dos fornecedores de serviços especializados e veículos, serão divulgadas em sítio próprio aberto para o contrato na rede mundial de computadores, garantindo o livre acesso às informações por quaisquer interessados.
>
> Parágrafo único. As informações sobre valores pagos serão divulgadas pelos totais de cada tipo de serviço de fornecedores e de cada meio de divulgação.

Há uma dúvida, na doutrina, da extensão da previsão, se demandaria um site específico ou se poderia ser realizada por meio dos portais de transparência.[263] Também há dúvida em que medida eventual sigilo comercial seria combinado com a transparência, devendo haver a divulgação de dados por veículos e produtoras, separados, consolidados[264] ou ambos[265] e as sanções aplicáveis em caso de descumprimento. A solução hoje adotada no modelo de edital apenas reproduz a Lei, no item 15.6.

A partir de pesquisa realizada no site das entidades anunciantes, é possível perceber que, usualmente, divulga-se a relação dos veículos e fornecedores utilizados, e valores totais gastos com veiculação, segundo o meio ou com produção (caso da Agência Nacional de Saúde Suplementar, por exemplo).[266] Geralmente não há correlação entre os valores e os fornecedores, exceção feita ao BNDES que, muitas vezes, devido ao número reduzido de empresas envolvidas, permite apontar a correlação específica.[267] Tampouco há uma padronização de como a informação é divulgada, mas ela tende a ser suficientemente clara. Dois extremos ainda se verificam: várias entidades em que não foi possível encontrar a página específica (casos, por exemplo, do Instituto Federal Catarinense e do Instituto Federal de Goiás), ou mesmo dados

---

[263] FREDDO, *op. cit.*, p. 293 e ss.
[264] *Ibidem*, p. 296.
[265] KITA, *op. cit.*, p. 270.
[266] Execução do contrato nº 9/2019. Ano 2020. Janeiro a março. Disponível em: <http://www.ans.gov.br/images/stories/A_ANS/Transparencia_Institucional/Prestacao-de-Contas/publicidade/execucao-contrato-publicidade-2020.pdf>. Acesso em: 3 abr. 2022.
[267] BNDES. *Contratos de Publicidade*. Disponível em: <https://www.bndes.gov.br/wps/portal/site/home/transparencia/contratos-de-publicidade>. Acesso em: 3 abr. 2022.

recentes (caso das páginas, por exemplo, da Finep e de Furnas);[268] e, no caso da Universidade Federal da Grande Dourados, a divulgação de absolutamente todas as informações dificulta o entendimento.[269]

Assim, não parece haver correlação direta de quanto cada empresa recebeu, mas quanto foi gasto com cada serviço. Tal como se coloca, o dispositivo privilegia apenas em parte a transparência, não sendo possível identificar nem mesmo os casos mais absurdos, do veículo do interior do Brasil que recebe centenas de milhares de reais, da produtora fantasma que recebe para uma campanha ou do veículo que mesmo existente, não tem circulação suficiente para receber tais valores. Apresentar o valor total discriminado por veículo ou fornecedor específico garantiria maior transparência, sem descurar do sigilo comercial quanto ao valor cobrado em cada item.

Também causa preocupação que o Instituto para Acompanhamento da Publicidade (IAP) tenha sido descontinuado em 2017.[270] Mantido a partir de contribuições das agências contratadas pelo Governo Federal, ele consolidava os gastos com publicidade, a partir dos pedidos de inserção. Após sua extinção, o sistema específico, mas não as informações, teriam ficado com o CENP.[271]

Em evento realizado no segundo semestre de 2020, junto ao TCU, comentava-se a importância de registrar mais informações e justificativas no plano de mídia, com apontamentos e ajustes realizados.[272] Assim, para além da transparência do art. 16, deve-se consignar na maior extensão possível o que se busca com a programação dos veículos, diante dos diversos objetivos previstos na legislação, deixando claro de quem partiu a sugestão (agência ou Administração), e com base em quais motivos, indicando as pesquisas pertinentes.

---

[268] Financiadora de Estudos e Projetos. *Investimentos em Publicidade*. Disponível em: <http://www.finep.gov.br/transparencia-finep/gastos-com-publicidade>. Acesso em: 3 abr. 2022. No mesmo sentido: Furnas. *Execução contratual de publicidade*. Disponível em: <https://www.furnas.com.br/subsecao/88/execucao-contratual-de-publicidade>. Acesso em 3 abr. 2022.

[269] Universidade Federal da Grande Dourados. *Agência de Publicidade*. Disponível em: <https://portal.ufgd.edu.br/secao/contratacoes/agencia-de-publicidade>. Acesso em: 3 abr. 2022.

[270] BARBIERI, Luiz Felipe. Agências cortam verba e fecham órgão que mede gastos com publicidade estatal. *Poder 360*, 11 maio 2017. Disponível em: <https://www.poder360.com.br/midia/instituto-de-transparencia-da-publicidade-estatal-fecha-por-falta-de-verba/>. Acesso em: 2 abr. 2022.

[271] BARSOTTI, Caio. A utilidade pública do CENP. *CENP em Revista*. Ano 15, n. 58, p. 4, mar./abr./maio 2019.

[272] Painel do Tribunal de Contas da União debate critérios para publicidade. *CENP em Revista*, ano 16, n. 64, p. 8, ago. 2020.

No entanto, a grande questão, na prática, é lidar com um volume enorme de informações, conseguindo fortalecer o processo decisório envolvido. Segundo Relatório de Gestão de 2017, a Secom, ao longo do ano, teria analisado 1.242 planos e ações de mídia, totalizando investimentos publicitários da ordem de R$1,6 bilhão.[273]

Como premissa, deve-se lembrar da complexidade das campanhas, que contam com diversos veículos Brasil afora, com diversas características. Difícil imaginar que cada um dos 4.000 veículos programados ao longo de um ano tenham uma justificativa clara e específica para terem sido escolhidos ou que haja o controle de cada uma das inserções. Seria uma tarefa hercúlea justificar por que esse jornal específico? Por que R$5 mil? Por que a publicidade foi veiculada naquela parte do jornal, no primeiro caderno, em destaque, em folha inteira, no caderno de classificados etc.?

Além disso, é preciso também considerar a complexidade da legislação, a prever diversos critérios, objetivos, diretrizes para a comunicação a ser realizada, notadamente em decretos do Governo Federal e instruções normativas da Secom, de forma não taxativa. Apesar das disputas que possam advir, é importante a Administração deixar claro o que pretende com sua publicidade e que o controle possa interpretar essas escolhas, desde que devidamente justificadas.

Ainda assim, é fundamental que o dever de motivação seja cada vez mais fortalecido e divulgado para que, além dos modelos, seja possível verificar como isso ocorre na prática.

2.4.1.4.1 Outra transparência ainda não explorada: a comercial junto a veículos

Além disso, há outra transparência a ser ainda devidamente explorada: aquela envolvendo as relações comerciais entre agências e veículos de comunicação ou fornecedores.

Para ficar apenas em um exemplo, solução diversa é apresentada pela legislação francesa, a Lei Sapin – Anticorrupção,[274] expressa ao prever que a agência deve agir apenas em nome do anunciante, bem como qualquer vantagem deve constar na fatura entrega ao anunciante, podendo ficar com a agência-intermediária apenas no caso de ser

---

[273] BRASIL. SECOM. Secretaria Especial de Comunicação Social. *Relatório de Gestão do exercício de 2017*. Brasília, 2018, p. 85.
[274] *Loi nº 93-122 du 29 janvier 1993 relative à la prévention de la corruption et à la transparence de la vie économique et des procédures publiques*

expressamente previsto no contrato.[275] Além disso, qualquer mandatário ou prestador de serviços relacionado ao plano de mídia ou apoio ao espaço publicitário fica impedido de receber valores diretamente do veículo ou de quem venda o espaço.[276]

Seria o caso de a legislação brasileira, as normas de autorregulação, ou mesmo a interpretação cotidiana, adotar um dever de transparência similar ao presente no sistema francês, capaz de reconhecer o conflito de interesses e obrigando a indicá-lo.

2.4.2 Soluções quanto à possibilidade de a agência aumentar sua própria remuneração

Considerando o risco de a agência buscar aumentar sua própria remuneração, algumas soluções foram uma maior definição do objeto da contratação, o fortalecimento do planejamento, a definição de um procedimento para a seleção de fornecedores, a negociação centralizada do preço do espaço publicitário por um comitê e a proibição de a agência sobrepor seus interesses.

2.4.2.1 Definição do objeto da contratação de serviços de publicidade (art. 2º da Lei nº 12.232/2010)

Também a partir do caso do Mensalão, as determinações do TCU foram no sentido de uma maior definição do objeto (item 9.1.3, em especial), a partir da realização de estudos (item 9.10).

---

[275] *Article 20 Tout achat d'espace publicitaire, sur quelque support que ce soit, ou de prestation ayant pour objet l'édition ou la distribution d'imprimés publicitaires ne peut être réalisé par un intermédiaire que pour le compte d'un annonceur et dans le cadre d'un contrat écrit de mandat.*
Ce contrat fixe les conditions de la rémunération du mandataire en détaillant, s'il y a lieu, les diverses prestations qui seront effectuées dans le cadre de ce contrat de mandat et le montant de leur rémunération respective. Il mentionne également les autres prestations rendues par l'intermédiaire en dehors du contrat de mandat et le montant global de leur rémunération. Tout rabais ou avantage tarifaire de quelque nature que ce soit accordé par le vendeur doit figurer sur la facture délivrée à l'annonceur et ne peut être conservé en tout ou partie par l'intermédiaire qu'en vertu d'une stipulation expresse du contrat de mandat.
Même si les achats mentionnés au premier alinéa ne sont pas payés directement par l'annonceur au vendeur, la facture est communiquée directement par ce dernier à l'annonceur.

[276] *Article 21 Le mandataire mentionné au premier alinéa de l'article 20 ne peut ni recevoir d'autre paiement que celui qui lui est versé par son mandant pour la rémunération de l'exercice de son mandat ni aucune rémunération ou avantage quelconque de la part du vendeur.*
Article 22 Le prestataire qui fournit des services de conseil en plan média ou de préconisation de support d'espace publicitaire ne peut recevoir aucune rémunération ni avantage quelconque de la part du vendeur d'espace.

Tais estudos concluíram pela impossibilidade de dissociar os serviços prestados, mas, ao mesmo tempo, previram dois critérios, a partir da Lei nº 8.666 e seu dever de parcelamento (art. 23, §5º): os de serviços conexos e sinérgicos.[277] Para tanto, o objetivo foi equilibrar qualidade, eficiência, necessidade de conexão entre criação e produção e entre planejamento e execução. Isso resultou no art. 2º da Lei nº 12.232/2010:

> Art. 2º.Para fins desta Lei, considera-se serviços de publicidade o conjunto de atividades realizadas integradamente que tenham por objetivo o estudo, o planejamento, a conceituação, a concepção, a criação, a execução interna, a intermediação e a supervisão da execução externa e a distribuição de publicidade aos veículos e demais meios de divulgação, com o objetivo de promover a venda de bens ou serviços de qualquer natureza, difundir ideias ou informar o público em geral.
>
> §1º Nas contratações de serviços de publicidade, poderão ser incluídos como atividades complementares os serviços especializados pertinentes:
>
> I - ao planejamento e à execução de pesquisas e de outros instrumentos de avaliação e de geração de conhecimento sobre o mercado, o público-alvo, os meios de divulgação nos quais serão difundidas as peças e ações publicitárias ou sobre os resultados das campanhas realizadas, respeitado o disposto no art. 3º desta Lei;
>
> II - à produção e à execução técnica das peças e projetos publicitários criados;
>
> III - à criação e ao desenvolvimento de formas inovadoras de comunicação publicitária, em consonância com novas tecnologias, visando à expansão dos efeitos das mensagens e das ações publicitárias.
>
> §2º Os contratos de serviços de publicidade terão por objeto somente as atividades previstas no caput e no §1º deste artigo, vedada a inclusão de quaisquer outras atividades, em especial as de assessoria de imprensa, comunicação e relações públicas ou as que tenham por finalidade a realização de eventos festivos de qualquer natureza, as quais serão contratadas por meio de procedimentos licitatórios próprios, respeitado o disposto na legislação em vigor.

O artigo, assim, está estruturado em três núcleos. No primeiro, do *caput*, adota a definição de serviços de publicidade, como já vimos, baseado em uma concepção de agência *full service*. No segundo núcleo, do parágrafo primeiro, prevê atividades complementares, que

---

[277] O estudo, de 2007, pode ser encontrado no caso CENP, Processo Administrativo nº 08012.008602/2005-09, fl. 2638/2649.

podem ser contratadas pela agência junto a fornecedores – apesar do adjetivo "complementares", Freddo destaca que não se trata de serviços secundários ou dispensáveis, mas que estão presentes em todas as contratações de publicidade.[278] E, por fim, no terceiro núcleo, do parágrafo segundo, prevê atividades que não fazem parte dos serviços de publicidade, definição que conta com um quê de aleatório: historicamente, a profissão de jornalismo seria o centro em torno do qual agências cuidariam da propaganda, bem como da assessoria de imprensa, organização de eventos, sendo a especialização um processo recente.[279]

Portanto, ao prever uma definição de serviços de publicidade, com atividades que fazem, ou não, parte dela, atuou-se no sentido de diminuir a possibilidade de a agência contratar os mais variados serviços, remunerando-se pela sua intermediação.

2.4.2.2 O planejamento: Plano Anual de Comunicação e o Planejamento Anual de Mídia

Uma solução, aparentemente renegada, para o risco de a agência aumentar seus custos é o planejamento. Além do plano de mídia, cujo nome também indica sua natureza, em um horizonte mais expandido, a legislação prevê dois instrumentos: o Plano Anual de Comunicação e o Planejamento Anual de Mídia. Os planos também estão presentes em legislações de outros países, como Espanha e México[280] e, embora eventualmente lembrados pela doutrina,[281] ainda poderiam ser mais bem explorados e divulgados.

No já famoso Acórdão de 2006, o TCU determinou que o objeto da contratação fosse adequado ao Plano de Comunicação (determinação 9.1.3.1). Como já apontado no capítulo 1, essa determinação do TCU, como outras tantas, buscava trazer para a publicidade o mesmo grau de definição e previsibilidade dos serviços regidos pela Lei nº 8.666/1993, como se fosse haver um projeto básico e um planejamento específico

---

[278] FREDDO, *op. cit.*, p. 73.
[279] Um texto interessante sobre essas outras contratações de comunicação é: CARVALHO, Luiz Maklouf. O sujeito oculto. *Revista Piauí*, edição 111, dez. 2015. Disponível em: <https://noticiasdodireito.com/2015/12/07/o-sujeito-oculto/ >. Acesso em: 2 abr. 2022.
[280] Art. 12 da Lei Espanhola nº 29/2005, de 29 de dezembro, de Publicidade e Comunicação Institucional. E art. 25, em especial, da Lei Geral de Comunicação Social, do México.
[281] JUSTEN-FILHO, Comentários à Lei de Contratos de Publicidade da Administração: Lei nº 12.232/2010. Belo Horizonte: Fórum, 2020. p. 250.

de tudo a ser feito. Esse grau de previsibilidade não é possível, como já se vislumbrava no voto do relator, no pedido de reexame.[282] Ainda assim, é bem-vinda a preocupação com o planejamento das campanhas.

Obrigatórios às entidades do Sicom, segundo o art. 7º, III do Decreto nº 6.555/2008, é a Instrução Normativa nº 2/2018 que dá pistas sobre seu conteúdo:

> IN Secom nº 2/2018
>
> Art. 5º. Os órgãos e entidades do Sicom que executam as espécies de publicidade previstas nos incisos I, II e III do art. 3º desta Instrução Normativa deverão elaborar o Plano Anual de Comunicação e o Planejamento Anual de Mídia, observados os objetivos e as diretrizes dispostos nos arts. 1º e 2º do Decreto nº 6.555/2008 e no disposto nesta Instrução Normativa.
>
> §1º Os órgãos e entidades que possuem contratos vigentes com agências de propaganda deverão apresentar o Plano Anual de Comunicação e o Planejamento Anual de Mídia à Secom.
>
> §2º Na elaboração dos documentos previstos no parágrafo anterior, os órgãos e entidades deverão observar o padrão e as orientações editadas pela Secom.
>
> §3º O Planejamento Anual de Mídia deverá ser apresentado previamente ao início de cada exercício, com a previsão do investimento por meios e, quando possível, por veículos, e poderá ser atualizado junto à Secom sempre que houver alterações ou quando solicitado.
>
> §4º Para elaboração do Planejamento Anual de Mídia, os órgãos e entidades deverão valer-se de insumos técnicos adequados à sua estratégia de comunicação anual, tais como: pesquisa de hábitos de consumo de mídia da população; tendências de mercado do segmento do órgão ou entidade para atuação em mídia; características do público-alvo ou consumidores; análises de rentabilidade ou retorno de investimento em mídia; indicadores de resultado de ações publicitárias; mercados priorizados; concorrência mercadológica; entre outros.

Permanece a questão do que seriam o padrão e as orientações editados pela Secom, que tampouco parecem disponíveis em qualquer meio (art. 5º, §2º), enquanto o último parágrafo cita questões que devem estar presentes nos Planos, como pesquisas de hábitos, tendências, características do público, resultados de ações, mercados priorizados etc.

Em contato com a Secom, foi possível obter alguns modelos:

---

[282] BRASIL. Tribunal de Contas da União (TCU). *Acórdão 3.233/2010*, Plenário, relator Ministro Marcos Vilaça, dj. 1 dez. 2010, p. 107.

Figura 13 – Modelo Plano Anual de Comunicação (PAC)

Fonte: Secom.

Figura 14 – Modelo Planejamento Anual de Mídia

Orçamento Anual
Ano: 202X

Dados Básicos

Nome do Órgão: **XXXXX XX XXXXX**
Valor Total do Orçamento: **R$ XXX.XXX.XXX,XX**
(-) Valor Total Utilizado Avulso: **R$ XXX.XXX.XXX,XX**
(-) Valor Total Alocado Patrocínio/Projeto: **R$ XXX.XXX.XXX,XX**
(=) Valor Disponível Total: **R$ XXX.XXX.XXX,XXX**

Avulso	Planejado	Utilizado	Diferença
Institucional	R$ 0,00	R$ 0,00	R$ 0,00
Mercadológica	R$ 0,00	R$ 0,00	R$ 0,00
Utilidade Pública	R$ 0,00	R$ 0,00	R$ 0,00
Total	**R$ 0,00**	**R$ 0,00**	**R$ 0,00**

Patrocínio/ Projeto	Valor	Utilizado	Saldo
Aprovados	R$ 0,00	R$ 0,00	R$ 0,00
Em Trâmite	R$ 0,00	R$ 0,00	R$ 0,00
Fora do Prazo	R$ 0,00	R$ 0,00	R$ 0,00
Total	**R$ 0,00**	**R$ 0,00**	**R$ 0,00**

Não impactam no Orçamento	Valor
Avulsas	R$ 0,00
Patrocínio de Mídia/ Projeto de Mídia	R$ 0,00

*Imagem meramente ilustrativa

Fonte: Secom.

O primeiro modelo parece mais auspicioso, ao contar com indicações de quais campanhas serão realizadas ao longo do ano, por exemplo, com definição de campanhas de vacinação, época, metas, campanhas durante época de enchentes etc. Ainda que não venham a se realizar, é interessante que haja essa definição desde o início do ano, balizando a atuação das contratadas e sua criatividade. O segundo modelo, como se vê, parece restrito a questões orçamentárias e à liberação de recursos.

Lamenta-se que tais planos não sejam encontrados nas páginas das entidades anunciantes.

2.4.2.3 O procedimento para seleção de fornecedores (art. 14 da Lei nº 12.232/2010)

Outra solução prevista para mitigar o risco de a agência aumentar sua própria remuneração é a definição de procedimentos para seleção de fornecedores, conforme previsão do art. 14 da Lei nº 12.232/2010:

> Art. 14 Somente pessoas físicas ou jurídicas previamente cadastradas pelo contratante poderão fornecer ao contratado bens ou serviços especializados relacionados com as atividades complementares da execução do objeto do contrato, nos termos do §1º do art. 2º desta Lei.
>
> §1º O fornecimento de bens ou serviços especializados na conformidade do previsto no caput deste artigo exigirá sempre a apresentação pelo contratado ao contratante de 3 (três) orçamentos obtidos entre pessoas que atuem no mercado do ramo do fornecimento pretendido.
>
> §2º No caso do §1º deste artigo, o contratado procederá à coleta de orçamentos de fornecedores em envelopes fechados, que serão abertos em sessão pública, convocada e realizada sob fiscalização do contratante, sempre que o fornecimento de bens ou serviços tiver valor superior a 0,5% (cinco décimos por cento) do valor global do contrato.
>
> §3º O fornecimento de bens ou serviços de valor igual ou inferior a 20% (vinte por cento) do limite previsto na alínea a do inciso II do art. 23 da Lei nº 8.666, de 21 de junho de 1993, está dispensado do procedimento previsto no §2º deste artigo.

Cabe apontar aí uma "remuneração escondida" dos contratos de publicidade, eis que a agência atua apenas como intermediária, selecionando os fornecedores, cabendo à Administração pagar os custos com fornecedores. A medida é entrevista na legislação, que apenas prevê a busca de orçamentos, a serem apresentados ao cliente, mas não os pagamentos. Nas Normas-Padrão, fica expresso que serviços e suprimentos, que não sejam prestados internamente pela agência, deverão ter os custos cobertos pelo cliente (item 3.6). Segundo dados ainda de 2014, a Secom, unicamente, por meio de seus três contratos, teria realizado 60 campanhas publicitárias, com 908 serviços prestados por fornecedores (não-inclusa mídia), totalizando R$28 milhões que, após negociação, ficaram em R$24 milhões.[283]

Assim, a agência seleciona e indica os fornecedores, recebe a anuência da Administração e só em seguida recebe os valores junto à Administração e repassa-os aos fornecedores, segundo os termos do contrato (cláusula 11.10). Segundo explicava a Secom em 2008, por meio da Nota Técnica nº 08/2008/DENOR/SGCN/SECOM-PR, a escolha dos meios e veículos deveria ocorrer após a criação, mas ainda anteriormente à produção da campanha, de forma a privilegiar a eficiência e a correta contratação de profissionais, como atores etc. A liquidação de despesas apenas acontece após a apresentação exemplar original ou relatório de checagem, a depender do meio, cf. cláusula 11.5 e consulta quanto à regularidade da empresa junto aos cadastros e certidões habituais, cf. cláusula 11.6. Também a Nota Técnica nº 4/2012/DENOR/SGCN/SECOM-PR prevê o procedimento para reembolso de despesas com fornecedores.

A seleção e a contratação dos fornecedores ocorrem a partir de um cadastro específico. Trata-se do SIREF, previsto, por exemplo, na cláusula 5.1.7 do contrato. Na doutrina, Freddo destaca sua importância e como o regime de direito público impõe tais obrigações no processo de seleção de fornecedores.[284] Segundo Agra, a existência do SIREF tende a evitar questões de seleção adversa, com contratações indevidas, por preços inadequados. No entanto, o procedimento pode não ser seguido em casos de urgência, bem como não está imune a desvios.[285] Apesar de a legislação mencionar a necessidade de o cadastro ser prévio, Justen Filho defende que o cadastro possa se dar conforme a necessidade da contratação.[286]

Além disso, o procedimento é definido conforme o valor envolvido. Em regra é exigida a apresentação de três orçamentos, sendo a

---

[283] BRASIL. SECOM. *Relatório de Gestão do exercício de 2014*. Brasília, DF, 2015, p. 121-122.
[284] FREDDO, *op. cit.*, p. 263 e 268.
[285] AGRA, *op. cit.*, p. 1157.
[286] JUSTEN-FILHO, *Comentários à Lei de Contratos de Publicidade da Administração*: Lei nº 12.232/2010. Belo Horizonte: Fórum, 2020. p. 406.

realização de sessão pública para a coleta desses necessária apenas em casos cuja contratação supere 0,5% do valor global do contrato – exceto se esse 0,5% representar menos que 20% do limite previsto na Lei nº 8.666/93, em seu art. 23, II, a. Com a nova Lei nº 14.133/2021 e sua sistemática diversa, é de se pensar como ficará tal remissão: uma possibilidade é que o procedimento seja dispensado apenas segundo a regra geral de dispensa, prevista no art. 75, II, em R$50.000,00 (cinquenta mil reais) – o que representaria um prejuízo e mais burocracia, eis que os 20% da regra atual representam R$66.000,00 (sessenta e seis mil reais).

Segundo a Nota Técnica nº 09/2010/DENOR/SGCN/SECOM, poderão ser apresentados mais de três orçamentos, em homenagem à ampla participação e disputa devidas, mas também poderão ser apresentados menos de três orçamentos, quando a competição se revelar inviável, nos termos do art. 25 da Lei nº 8.666/1993 (mantido no art. 74 da nova Lei nº 14.133/21), devidamente justificado.[287]

Na doutrina, também há uma disputa se a seleção conta apenas com o critério de preço ou se também pode considerar a técnica nessa seleção de fornecedores.[288] Na prática, é possível encontrar casos em que os orçamentos são combinados com um critério técnico de seleção, como os exemplos do Tribunal Superior Eleitoral (TSE) revelam, com critérios como experiência com produção audiovisual em campanha de veiculação nacional, dentre outros.[289]

De fato, é a opção mais acertada, desde que observada a adequada competitividade da sessão pública. Ainda que a legislação tenha se concentrado na questão dos valores, seria uma opção míope ignorar a técnica envolvida, considerando a natureza dos serviços de publicidade. Além disso, a seleção apenas por preço pode trazer problemas de qualidade para as contratações realizadas. A solução do art. 14 interpretada de forma estrita significa replicar um modelo de Lei nº 8.666 (mantido na Lei nº 14.133), com disputas por menor preço. Com isso, a agência não contrata a produtora que vai prestar um bom serviço ou que tem intimidade com seu modo de pensar, mas acaba sendo obrigada a contratar aquela que oferecer o menor preço.

Segundo a minuta de contrato utilizada como modelo, a seleção de fornecedores também está sujeita a uma verificação sobre conflitos

---

[287] Cf. explica KITA, *op. cit.*, p. 249.
[288] JUSTEN-FILHO, *op. cit.*, p. 410 e ss.
[289] BRASIL. Tribunal Superior Eleitoral. *Edital de Sessão Pública TSE nº 9/2020*. Brasília, set. 2020. Disponível em: <https://www.tse.jus.br/transparencia-e-prestacao-de-contas/licitacoes-e-contratos/contratos/contratos-de-publicidade>. Acesso em: 3 abr. 2022.

de interesses (cf. 5.1.8.1). Fornecedores vinculados à agência ou com sócios em comum não poderão ser cotados.

As soluções passam por questões identificadas pelo Tribunal de Contas da União ainda em 2006, com a não apresentação de orçamentos ou a apresentação de propostas insubsistentes, o que teria gerado determinações para maior cuidado nesses procedimentos (item 9.1.3.6.3).

Por último, nessa seleção de fornecedores, vale lembrar que a agência também desempenha um papel de acompanhamento e coordenação, não se esgotando na coleta de orçamentos ou sua indicação. Por exemplo, o modelo de edital prevê a obrigação de "orientar a produção e a impressão das peças gráficas" (cláusula 5.1.15).

2.4.2.4 Negociação de espaço publicitário centralizada na Administração Pública: o Comitê de Negociação de Mídia

Também atento ao risco de a agência aumentar sua remuneração em razão da veiculação indicada,[290] em âmbito federal desenvolveu-se um Comitê de Negociação de Mídia. Para entender seu funcionamento, é fundamental entender como a Administração Pública Federal adquire espaço publicitário. O contrato prevê como obrigação da agência obter as melhores condições junto aos veículos (cláusula 5.1.5). No entanto, tal obrigação pouco explica da realidade do contrato.

Segundo a IN Secom nº 2/18, art. 4º, a compra de mídia pode ocorrer de três maneiras. De maneira avulsa, para uma comunicação específica. Por volume, diante de um planejamento maior, para ser utilizado em determinado período e com vistas a obter melhores condições para a Administração. Ou ainda por projeto de mídia, quando se deseja anunciar em um evento específico. Além disso, também é comum, não só no Brasil, que veículos eventualmente cedam horários pouco atrativos da madrugada, que não conseguem ser comercializados, para campanhas de utilidade pública. Segundo Relatório de Gestão da Secom, sobre o exercício de 2017, ao longo do ano teriam sido gerados 19 filmes, veiculados em 18 redes, como mídia gratuita, dentre eles

---

[290] Conforme apontava o então Secretário José Vicentine, em 2012. BRASIL. Conselho Administrativo de Defesa Econômica. *Processo Administrativo 08012.008602/2005-09*, fl. 5060.

campanhas para o Dia Internacional das Mulheres, Imposto de Renda, Alistamento Militar e Vestibular ITA.[291]

Para operacionalizar essas compras de espaço, desde 2003 existe o Comitê de Negociação de Mídia, criado por iniciativa do então ministro Luiz Gushiken, como uma mesa de negociação. Na época, havia a clareza de que é importante conseguir condições mais vantajosas, embora não seja possível licitar o veículo por menor preço, caso em que o espaço de uma TV de grande audiência ou de um jornal de grande circulação jamais seriam contratados.[292]

Assim, tal Comitê busca condições mais vantajosas para a Administração Federal. Coordenado pela Secom, cabe ao Comitê negociar as condições mínimas para compra avulsa de espaço, segundo o art. 9º da IN Secom nº 2/2018.[293] Também consta que o Comitê tem sido responsável por descontos consideráveis.[294]

Além da negociação em si, o Comitê também teria desenvolvido um trabalho para controlar a evolução dos preços dos veículos, da audiência em cada um, com estudos comparativos.[295] Outro elemento que auxiliaria nesse trabalho é o registro de preços dos veículos, mantido pelo CENP, o já referido BUP.[296] Isso decorre em parte do art. 11 da Lei nº 4.680/65, que obriga os veículos a divulgarem o preço de seu espaço publicitário. Além disso, o registro e o monitoramento de preços ainda seria uma maneira indireta de comprovar a existência dos veículos.[297]

Para além dos descontos em si, o Comitê teria promovido uma maior aproximação com os veículos, melhorando o desempenho da comunicação de forma ampla.[298]

---

[291] Cf. BRASIL. SECOM. *Relatório de Gestão do exercício de 2017*. Brasília, 2018, p. 85.
[292] Cf. BRASIL. Conselho Administrativo de Defesa Econômica. *Processo Administrativo 08012.008602/2005-09, fl. 5050*.
[293] Cf também explica KITA, *op. cit.*, p. 263.
[294] Economia estimada em 28% nas compras avulsas cf. Nota Técnica nº 08/2008/DENOR/SGCN/ SECOM-PR, p. 8-9. A economia seria significativa até hoje.
[295] SECOM. *Comitê de Negociação*. Última modificação em 27 dez. 2018. Disponível em: <http://antigo.secom.gov.br/orientacoes-gerais/midia/comite-de-negociacao/>. Acesso em: 3 abr. 2022.
[296] CENP cria sistema que amplia acesso às listas de preços dos veículos de todo o Brasil. *CENP em Revista*, ano 9, n. 35, p. 34. No mesmo sentido, defendendo sua importância e a adesão dos veículos: VICENTINE, José. Transparência na venda de mídia beneficia setor público, diz José Vicentine. *Poder 360*. 9 nov. 2017. Disponível em: <https://www.poder360.com.br/opiniao/brasil/transparencia-na-venda-de-midia-beneficia-setor-publico-diz-jose-vicentine/>. Acesso em: 3 abr. 2022.
[297] CENP implementa Banco Único de Preços. *CENP em Revista*, ano 9, n. 33, p. 36, dez. 2012.
[298] A Comunicação no Governo Federal – Gestão de mídia demonstra transparência e profissionalismo. *CENP em Revista*. São Paulo, ano 7, n. 26, p. 26, mar. 2011. Algo que

O Comitê é formado, de um lado, por representantes das empresas estatais e dos ministérios com maior orçamento e, de outro lado, por representantes, que alcançariam 189 veículos em 2018.[299] As negociações ocorrem no último trimestre de cada ano, geralmente em novembro, e toda a Administração Pública integrante da Sicom é beneficiada, ainda que não participe das negociações.[300]

Apesar de seus méritos, entendemos que ainda há espaço para o fortalecimento de tal Comitê, inclusive na sua apresentação do *site*, com indicação de quais pessoas fazem parte, eventualmente. Falta também uma clareza de quais as atribuições e como o Comitê funciona: qual a periodicidade com que se reúne, quais decisões toma, com quem se reúne, informações geralmente obtidas apenas de forma transversal, em relatórios. O fortalecimento e a transparência devidos a tal Comitê não significam que se deve ignorar o caráter estratégico das informações ali presentes.

O fortalecimento de tal Comitê também é importante por apontar um caminho de separação entre o objeto dos serviços de publicidade entre veiculação e criação/produção, rompendo com o modelo *full service* de que cabe à agência desempenhar todas as tarefas. Ademais, promovida a separação da veiculação, também perderia sentido a remuneração atrelada a ela, como exposto no capítulo 3.

2.4.2.5 A proibição de a agência sobrepor seus interesses sobre os da Administração Pública contratante (art. 18, §2º da Lei nº 12.232/2010)

No âmbito dos planos de incentivo, uma solução adotada é a previsão, tanto legal quanto contratual, de a agência não sobrepor seus interesses ao da Administração ao indicar os veículos programados, ou seja, a agência não pode considerar os valores que pode vir a receber como plano de incentivo, mas deve pensar na campanha, sua efetividade e nos interesses do anunciante público (art. 18, §2º da Lei nº 12.232/2010).

---

também era mencionado na Nota Técnica nº 08/2008/DENOR/SGCN/ SECOM-PR, p. 8-9.

[299] Caso de Banco do Brasil, Caixa Econômica Federal, Correios, Petrobrás e Ministério da Saúde. Secretaria-Geral. Relatório de Gestão 2018. Brasília, 2019, p. 28.

[300] BRASIL. Secretaria Especial de Comunicação Social. *Procedimentos de Negociação*. 05 dez. 2014. Disponível em: <http://antigo.secom.gov.br/orientacoes-gerais/publicidade/procedimentos-de-negociacao>. Acesso em: 3 abr. 2022.

Além disso, o contrato prevê a sobreposição como conduta a ser devidamente sancionada. Segundo o modelo de edital, a sobreposição de interesses é uma ocorrência grave no âmbito do contrato (cláusula 13.3.1.2 – item 16 da Tabela 3). Como tal, deve ser punida com multa de 0,5% sobre o valor do contrato ou da ocorrência em si. Além disso, consta a sanção do item 14, que envolve não repassar descontos (que não sejam tais planos) obtidos junto a veículos.

A solução tem uma eficácia bastante limitada. Sempre reconhecendo o profissionalismo dos envolvidos, é difícil imaginar a agência fechando os olhos a tal cenário apenas por uma previsão contratual, sujeita a penalidades no âmbito do contrato, mas de difícil fiscalização.

Ao contrário, uma solução adequada passa, como defendido no capítulo seguinte, pelo fortalecimento de uma cultura de resultados, em que pouco importando as relações entre agência e veículos, o resultado final seja uma campanha que chegue ao público adequado. Ademais, outras formas de remuneração também podem ser pensadas, de forma a evitar esse tipo de relacionamento.

2.4.3 Soluções quanto à atuação dissociada dos resultados

De forma ampla, é possível entender que as soluções apresentadas acima contribuem para trazer uma maior correlação entre a atuação das agências e os resultados que ela traz, com a definição de critérios técnicos, objetivos, assentes em pesquisas.

De forma específica, porém, entende-se que a checagem de veiculação é seu exemplo mais específico. Além disso, pode-se cogitar que o questionário da Secom para avaliação de desempenho das agências também é uma solução importante.

Em ambos os casos, porém, entende-se que não há um aproveitamento adequado da questão, havendo espaço para melhorias, como apontado no capítulo seguinte.

2.4.3.1 A checagem de veiculação

Outro mecanismo que busca garantir a integridade da remuneração por desconto-padrão é a verificação de sua veiculação, também denominada checagem. A questão ainda se relaciona ao item anterior, sobre o Midiacad e a programação de veículos inexistentes. Durante o caso do Mensalão, teria sido revelada a programação de veículos inexistentes e, mesmo antes, havia problemas de veículos que receberiam as verbas, mas não estariam veiculando a publicidade, ou as estariam veiculando em horários pouco atrativos, como de madrugada.[301] Também no caso CENP, a ABAP apontava o eventual risco de a Administração Pública pagar a mais indevidamente.[302]

A remuneração somente será permitida quando houver a demonstração de um relatório de checagem, segundo a Lei nº 12.232/2010:

> Art. 15. Os custos e as despesas de veiculação apresentados ao contratante para pagamento deverão ser acompanhados da demonstração do valor devido ao veículo, de sua tabela de preços, da descrição dos descontos negociados e dos pedidos de inserção correspondentes, bem como de relatório de checagem de veiculação, a cargo de empresa independente, sempre que possível.

O Relatório mencionado deverá comprovar quando foram realizadas as veiculações, em que veículos e qual o preço pago.

Além disso, uma obrigação prevista contratualmente é que as agências apresentem à Administração Pública, junto ao plano de mídia e de forma a obter sua autorização para veiculação, relação de quais meios, praças e veículos comportam checagem de veiculação e em quais há impossibilidade (cláusula 5.1.10). Ao invés da relação a cada plano de mídia, poderá ser apresentado um estudo anual sobre o tema (cláusula 5.1.11).

A Nota Técnica Secom nº 10/2010 aponta quais os casos legalmente admitidos de impossibilidade de apresentação do Relatório. Basicamente, há impossibilidade técnica quando os serviços de checagem não estão disponíveis na região ou para o veículo escolhido, e há impossibilidade jurídica quando, ainda que em tese possível, a checagem represente um custo desproporcional para a agência contratada.[303]

2.4.3.2 Questionário da Secom

Quanto aos resultados, a Secom também conta com um questionário específico para avaliação de desempenho das agências

---

[301] CORREA, Petrônio Cunha. Petrônio Corrêa (depoimento, 2004). *CPDOC, ABP – Associação Brasileira de Propaganda*, Rio de Janeiro, Souza Cruz, p. 31, 2005.
[302] Cf. Processo Administrativo 08012.008602/2005-09, fls. 2932.
[303] Nota Técnica nº 10/2010/DENOR/SGCN/SCOM, 3 nov. 2010. Comentada ainda por KITA, *op. cit.*, p. 257 e ss.

contratadas. Ele é fruto de uma previsão que remonta aos anos 1990 e à IN Secom nº 7/1995, itens 14 e seguintes. Atualmente, a avaliação de desempenho é prevista no art. 54 e seguintes da IN Secom nº 3/2018 e deve ser realizada ao menos dois meses antes do fim do contrato. A Secom também cita como base legal o art. 67 da Lei nº 8.666/93 (agora reproduzido no art. 117 da Lei nº 14.133/21), que prevê o acompanhamento e a fiscalização da execução do contrato.

A avaliação destina-se a promover correções para melhorar a qualidade dos serviços prestados, decidir pela prorrogação ou rescisão e fornecer declarações para futuras licitações.

Segundo a apresentação do questionário, ele deve ser preenchido pelo dirigente da unidade que realiza a gestão publicitária ou seu subordinado especializado. É recomendado que todos que se relacionam com a agência sejam ouvidos, com o objetivo de refletir sobre o relacionamento e buscar seu aperfeiçoamento.

O questionário conta com dez quesitos, como criação, produção, estudo e planejamento, dentre outros, com indicação de critérios, avaliados de um (não atendeu) até seis (atendeu mais que o esperado, com inovação e criatividade). Os dez quesitos referem-se à atuação da agência e sua estrutura, como criação, produção, execução de mídia: compra e acompanhamento, dentre outros. Ainda há espaço para comentários, que devem ser preenchidos, e o questionário ainda pode vir a ser examinado pelos órgãos de controle.

2.4.4 Soluções quanto à atuação dissociada dos custos

Quanto à atuação das agências dissociadas dos custos, algumas das medidas já apontadas atuam de forma a combater esse quadro, mas ainda de forma indireta: há uma tentativa de conseguir valores mais adequados junto à veiculação e à produção, mas ainda assim sem haver uma remuneração específica quanto aos custos efetivos da agência. Explica-se.

O Comitê de Negociação de Mídia e todo o mecanismo que acompanha a elaboração do plano de mídia importam a busca de uma veiculação mais adequada, por um preço justo. Isso também se verifica na seleção de fornecedores, com a previsão de um procedimento para a sua escolha.

Em ambos os casos, o resultado é que a veiculação e os fornecedores escolhidos apresentarão preços menores e resultarão em uma melhor escolha, entende-se.

Ocorre que, ainda assim, não há uma correlação de tais valores com o que a agência realiza. A remuneração da agência continua relacionada a percentuais da veiculação e da produção, em uma solução facilitada, mas que não analisa seus custos efetivos, ou uma contrapartida direta pelos serviços que realizou. Por exemplo, se a veiculação antes custaria R$7 milhões e a agência, remunerada a 15%, ficaria com R$1,05 milhão, após a negociação, a veiculação alcança R$6 milhões e a agência fica com R$900 mil. Apesar da economia, continua não importando se, durante a campanha, a agência teve custos de R$100 mil, R$500 mil ou R$850 mil para promover essa veiculação.

No mesmo sentido, o dever de transparência do art. 16 da Lei nº 12.232/2010 ajuda a entender os valores envolvidos, mas, mais uma vez, não deixa claro se tais valores correspondem aos custos havidos.

Em 2006, a Unidade Técnica do TCU sinalizava que a remuneração por ressarcimento dos custos internos deveria ser a forma de remuneração por excelência da agência, eis que de fato vinculada aos serviços prestados:[304]

> A remuneração pela prestação de serviços de criação e produção de peças publicitárias deveria ser a principal fonte de receita das agências de publicidade, tendo em vista se referirem ao ramo de negócio dessas empresas. No entanto, o montante auferido por tais serviços é de tal forma insignificante, comparado às outras formas de remuneração obtidas pelas agências, que nem é considerado remuneração, mas sim "ressarcimento dos custos internos dos trabalhos realizados pela própria contratada.

O problema dessa ideia, e que a própria unidade técnica já vislumbrava, é que a tabela hoje é elaborada considerando a existência do desconto-padrão e a remuneração atrelada à veiculação. Ao se questionarem essas premissas, certamente a tabela resultante seria outra, com outros valores.

Como também já apontado, tal tabela é utilizada apenas subsidiariamente, em casos em que não há veiculação, e segundo premissas bem definidas para esse quadro remuneratório. O resultado é que a tabela é insustentável para prever uma remuneração da agência relacionada aos seus custos. Por fim, devido ao seu caráter residual, é

---

[304] BRASIL. Tribunal de Contas da União (TCU). *Acórdão 2.062/2006*, Plenário, relator Ministro Ubiratan Aguiar, dj. 8 nov. 2006, p. 43.

bastante comum que a agência simplesmente renuncie a tal forma de remuneração.

Assim, em conclusão, as soluções quanto à relação com os custos da agência ainda são parcas, não enfrentando diretamente o problema.

2.4.5 Soluções quanto aos efeitos anticoncorrenciais

A configuração contratual, tal como praticada, também apresenta efeitos anticoncorrenciais, em especial diante da diretriz do art. 4º da Lei nº 12.232/2010 e da definição de um modelo específico de agência de publicidade *full service*, com a eleição de um modo de prestação do serviço. Essa configuração anticoncorrencial smaterializa-se na excessiva aproximação da agência com os veículos e fornecedores em detrimento dos interesses da Administração Pública, segundo patamares de remuneração determinados por normas de autorregulação.

As soluções enfrentam esse cenário de duas formas: com a pressão sobre a remuneração durante a licitação e com a tentativa de a Administração assumir certas tarefas, por exemplo, a negociação de mídia.

2.4.5.1 Disputa de percentuais de remuneração durante a licitação

Assim como ocorreu no caso do desconto-padrão, também esses valores foram pressionados para baixo ao longo do tempo, fugindo em parte à lógica da remuneração em percentuais definidos segundo as normas de autorregulação setorial.

No caso do ressarcimento por custos internos, a questão concorrencial de remunerar a contratada segundo os valores definidos em tabela de um sindicato, é enfrentada nas contratações públicas de duas formas, ao menos: (i) excluindo a aplicação da tabela, por inteiro, caso em que a remuneração advinda do desconto-padrão é suficiente para os outros gastos; ou (ii) negociando patamares de desconto sobre os valores ali previstos, por exemplo, a agência aceita realizar os serviços por 70% do valor previsto na tabela. Em alguma medida, a primeira solução é decorrência da primeira, quando um ambiente extremamente competitivo força as agências a oferecerem um desconto de 100% do valor da tabela.

Em outras palavras, a previsão de descontos sobre a tabela, e até a sua supressão, é uma forma de se questionar as formas de remuneração adotadas pela autorregulação setorial.

No caso dos honorários, os patamares de 15% para prestação do serviço e 5% para a intermediação, previstos pelas normas de autorregulação, são pressionados e muitas vezes suprimidos. Tais supressões são previstas pelas próprias Normas-Padrão, no caso de contratações com a Administração Pública (item 3.11).

As Normas-Padrão também preveem, no item 3.12, a possibilidade de supressão, desde que não haja risco para a execução do contrato, preocupação da Lei nº 8.666/93 e também da nova Lei nº 14.133/21 nos art. 11, III e 59, III, por exemplo. Ainda, segundo Comunicação Normativa 14, do CENP, a supressão somente deveria ocorrer em contratos cujo investimento em mídia ultrapasse R$2,5 milhões.

No acórdão nº 2.158/2017, porém, o Plenário do TCU inverteu a lógica, apontando como regra a supressão, devendo-se provar, excepcionalmente, o risco de inexecução (item 9.3).

Apesar do posicionamento do TCU, é preciso cuidado, eis que nem todo contrato alcança montante suficiente para que tais verbas sejam suprimidas. Ainda que as Normas-Padrão busquem considerar o âmbito federal como um só contratante, a realidade é outra, sendo bem possível, e comum, que determinada agência seja contratada para um contrato de poucos milhões de reais (item 3.11 NPAP). A real possibilidade de se suprimir tais remunerações depende da análise do caso concreto, quando do planejamento da contratação e elaboração do edital. A Secom conta com uma tabela que prevê a remuneração de todas as agências contratadas pelo Poder Executivo Federal, utilizada inclusive para parâmetros nos editais de licitação, e que mostra como a supressão é de fato a exceção.[305]

Alerta-se para o fato de que constantemente pressionar a remuneração das agências pode trazer justamente os problemas que o TCU tem buscado evitar.

---

[305] BRASIL. SECOM. Secretaria Especial de Comunicação Social. *Tabela de Remuneração de Agências de Propaganda*: pesquisa de preços. 12 ago. 2021. Disponível em: http://antigo.secom.gov.br/acesso-a-informacao/licitacoes-e-contratos/remuneracao-de-agencias-de-propaganda-pesquisa-de-precos. Acesso em: 3 abr. 2022.

2.4.5.1.1 Vincular os tipos de remuneração à existência de veiculação

Nos contratos públicos em âmbito federal, a tendência nos últimos anos tem sido vincular tais formas de remuneração à veiculação. Em havendo veiculação, a agência deve se remunerar pelo desconto-padrão, sem receber honorários ou ressarcimento pelos custos internos.[306] Esquematicamente, a situação mais comum é:

Figura 15 – Formas de remuneração das agências

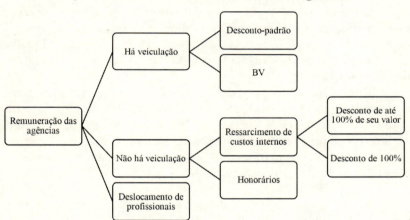

Fonte: elaboração própria.

Assim, remunerações por honorários ou por ressarcimento de custos internos só ocorrem quando não há veiculação. Esse tipo de configuração significa que, nos casos de veiculação, a agência deve utilizar sua margem de lucro também para remunerar seus custos internos e honorários.

Esse tipo de solução contraria o modelo anticoncorrencial de que a remuneração das agências de publicidade deve sempre ocorrer por patamares percentuais definidos e induz, em alguma medida, o

---

[306] KITA bem destaca que, no setor privado, há pagamento de honorários mesmo quando há veiculação, assim como pode haver cobrança de honorários para outros tantos serviços, que, no caso dos contratos públicos, foram retirados das contratações de publicidade. KITA, *op. cit.*, p. 219.

planejamento e a responsabilidade da agência, que deverá buscar uma equação adequada.

2.4.5.2 Divisão de tarefas fora de uma lógica da agência de publicidade *full service*

Quanto à agência de publicidade *full service*, o contrato prevê uma dinâmica, como já entrevisto, a sinalizar que a agência não ostenta todo esse poder que se imagina. O maior controle sobre a veiculação e a contratação de fornecedores, segundo procedimentos e critérios, são um indicativo nesse sentido.

O maior exemplo, porém, é o fato de que a negociação de mídia é promovida pela Administração Pública, via Comitê de Negociação de Mídia. Nesse caso, a negociação, antes uma tarefa assumida pelas agências, passa para o anunciante, questionando a definição de agência de publicidade *full service*.

Uma diversa divisão de tarefas entre agência e anunciante contratante pode apontar para questionamentos ao modelo adotado, fazendo surgir outras formas de remuneração. Esse tipo de questionamento deve ser feito constantemente, de forma a obter uma remuneração adequada e uma prestação do serviço que consiga alcançar os objetivos pretendidos, com uma comunicação adequada junto à população.

2.4.6 Conclusão: soluções de meio que diminuem a margem de liberdade das agências e pressionam sua remuneração, sem induzir responsividade

Por todo o apresentado até o momento, entende-se que as soluções adotadas seguem dois caminhos: o da diminuição dos custos e preços pagos às agências; e o da diminuição da liberdade do setor e das agências. Em ambos os casos, está-se diante de um típico controle de meios, em boa parte, impulsionado pelo controle realizado a partir do Tribunal de Contas da União. Assim, a resposta tem sido pressionar a margem de lucro das agências, bem como diminuir sua discricionariedade na tomada de decisões. Um caminho que, como apontado desde o capítulo 1, reproduz um modelo legalista pautado pela Lei nº 8.666/1993, mantido apesar da promulgação da Lei nº 14.133/2021. Tal caminho tende a pressionar as agências, diminuir a atratividade dos contratos e gerar exatamente os mesmos problemas que busca evitar.

Isso não significa, porém, que todo controle de meios seja indevido. Ao contrário, sob uma perspectiva processualista, haveria enorme espaço para se cuidar dos procedimentos associados à tomada de decisões e os valores econômicos e jurídicos, como transparência e eficiência, levados em consideração. Ocorre, no entanto, que esse não tem sido o caminho adotado, seja pelo risco de o controlador se substituir ao controlado, seja pelas dificuldades de lidar com um volume muito grande de informação dentro de um setor bem específico.

A partir desse quadro, no capítulo seguinte, adicionam-se novas concepções: outras formas de remuneração praticadas no setor privado, a preocupação com resultados e uma organização de mercado diversa, fora da agência de publicidade *full service* remunerada pela veiculação.

2.5 A questão do regime de administração contratada na contratação administrativa de serviços de publicidade

A configuração dos contratos administrativos de publicidade, e os problemas usualmente associados a eles, suscita uma discussão a respeito de um suposto regime de administração contratada.

Vejamos do que se trata tal regime, sua legalidade, os problemas associados e porque consideramos que, apesar dos problemas em comum, é impreciso falar em um regime de administração contratada no caso.

2.5.1 Delineamento conceitual do regime de administração contratada

O regime de administração contratada viria a ser previsto no vetado inciso VIII do art. 6º, da Lei nº 8.666/93, que previa:

> c) administração contratada – quando se contrata, excepcionalmente, a execução da obra ou do serviço mediante reembolso de todas as despesas incorridas para a sua execução e pagamento da remuneração ajustada para os trabalhos de administração.

Assim, segundo o dispositivo, seriam dois os elementos da administração contratada: o reembolso de todas as despesas e uma remuneração para trabalhos de administração.

Em tal regime, segundo o TCU, citando a professora Maria Sylvia Di Pietro, a Administração Pública contrata uma empresa que se torna responsável pela administração do contrato, contratando fornecedores e todo o necessário. A empresa, nesse regime, é reembolsada pelas despesas incorridas e ainda é remunerada por uma comissão, calculada em percentual que incide sobre seu custo total.[307] Em posicionamento mais recente, a professora destaca que o contratado, assim, não arca com os riscos.[308] Para Marçal Justen Filho, tal como citado no acórdão, haveria então um lucro certo.[309]

Historicamente, o regime era reconhecido na legislação, pelo Decreto-Lei nº 200/67, art. 132, III e sua regulamentação, o Decreto 73.140/73,[310] bem como pelo art. 5º, VI, c) do DL nº 2.300/86. Antes disso ainda, o regime seria o de uma empreitada de lavor, próximo ao atual regime de tarefa, em que a Administração fornece os materiais e o contratado desempenha o serviço mediante um percentual do custo total da obra.[311]

A lógica do regime seria que, em casos de imprevisibilidade, seja por eventos específicos, de guerra, obras contra a seca, ou pela própria complexidade, a Administração assumiria os riscos do empreendimento e apenas ao final poderia calcular seu real custo, no que remuneraria o prestador contratado.[312] Assim, seria o caso de um contrato administrativo de colaboração para obras públicas, com os riscos atribuídos para a Administração, que deveria garantir os materiais, cabendo à contratada realizar apenas o trabalho.

De outro lado, isso significaria que o contratado teria autonomia para buscar o resultado, e ainda contaria com a confiança da Administração.[313] A lógica seria que, ao associar a remuneração ao

---

[307] BRASIL. Tribunal de Contas da União (TCU). *Acórdão 2.062/2006*, Plenário, relator Ministro Ubiratan Aguiar, dj. 8 nov. 2006, p. 25. Posicionamento que parece subsistir: DI PIETRO, Maria Sylvia Zanella. *Direito administrativo*. 28. ed. São Paulo: Atlas, 2015. p. 380.
[308] DI PIETRO, Maria Sylvia Zanella. *Direito administrativo*. 28. ed. São Paulo: Atlas, 2015. p. 380.
[309] BRASIL. Tribunal de Contas da União (TCU). *Acórdão 3.233/2010*, Plenário, relator Ministro Marcos Vilaça, dj. 1 dez. 2010, p. 79.
[310] Como aponta: WALD, Arnoldo. O regime legal dos custos financeiros no contrato costplus e a maxidesvalorização. *Revista de Direito Administrativo*, Rio de Janeiro, v. 155, p. 25, jan./mar. 1984.
[311] Regime de Contrato – Execução de obra mediante regime de "administração contratada". *Revista de Direito Administrativo*, Rio de Janeiro, v. 36, p. 310, abr. 1954.
[312] Regime de Contrato – Execução de obra mediante regime de "administração contratada". *Revista de Direito Administrativo*, Rio de Janeiro, v. 36, p. 315, abr. 1954 e ss. WALD, *op. cit.*, p. 25 e ss.
[313] JUSTEN-FILHO. *Comentários à Lei de Contratos de Publicidade Publicidade da Administração: Lei nº 12.232/2010*. Belo Horizonte: Fórum, 2020., p. 177.

custo, o contratado, com o tempo, seria mais eficiente, e, portanto, sua remuneração seria menor, beneficiando-se a Administração desse ganho de produtividade.[314]

2.5.2 Legalidade do regime de administração contratada

A ilegalidade do regime de administração contratada é uma questão histórica, quando o Distrito Federal, e o respectivo Tribunal de Contas, sequer eram em Brasília.[315] Ainda na década de 1950, ao examinar caso da construção do Asilo São Francisco de Assis, o Ministro Lyra Filho, apontou que o regime poderia ser considerado inconveniente, mas não ilegal – e para isso aponta um caso ainda da década de 1920, para construção do Arsenal da Marinha: considerado ilegal, a decisão acabou derrubada pelo Poder Legislativo. Apesar da sua defesa, foi voto vencido, e o regime foi considerado ilegal.

Vetado da Lei nº 8.666/1993 e também ausente da Lei nº 14.133/21, o exame de sua legalidade voltou a ocorrer no caso das contratações administrativas. Ao analisar o caso do Mensalão, o posicionamento do TCU foi que tal regime não poderia ser utilizado, diante da exigência do princípio da legalidade e dos problemas que ocasionaria.[316] Outros argumentos seriam que a Lei nº 8.666/93 menciona publicidade como um exemplo de serviço (art. 1º – menção que a Lei nº 14.133/21 não faz),[317] a Lei nº 4.680/65 não seria expressa para fornecedores[318] e as normas ali presentes favoreceriam o setor privado, em violações a princípios como o da supremacia do interesse público,[319] com um ente privado a substituir a Administração Pública.[320]

Em sentido contrário, o setor publicitário e a Administração Pública, a partir de parecer da Profa. Maria Sylvia Di Pietro, defendiam que, embora ausente da Lei nº 8.666/93, a dinâmica estaria presente na Lei nº 4.680/1965. A aplicação dessa seria possível a contratos

---

[314] WALD, *op. cit.*, p. 24.
[315] Regime de Contrato – Execução de obra mediante regime de "administração contratada". *Revista de Direito Administrativo*, Rio de Janeiro, v. 36, p. 318, abr. 1954.
[316] BRASIL. Tribunal de Contas da União (TCU). *Acórdão 2.062/2006*, Plenário, relator Ministro Ubiratan Aguiar, dj. 8 nov. 2006, p. 88.
[317] BRASIL. Tribunal de Contas da União (TCU). *Acórdão 3.233/2010*, Plenário, relator Ministro Marcos Vilaça, dj. 1 dez. 2010, p. 33. Argumento que o MP/TCU repete na sequência, p. 70.
[318] *Ibidem*, p. 34.
[319] *Ibidem*, p. 88.
[320] *Ibidem*, p. 14.

administrativos por força do art. 62, §3º, I, que prevê uma aplicação atenuada do regime de direito público a contratos em que predomina o direito privado.

A questão acabou atenuada com a promulgação da Lei nº 12.232/2010, que acolheu as dinâmicas próprias da publicidade e ainda previu a aplicação complementar da Lei nº 4.680/65 (art. 1º, §2º). De qualquer forma, tem razão Marçal Justen Filho, ao defender que a ausência da previsão do regime de administração contratada na Lei nº 8.666/93 não significaria sua proibição, adotando, assim, uma noção de legalidade ampla[321] – diversa daquela prevista pelo TCU, como apontado no capítulo 1.

2.5.3 Os problemas similares aos do regime de administração contratada

Em 2006, o TCU também considerava o regime ilegal pelos problemas que ocasionaria. O grande problema, e que estaria presente no caso das contratações de publicidade, seria o incentivo para a contratada aumentar os custos e, consequentemente, sua remuneração.[322] Isso porque a empresa é reembolsada das despesas e remunerada a partir de percentual calculado sobre esses. Logo, quanto maiores os valores, maior sua remuneração. A lógica do regime de administração contratada supõe que o contratado sempre atuaria buscando a melhor execução do serviço ou obra, consoante sua *expertise*. Ocorre que isso nem sempre é verdade, como já mencionamos pelo risco moral no capítulo anterior. Nesses casos, ao contrário, haveria o risco de toda essa *expertise* se voltar contra a Administração, que teria dificuldade em controlar a execução e veria os custos serem aumentados pelo contratado.

O problema da possibilidade de aumento da remuneração ainda decorre da imprevisibilidade associada a tal regime, a exigir severa fiscalização e incentivo à desonestidade, segundo apontava o Tribunal de Contas na década de 1950.[323] Isso gerava o inconformismo do TCU, agora em 2006, com uma contratação em que projeto básico, definição

---

[321] JUSTEN-FILHO. *Comentários à Lei de Contratos de Publicidade da Administração*: Lei nº 12.232/2010. Belo Horizonte: Fórum, 2020. p. 203.

[322] BRASIL. Tribunal de Contas da União (TCU). *Acórdão 2.062/2006*, Plenário, relator Ministro Ubiratan Aguiar, dj. 8 nov. 2006 , p. 25-26.

[323] Regime de Contrato – Execução de obra mediante regime de "administração contratada". *Revista de Direito Administrativo*, Rio de Janeiro, v. 36, p. 311-2, abr. 1954.

de objeto e valor da proposta possuem outra conotação.[324] Apesar do delineamento de quais campanhas e temas serão realizados, com indicações de percentuais de remuneração, a previsibilidade alcançada na contratação de publicidade é diversa daquela presente em casos de engenharia.

No caso das obras de construção da lavandaria, velório, reparos e pinturas do Asilo São Francisco de Assis, o Tribunal rejeitou a utilização do regime, eis que seriam obras banais, e o regime deveria ser utilizado apenas de forma excepcional, quando o conhecimento específico o justificasse. Isso porque o custo total só seria conhecido ao final, e a contratada teria interesse em aumentar os custos da obra para aumentar sua remuneração, atrelada ao custo final.[325]

Apesar da defesa do setor à previsibilidade desse sistema, por ser uma contratação por preço certo e unidades determinadas, ela é, de fato, limitada.[326] Como vimos, no caso da publicidade, a remuneração é definida em parâmetros percentuais (5%, 15%), mas a base de incidência desses, as despesas, podem variar. Ainda que haja um valor do contrato, como, por exemplo, R$100 milhões anuais, há variação de quanto será destinado a cada caso (R$80 milhões de veiculação, a 15%, R$10 milhões a 5% e R$10 milhões como ressarcimento – ou qualquer outra combinação).

Por fim, isso gera uma dificuldade em realizar um controle de qualidade das contratações realizadas.[327] A agência, como intermediária, realiza diversas escolhas e promove contratações, em um cenário que desafia o controle. Assim, a lógica de controle de meios, usualmente adotada pelo TCU, também é desafiada.

2.5.4 A inexistência de um regime de administração contratada

Apesar dos posicionamentos e dos problemas envolvidos, temos dificuldade em definir o regime de execução do contrato como

---

[324] BRASIL. Tribunal de Contas da União (TCU). *Acórdão 3.233/2010*, Plenário, relator Ministro Marcos Vilaça, dj. 1 dez. 2010, p. 33.
[325] Regime de Contrato – Execução de obra mediante regime de "administração contratada". Revista de Direito Administrativo, Rio de Janeiro, v. 36, p. 318, abr. 1954.
[326] BRASIL. Tribunal de Contas da União (TCU). *Acórdão 3.233/2010*, Plenário, relator Ministro Marcos Vilaça, dj. 1 dez. 2010, p. 45.
[327] Como aponta JUSTEN-FILHO. *Comentários à Lei de Contratos de Publicidade da Administração*: Lei nº 12.232/2010. Belo Horizonte: Fórum, 2020., p. 198.

de administração contratada, por duas razões. Primeiro, porque nem todas as despesas são reembolsadas, garantindo um lucro certo à agência. Segundo, porque a agência tampouco tem total controle sobre a possibilidade de aumentar sua própria remuneração. Inclusive, parte da doutrina que adota o posicionamento pelo regime da administração contratada também reconhece que esses elementos não estão presentes.[328]

Assim, seria possível identificar, quando muito, uma administração contratada mitigada.

2.5.4.1 A ausência de completo reembolso de despesas e da garantia de lucro certo

O primeiro elemento da administração contratada, como apontado, é o reembolso de despesas. No entanto, nos contratos administrativos de publicidade, isso ocorre apenas em parte, e a depender da definição que se confira a despesas. Nas contratações de publicidade, de fato é o cliente, a Administração Pública, que paga pela veiculação da campanha, bem como pelos custos de produção junto a terceiros. Isso não significa, no entanto, que todas as despesas da agência sejam reembolsadas.

Primeiro, a remuneração desenvolveu-se nos últimos anos para que a remuneração por custos internos fosse suprimida de muitos contratos. Isso significa que parte das despesas internas da agência, com seu pessoal, não é necessariamente reembolsada. Mesmo quando não é completamente suprimida, essa remuneração representa um ressarcimento apenas parcial (seja pelo percentual admitido, seja pelos valores previstos nas tabelas de ressarcimento), e que, no total do contrato, depende das verbas relacionadas à veiculação.

---

[328] Embora Marçal Justen Filho considere, no geral, um regime de administração contratada, o autor afirma que não considera nem o desconto-padrão, nem a remuneração por honorários casos de administração contratada, o que torna seu raciocínio de difícil entendimento: "Os serviços de publicidade são dotados de características que impõem a adoção do regime de 'empreitada por preço de custo' (administração contratada). Essa é a solução apropriada, que produz os maiores benefícios para todas as partes. Mais do que isso, a empreitada por preço fechado compromete a própria viabilidade da execução da prestação" (p. 199-200). E adiante: "Como visto, a agência de publicidade pode fazer jus à remuneração na forma do 'desconto-padrão'. As características dessa figura excluem a configuração da administração contratada" (...) Também não existe administração contratada nas hipóteses em que a agência de publicidade aufere honorários em porcentual sobre os valores pagos a terceiros (honorários sobre serviços de terceiros)". JUSTEN-FILHO. *Comentários à Lei de Contratos de Publicidade da Administração*: Lei nº 12.232/2010. Belo Horizonte: Fórum, 2020. p. 209-210.

Segundo, o desconto-padrão foi alterado para remunerar cada vez mais serviços que a agência desempenha. Nos casos em que há veiculação da publicidade, a agência é geralmente remunerada pelo desconto-padrão. Nesse caso, pouco importa se a agência teve gastos de R$10 mil ou R$1 milhão com a campanha. A remuneração é atrelada ao valor da veiculação como solução para facilitar seu montante. Isso não significa, no entanto, um completo reembolso de despesas ou que a agência não assuma riscos. Em alteração recente, as Normas-Padrão deixaram ainda mais claro quais serviços podem ser remunerados por meio do desconto-padrão, e quais demandam remuneração específica (item 1.4 das NPAP). Isso reafirma que não subsiste a separação reembolso de despesas mais remuneração por administração, típica do regime usualmente referido.

E, terceiro, nos casos em que há veiculação, o desconto-padrão pode ser utilizado para pagamento da intermediação da produção, abolindo-se os honorários anteriormente pagos. Nesse caso, não haveria o reembolso das despesas de produção, mas é a agência que deveria se organizar e garantir os pagamentos de seus fornecedores.[329] A administração contratada tampouco estaria presente no caso de contratação de fornecedores e produção de campanhas, desde que ausente veiculação. Nesse caso, a Administração Pública reembolsa todas as despesas e ainda garante um valor para as agências, em forma de percentual sobre tais valores, a título de administração. No entanto, mesmo nesse caso, a noção de reembolso de despesas precisaria desconsiderar as despesas internas da agência. Encarar a remuneração pela intermediação como reembolso de despesas faz sentido apenas ao se reduzir a atuação da agência, supondo que ela não realiza atividades de acompanhamento, seleção e supervisão.

Pressionado, o TCU chegou a defender que a subcontratação combinada com uma remuneração atrelada a percentual das despesas incorridas junto a terceiros seria traço suficiente para caracterizar todo o regime da administração contratada.[330] Isso, porém, significa adotar uma noção muito ampla de administração contratada, que desconsidera o histórico legal brasileiro.

Também na doutrina, ao tratar da remuneração peculiar da agência, Justen Filho lembra que parte dos custos da campanha é absorvida

---

[329] Argumentos trazidos já no Acórdão nº 3233/2010, p. 56-57.
[330] BRASIL. Tribunal de Contas da União (TCU). *Acórdão 3.233/2010*, Plenário, relator Ministro Marcos Vilaça, dj. 1 dez. 2010, p. 33.

pela agência,[331] o que fragiliza a ideia de administração contratada que ele próprio defende.

Por fim, a interpretação do TCU de que a contratação é feita por ordem e conta do cliente é claramente insuficiente para cuidar dessa realidade.[332] Repetida na Lei nº 12.232/2010 (art. 4º, §2º e art. 19), não significa que a agência sempre terá lucro ou que não tenha nenhum ônus no contrato.

Enfim, se não há um completo reembolso de despesas, se há a absorção de custos pela agência, não se está diante de regime de administração contratada. Admitir que se trata de administração contratada porque parte da remuneração é atrelada à contratação de terceiros significa interpretar de forma ampla a definição de administração contratada. Não se faz presente um dos elementos da administração contratada, e que significava a assunção dos riscos pela Administração Pública, diante da imprevisibilidade do contrato.

2.5.4.2 Remuneração pelos trabalhos de administração

Quanto ao segundo elemento da definição, a remuneração para trabalhos de administração, também é difícil caracterizá-lo, eis que a agência não atua apenas como administradora e nem só por isso é remunerada.

Como apontado no capítulo 1, a agência de publicidade, principalmente no modelo *full service*, realiza diversas atividades, que vão muito além da administração e/ou da intermediação. Retomando distinção já apontada, o Guia para Licitações elaborado pelo Sindicato das Agências de Propaganda de São Paulo (SINAPRO-SP) apresenta três funções da agência de publicidade no âmbito dos contratos administrativos: (i) de criação e inclusive execução de atividades internamente; (ii) de intermediação entre a Administração Pública e veículos ou fornecedores; e (iii) de acompanhamento da publicidade realizada.[333] Ainda que as duas últimas funções possam ser encaixadas em um papel de administradora, a agência não atua, portanto, apenas como tal.

---

[331] JUSTEN-FILHO. *Comentários à Lei de Contratos de Publicidade da Administração*: Lei nº 12.232/2010. Belo Horizonte: Fórum, 2020. p. 362.

[332] BRASIL. Tribunal de Contas da União (TCU). *Acórdão 3.233/2010*, Plenário, relator Ministro Marcos Vilaça, dj. 1 dez. 2010, p. 34.

[333] SINDICATO DAS AGÊNCIAS DE PROPAGANDA DO ESTADO DE SÃO PAULO (SINAPRO-SP). *Licitações públicas de Agências de Propaganda*: Guia de orientação à Administração Pública sobre licitações de serviços publicitários. São Paulo, 2017. p. 48.

Além disso, como apontado no capítulo 2, a agência não é remunerada apenas pelos trabalhos de administração, mas por atividades que presta direta e internamente.

Assim, é impreciso afirmar que a agência seja remunerada pelos trabalhos de administração – ou que a presença de qualquer remuneração por tais trabalhos seja suficiente para caracterizar o regime de administração contratada.

2.5.4.3 A agência que não atua sozinha como intermediária, mas depende da aprovação da Administração

Outro argumento muito forte no controle é o fato de a contratada atuar como intermediária e, como tal, defender seus próprios interesses, em prejuízo ao interesse público. O raciocínio, assim, seria que a agência, por poder privilegiar seus interesses, em detrimento daqueles do contratante, caracterizaria um danoso regime de administração contratada, em que acumularia poder e altas somas.

Ocorre que também nesse caso construiu-se uma limitação do poder que a contratada tem como intermediária, sendo impreciso falar que a administração contratada esteja aí caracterizada. No âmbito do controle, o ministro relator do recurso apresentado ao TCU, em 2009, destacava que não seria caso de ilegalidade do regime de execução, mas a solução seria adotar maiores controles para que a Administração pudesse controlar os valores envolvidos, combinando a jurisprudência do TCU com as singularidades da contratação.[334] Com a promulgação da Lei nº 12.232/2010, no entanto, o TCU abreviou a discussão, decidindo pela sua recepção legal.[335]

Esse maior controle já foi várias vezes referido. No caso da veiculação, ela depende da negociação de mídia promovida por Comitê específico, da elaboração de um plano de mídia e da observância de critérios técnicos (ainda que imperfeitos), fatores que diminuem a capacidade de a agência definir sua remuneração. No caso da produção, também há o banco de dados com preços de referências, a necessidade de apresentação de três orçamentos e inclusive a realização de sessão

---

[334] BRASIL. Tribunal de Contas da União (TCU). *Acórdão 3.233/2010*, Plenário, relator Ministro Marcos Vilaça, dj. 1 dez. 2010, p. 106 e ss.
[335] *Ibidem*, p. 117.

pública, a depender dos valores, o que diminui a possibilidade de a agência aumentar seus custos e, portanto, incidir no regime da administração contratada. Assim, a capacidade de a agência aumentar os custos do contrato e, por consequência, sua remuneração, não é tão direta.

Por todas essas razões, entende-se impreciso buscar alguma solução em torno da ideia de administração contratada, além daquelas que já foram aventadas. A noção talvez fizesse sentido há alguns anos, quando a remuneração às agências era muito mais pródiga e as definições ainda incipientes. No atual momento, entende-se que um próximo passo possível é realmente mudar essa estrutura, a partir da experiência de parte do setor privado, questão ainda pouco abordada.

Do contrário, trata-se de confundir o elemento de imprevisibilidade, incontornável, a um regime de administração contratada.[336] Parte da doutrina defende o regime de administração contratada como vantajosa para todos os envolvidos, diante da falta de uma definição prévia do objeto, dos custos, bem como da possibilidade do cliente controlar sua atuação e a presença de terceiros.[337] No entanto, por todo o exposto, não é disso que se trata, não sendo o regime de contratação de serviços de publicidade um regime típico de administração contratada.

2.5.5 A necessidade de se repensar como os contratos de publicidade estão organizados

Isso não significa, porém, que o regime seja imune a erros. Os problemas são diversos, e alguns deles se aproximam àqueles verificados ao da administração contratada, o que justifica a investigação sobre alternativas existentes no setor privado.[338]

---

[336] "Observa-se, nesses casos, que a falta de controle é parte do modo operacional utilizado para a execução do contrato, caracterizado como administração contratada, em que a responsabilidade pela execução é assumida pela agência". BRASIL. Tribunal de Contas da União (TCU). *Acórdão 2.062/2006*, Plenário, relator Ministro Ubiratan Aguiar, dj. 8 nov. 2006, p. 31.

[337] "Os serviços de publicidade são dotados de características que impõem a adoção do regime de 'empreitada por preço de custo' (administração contratada). Essa é a solução apropriada, que produz os maiores benefícios para todas as partes. Mais do que isso, a empreitada por preço fechado compromete a própria viabilidade da execução da prestação". JUSTEN-FILHO. *Comentários à Lei de Contratos de Publicidade da Administração*: Lei nº 12.232/2010. Belo Horizonte: Fórum, 2020. p. 199-200.

[338] Muito diverso do cenário manso e pacífico que JUSTEN-FILHO parece enxergar: "Por todas essas razões, o modelo contratual praticado no setor privado envolve uma forma de 'empreitada a preço de custo'. Essa questão não é objeto de maior questionamento no

Como apontado ao longo desse segundo capítulo, a remuneração das agências nos contratos administrativos ocorre de diversas formas, por desconto-padrão, planos de incentivos, ressarcimento de custos internos, honorários e, por vezes, despesas com deslocamentos, bem como envolve diversos atores, como fornecedores e veículos de comunicação, trazendo alto grau de complexidade para a contratação.

Combinado ainda com as condições de contratação, que promovem a incerteza e pressionam a remuneração das agências, é possível identificar problemas diante dos diversos interesses envolvidos. Assim, a assimetria de informação e incerteza quanto à motivação de cada uma das partes, os incentivos para a agência aumentar sua remuneração, a atuação dissociada dos custos e dos resultados que traz aos contratantes e todos os efeitos anticoncorrenciais no setor.

Em outros termos, a remuneração da agência, ao ser basicamente atrelada à veiculação, significa, como já vimos, que a agência tem incentivos para sugerir uma veiculação muito cara, para receber maiores valores, opondo seu interesse ao da Administração contratante, situação que também se verifica no caso de fornecedores.

Decerto que as normas aplicáveis, sejam da Lei nº 12.232/2010, sejam da Secom, buscam contornar tais problemas, mas, ao final, mantêm uma dinâmica problemática. Essa questão já foi percebida de alguma maneira pelo controle, mas, em especial, foi questionada pelo setor privado, principalmente fora do Brasil, o que nos leva a tratar sobre outras formas de remuneração no capítulo seguinte.

---

setor privado [!!!], eis que as soluções adotadas incorporaram esse regime contratual por se configurar como a solução mais eficiente e apropriada.
No âmbito privado, é impensável cogitar de contratações de serviço de publicidade por 'preço fechado'. Não significa a existência de alguma vedação jurídica formal a essa solução, mas adotar tal modelo não atenderia às necessidades fundamentais de todas as partes". JUSTEN-FILHO. Comentários à Lei de *Contratos de Publicidade da Administração*: Lei nº 12.232/2010. Belo Horizonte: Fórum, 2020. p. 201.

CAPÍTULO 3

ALTERNATIVAS AO MODELO DE REMUNERAÇÃO E A NECESSIDADE DE SE REVER O MODELO DE CONTRATAÇÃO DE PUBLICIDADE

O atual modelo de remuneração de agências de publicidade nos contratos administrativos conta com problemas e soluções, conforme apresentados no capítulo anterior.

Neste capítulo, cabe apontar quais os outros modelos de remuneração e contratação que podem ser utilizados nas contratações administrativas, quais os desafios associados e quais os caminhos que indicam sua adoção.

3.1 Alternativas ao modelo de remuneração

Ao examinar a criação do Conselho Executivo das Normas-Padrão (CENP), o CADE também tratou das formas de remuneração existentes no setor publicitário, investigação que cabe retomar brevemente nesse momento. Na ocasião, foram apresentadas sete espécies de remuneração:[339]

1. Honorários fixos (*"retainer fee"*). Pagamento mensal por determinado período de atividade, geralmente um ano. É baseado no planejamento de trabalho esperado para a agência de publicidade, refletindo os custos da agência e margem de lucro. Possui como vantagens: (i) a agência e o anunciante sabem com antecedência o faturamento para o ano e (ii)

---

[339] BRASIL. Conselho Administrativo de Defesa Econômica. *Processo Administrativo 08012. 008602/2005-09*, Nota Técnica nº 11/2016/CGAA4/SGA1/SG/CADE, item 2.1.7.2, p. 36-37.

encorajar maior sintonia entre anunciante e agência, vez que não está vinculada a gastos com mídia ou comissões. Possui como desvantagens: (i) não estar vinculado ao desempenho da agência, não estimulando a eficiência e proatividade e (ii) geralmente consumir muito tempo de negociação.

2. Honorários por projeto. Geralmente são usados para remuneração de serviços suplementares e fora do escopo de um contrato por honorários fixos. Possui como vantagens: (i) refletir as necessidades específicas do cliente, conferindo maior flexibilidade e (ii) ideal para serviços especializados. Possui como desvantagens: (i) projetos curtos não encorajariam o desenvolvimento de um relacionamento anunciante-agência e (ii) dificultar a aplicação de remuneração sobre resultados.

3. Honorários variáveis baseados em tempo gasto. Cálculo de honorários baseados em tempo gasto por empregado, usando preços-hora diferentes de acordo com a senioridade. Tal preço deve ser calculado a fim de cobrir salários, demais custos fixos e previsão de lucro. Possui como vantagem (i) refletir as necessidades do anunciante e a atividade da agência. Possui como desvantagens: (i) nem o anunciante nem a agência sabem com antecedência quanto será gasto e (ii) haver percepção de que o sistema não incentiva a eficiência, uma vez que quanto maior o tempo gasto, maior será a fatura (tal problema pode ser resolvido com a fixação de gastos mínimos e máximos).

4. Honorários de escala (*"scale fee"*). O anunciante paga à agência valor referente à percentual de vendas ou do orçamento anual com propaganda. Tem como vantagens: (i) vincula a remuneração da agência ao sucesso do anunciante, gerando incentivo à eficiência e (ii) o aumento dos gastos do anunciante com propaganda gera aumento do lucro da agência, sem gerar distorções nos gastos com publicidade como as comissões. Possui como desvantagens: (i) a remuneração não estar vinculada ao escopo do trabalho e à quantidade de tempo gasto, (ii) propaganda ser apenas uma parte dos fatores de sucesso do anunciante, sendo que a rentabilidade da agência pode ser afetada por razões que vão além do seu alcance e (iii) alguns serviços de propaganda não estarem diretamente relacionadas ao desempenho do anunciante.

5. Honorários de licenciamento. A Agência é paga pelo licenciamento dos direitos autorais das ideias da campanha desenvolvida. Diferencia-se dos honorários por projetos pela agência de propaganda manter os direitos autorais do conceito, podendo cobrar honorários adicionais cada vez que a ideia é utilizada. Possui como vantagem (i) o reconhecimento do valor da ideia, (ii) incentivo à produção de campanhas flexíveis e de longa duração, (iii) representar menor custo inicial aos anunciantes e (iv) possibilitar lucros à agência quando a campanha é utilizada em outros países. Possui como desvantagem (i) remuneração não estar vinculada ao tempo gasto, (ii) uso da ideia fora do escopo pode gerar atritos entre o anunciante e a agência e (iii) os limites do que pode ser registrado como propriedade intelectual.

6. Honorários por rendimento (*"output or 'off-the-shelf' rate fee"*). Fixação de preço por unidade comercializada. Tipicamente utilizado na publicidade na internet, por meio de abordagem 'pay-per-click'. Possui como vantagens: (i) facilidade de entendimento, (ii) reflete o proveito do anunciante e (iii) ideal para produtos padronizados. Possui como desvantagens: (i) difícil aplicação para produtos não padronizados e (ii) não reflete as adaptações necessárias a cada produto.

7. Comissão. Baseia a remuneração da agência em comissão devida pelo veículo de comunicação. É utilizada principalmente em mercados onde prevalecem as agências *full service*, que fornecem serviços de criação e distribuição. Possui como vantagens: (i) ideal para propaganda convencional, podendo a percentagem da comissão ser negociada de acordo com o serviço fornecido, (ii) representar facilidade de remuneração quando o anunciante possui muitas marcas, (iii) tanto anunciante quanto agência se focarem na qualidade do serviço, ao invés de seu preço, (iv) comissões funcionarem como pagamento por resultados, incentivando a eficiência. Possui como desvantagens: (i) baseado no volume gasto, não no volume de trabalho, (ii) inapropriado a serviços não relacionados à mídia, (iii) as agências se veem incentivadas a promover maior gasto com propaganda, se opondo a soluções que importem baixo gasto com veiculação, o que gera certa distorção no planejamento de mídia e (iv) cancelamento de veiculação por parte dos anunciantes afeta diretamente o faturamento das agências.

Essa aproximação realizada pelo CADE encontra amparo em outros estudos, inclusive fora do Brasil.[340] Como se percebe, as formas de remuneração possíveis são aquelas associadas à veiculação, caso da comissão (o desconto-padrão brasileiro), remunerações associadas ao trabalho realizado, caso de *fee*, de remuneração por projeto, por controle de horas trabalhadas; e remunerações associadas a resultados, caso associada a vendas ou rendimento. O desconto-padrão, uma comissão associadas à veiculação, não é a única forma de remuneração disponível para as agências de publicidade.

E como uma forma de remuneração, dentre outras, o desconto-padrão apresenta vantagens e desvantagens, assim como qualquer outra, e como já largamente apontado. Em tese de doutorado, Oliveira destaca a simplicidade, proporcionalidade e flexibilidade do desconto-padrão, mas aponta que resultaria valores exagerados para grandes

---

[340] Institute of Practitioners in Advertising (IPA). *Agency remuneration*: A best practice guide on how to pay agencies. 2. ed. 2012. E também: Associação Portuguesa de Anunciantes (APAN). O valor certo: Guia de Boas Práticas para Remuneração das Agências de Comunicação. Disponível em: https://apan.pt/guia-de-boas-praticas-para-remuneracao-das-agencias-de-comunicacao-o-valor-certo/. Acesso em: 2 abr. 2022.

anunciantes, e estimularia uma mídia cara. O desconto-padrão tampouco serviria para produção e a agência ainda poderia acabar adiantando os valores da veiculação.[341]

Cumpre lembrar ainda que a utilização de uma remuneração não significa a interdição de todas as outras. Ao contrário, remunerações por resultado podem, e devem, ser combinadas com remunerações por veiculação, associadas a custos, dentre outras.

A grande questão é que o desconto-padrão e a organização do setor publicitário, tal como se encontra no Brasil, é uma peculiaridade dificilmente encontrada em outros países, o "modelo brasileiro de publicidade" mencionado no capítulo 1. Oliveira também apresenta que a remuneração por comissão, como o desconto-padrão praticado no Brasil, estaria em queda mundo afora, à exceção da Ásia, também pelos problemas de conflitos de interesses.[342] Em entrevistas, porém, o autor teria notado a prática de comissão aliada à BV, além de casos de *fee* e formatos híbridos.[343]

Por tudo isso, este último capítulo dedica-se a entender as formas de remuneração alternativas e seus desafios.

3.1.1 Remuneração por um valor fechado: *fee*

Em primeiro lugar, importa tratar da remuneração por um valor fechado, o *fee*. As Normas-Padrão apresentam uma definição de *fee*, no item 1.13, como: "o valor contratualmente pago pelo Anunciante à Agência de Publicidade, nos termos estabelecidos pelas Normas-Padrão, independente do volume de veiculações, por serviços prestados de forma contínua ou eventual".

Assim, a remuneração por *fee* pode ocorrer ao menos segundo duas grandes formas. A primeira delas significa pagar, de acordo com periodicidade definida, para se ter uma agência de publicidade disponível, caso do *fee* mensal ou mesmo anual, a depender do horizonte temporal. Esses são os serviços prestados de forma contínua previstos no trecho citado. A segunda forma significa pagar um valor por todo o trabalho realizado, um *fee* por projeto, daí a eventualidade.

Em ambos os casos, trata-se de estimar quais os recursos que serão utilizados, em termos de tempo utilizado, trabalhadores

---

[341] OLIVEIRA, *op. cit.*, p. 81.
[342] *Ibidem*, p. 91 e ss.
[343] *Ibidem*, p. 217.

empregados, quantidade de demandas, complexidade etc. Em sendo o horizonte temporal mais alargado, permite-se o ganho de escala para o anunciante, enquanto nas menores é possível ter uma correlação mais direta entre custos e valores.

No setor privado, as Normas-Padrão preveem que a remuneração por *fee* pode ocorrer de forma alternativa ou cumulativa ao desconto-padrão (item 3.10), isto é, é possível excluir o desconto-padrão ou fazer uma combinação entre ambos, a depender do serviço prestado. Assim, a agência seria remunerada pela veiculação, mas também receberia um valor conforme os serviços prestados. Ou, ao contrário, a agência, ao invés de ser remunerada a partir de veiculação, apenas receberia pelos serviços efetivamente prestados. O *fee* seria adotado nesse último caso em situações em que a veiculação não fosse parte da estratégia, caso de elaboração de material publicitário a ser distribuído em ruas, afixado em paredes ou outros meios que não veículos que paguem o desconto-padrão.

Em qualquer caso, porém, o *fee* deverá aproximar-se do valor que a agência normalmente receberia, caso fosse remunerada pelo desconto-padrão (item 3.10.2 NP).

A remuneração por *fees* também já apareceu no controle realizado. No caso do TCU, os *fees* estavam presentes na análise empreendida, sem suscitar maiores questões.[344] Já no caso da CPMI dos Correios, houve proposta de determinação aos Correios para adoção de remuneração por meio de *fees*.[345]

Apesar dos elogios do controle, tais formas não parecem ter sido adotadas, e só recentemente foram integradas à Instrução Normativa Secom nº 3/2018 (art. 21 e 22), admitido na proposta de preços do edital para contratação de fornecedores.

Eventualmente lembrada pela doutrina,[346] ela está ausente da minuta-padrão da Secom. Questionada em fevereiro de 2020, a Secom declarou sua opção pela remuneração tradicional.[347]

---

[344] Cf. BRASIL. Tribunal de Contas da União (TCU). *Acórdão 2.062/2006*, Plenário, relator Ministro Ubiratan Aguiar, dj. 8 nov. 2006, p. 41/42 e BRASIL. Tribunal de Contas da União (TCU). *Acórdão 3.233/2010*, Plenário, relator Ministro Marcos Vilaça, dj. 1 dez. 2010, p. 101.

[345] BRASIL. Congresso Nacional. *Relatório Final dos Trabalhos da CPMI "dos Correios"*. Volume 1. Brasília, abr. 2006, p. 104-105.

[346] JUSTEN-FILHO. *Comentários à Lei de Contratos de Publicidade da Administração*: Lei nº 12.232/2010. Belo Horizonte: Fórum, 2020. p. 181 e 208. COSTA, Henrique *et al.*, op. cit., p. 74 e 80. FREDDO, *op. cit.*, p. 306.

[347] BRASIL. Presidência da República. Secretaria de Governo. Secretaria Especial de Comunicação Social. *Audiência Pública nº 1/2020*. Esclarecimentos às contribuições

3.1.1.1 Espécie de empreitada por preço global

A remuneração por *fee* suscita uma aproximação com o regime de empreitada, tal como previsto na Lei nº 8.666/93 (art. 6º, VIII, a) e b) e agora na nova Lei nº 14.133/2021, em redação praticamente idêntica:

> Art. 6º. Para os fins desta Lei, consideram-se: (...)
> XXVIII - empreitada por preço unitário: contratação da execução da obra ou do serviço por preço certo de unidades determinadas;
> XXIX - empreitada por preço global: contratação da execução da obra ou do serviço por preço certo e total.

Em havendo a contratação por um *fee* da campanha, um preço fechado, está-se diante de uma empreitada por preço global. Caso a contratação seja por um período de tempo, como mensal, seria o caso de uma empreitada por preço unitário.

Essa comparação com os regimes de execução permite tratar das vantagens e desvantagens envolvidas.

Costa chega a sugerir uma contratação por preço global, em favor da definição dos preços, apontando como empecilho a atuação dos veículos, que perderiam verbas.[348]

No meio do caminho, a definição de um valor mensal traria previsibilidade a médio prazo para agências. Também seriam de administração fácil no orçamento e reduziriam custos de pagamento. Além disso, a agência seria obrigada a trabalhar segundo um orçamento fechado. Isso é capaz de evitar disputas em torno da veiculação realizada e das sugestões realizadas ao longo da campanha, o que produziria um alinhamento dos objetivos.[349]

---

recebidas, p. 10-11. Disponível em: <http://antigo.secom.gov.br/acesso-a-informacao/licitacoes-e-contratos/arquivos-de-audiencias-publicas/esclarecimentosaud_publica_no-1-2020_definitivo_21-02-20x.pdf>. Acesso em: 3 abr. 2022.

[348] COSTA, Henrique *et al*, *op. cit.*, p. 73-74.

[349] SILVA, *Análise da postura de anunciantes brasileiros com relação à remuneração de agências de propaganda*. 2005, 105 f. Dissertação (Mmestrado em Administração de Empresas) – Escola de Administração de Empresas de São Paulo, Fundação Getúlio Vargas, São Paulo, 2005. p. 54.

3.1.1.2 Problemas associados à contratação por um preço fechado

A remuneração por *fees* sugere dois grandes problemas. A contratação por um preço total importa os baixos incentivos para a economia da agência. Associado a esse problema, porém diferente, estaria a economia que seria gerada pela adoção do desconto-padrão, ligado à veiculação.

3.1.1.2.1 Problemas associados à contratação administrativa por preço fechado: baixos incentivos para a boa execução do objeto

Como problemas dos *fees*, cita-se a acomodação da agência e o custo de manter uma remuneração ainda que a demanda de trabalhos varie.[350] Assim, ainda que a agência não preste serviço algum ela receberá o *fee* devido no período. Especificamente para a Administração Pública, Agra apresenta como inconvenientes do *fee* não trazer incentivos para o bom desempenho, enquanto remuneração fixa, além de importar margem para questionamentos pelo controle, eis que uma remuneração não relacionada ao volume de serviço realizado.[351] Por exemplo, ao se adotar um *fee* mensal, haveria a possibilidade de a agência receber R$1 milhão mensal, ainda que não esteja prestando qualquer serviço. O problema seria agravado quando fossem várias agências contratadas.

Além disso, uma dificuldade seria negociar um valor adequado para os serviços prestados, que equilibre incentivos para a agência bem atuar, ao mesmo tempo em que a estimula a economizar. O valor definido também demandaria revisões periódicas.

Um ponto negativo da empreitada eventualmente lembrado é a possibilidade de a contratada diminuir custos e aumentar lucros, em prejuízo da boa execução.[352]

As concessões trazem uma evolução na remuneração que se revela interessante.

A remuneração segundo os custos teria surgido como forma de coibir a cobrança de tarifas excessivas. Nela, o concessionário tem

---

[350] *Ibidem*, p. 54.
[351] AGRA, *op. cit.*, 1162-1163.
[352] JUSTEN-FILHO, *Comentários à Lei de Contratos de Publicidade da Administração*: Lei nº 12.232/2010. Belo Horizonte: Fórum, 2020. p. 197.

seus custos cobertos, além de um retorno garantido, lembrando a administração contratada. Dois problemas são o acompanhamento dos investimentos, que podem ser exagerados, de forma a aumentar os custos e a remuneração, bem como o baixo incentivo para resultados.[353] Assim, basear-se em custos enfrenta o risco de conseguir precisá-los adequadamente, em um contexto de assimetria informacional, em que a Administração dificilmente sabe os custos efetivos; além de não se promover a eficiência do contrato. Ao contrário, há espaço para o chamado efeito Averch-Johnson, em que a concessionária investe excessivamente, apenas para aumentar sua remuneração.[354]

Por essa razão é que, ao longo do tempo, as contratações teriam passado para um modelo *price cap*, com a definição de um máximo a ser pago, com incentivos para o contratado economizar e conseguir maiores margens de lucro para si.[355]

Ocorre que apontar esse máximo pode levar a menos investimentos para aumentar os lucros e ainda pode gerar periódicos processos para revisão da tarifa.[356] Assim, tais métodos ainda teriam sido aprimorados ao longo do tempo, com definição de um deflator, um índice que buscaria diminuir esse máximo, obrigando o contratado a se aprimorar e, posteriormente, na evolução, com um deflator limitado apenas aos eventos aos quais o contratado possa de fato atuar. As vantagens do *price cap*, assim, seriam não pensar em custos, forçar a concessionária a ser eficiente, sabendo que sua remuneração deve diminuir pelo deflator, e maior facilidade de controle. As dificuldades de tal método, porém, seriam o risco de a empresa atuar sempre no valor máximo, sem saber custos e lucro exato, além do prejuízo à qualidade.[357] O problema seria então pressionar a tarifa a ponto de comprometer a qualidade e inclusive a adequada execução do contrato.[358]

Outra forma de remuneração possível seria a de cesta tarifária, em que diversos elementos são remunerados em conjunto, como instalação, manutenção e utilização efetiva, ao invés de se estabelecer

---

[353] FERREIRA, *op. cit.*, p. 54 e ss.
[354] GUIMARÃES, *op. cit.*, 176-177.
[355] CÂMARA, Jacintho A. O regime tarifário como instrumento de políticas públicas. *Revista de Direito Público da Economia – RDPE*, Belo Horizonte, ano 3, n. 12, p. 15, out./dez. 2005.
[356] FERREIRA, *op. cit.*, P. 54.
[357] SCHWIND, Rafael Wallbach. *Remuneração do particular nas concessões e parcerias público-privadas*. 2010, 361f. Dissertação (Mestrado em Direito). Faculdade de Direito, Universidade de São Paulo, São Paulo, 2010. p. 73 e ss.
[358] GUIMARÃES, *op. cit.*, p. 178.

valores para cada um deles.[359]

Em todos os casos verifica-se a dificuldade de promover a boa execução contratual por meio de uma remuneração em valor fechado, como seria o caso da remuneração por *fee*, eis que ausentes incentivos para a contratada melhorar seu desempenho e ser recompensada.

3.1.1.2.2 Problemas específicos do setor publicitário: a suposta economia gerada pelo desconto-padrão

O principal argumento contra outro tipo de remuneração seria a economia gerada pelo desconto-padrão. Segundo o argumento, a remuneração por meio de *fees* tornaria as veiculações mais caras, eis que os 15% pagos à agência como desconto-padrão seriam embolsados pelo veículo. Esquematicamente:

Figura 16 – Comparativo entre remuneração por desconto-padrão e por *fee*

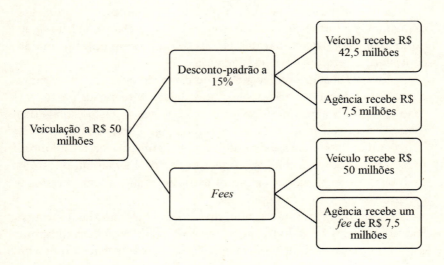

Fonte: elaboração própria.

---

[359] CÂMARA, O regime tarifário como instrumento de políticas públicas. *Revista de Direito Público da Economia – RDPE*, Belo Horizonte, ano 3, n. 12, p. 16, out./dez. 2005.

Ausente a remuneração por desconto-padrão, portanto, a Administração Pública deveria pagar o valor total da veiculação, além de remunerar a agência de publicidade pelos serviços prestados, incorrendo em gastos maiores.

Tal argumento parece desconsiderar a possibilidade de negociações. Na prática, é preciso considerar que a Administração Pública Federal é uma grande negociadora de espaço publicitário. Assim, ao invés de resultar um contrato R$7,5 milhões mais caro, haveria a possibilidade de negociar um desconto na veiculação e um desconto junto à agência. No exemplo hipotético, o veículo receberia R$45 milhões e a agência, um *fee* de R$ 5 milhões. Em 2005, Silva apontava que, para o veículo, essa seria uma questão indiferente, já que o valor recebido seria o mesmo, bem como os planos de incentivo.[360]

Como apontado, a opção pela remuneração por *fee*, em outros mercados e países, de um lado, está relacionada à percepção de que as agências recebem valores excessivos por sua atuação, em caso de grandes contratos. De outro lado, a opção parte da evolução natural da veiculação para além dos meios tradicionais, em que tabelas de veiculação não são comumente praticadas.

É de se pensar, porém, o quanto uma solução como essa demandaria o fortalecimento do Comitê de Negociação de Mídia, ou outra área, capaz de cuidar da veiculação ou mesmo outra forma de contratação de mídia, fora das agências.

Outra questão envolve pensar qual a razão do *fee*, se a economia de valores não necessariamente é um deles. A resposta passa por todo o capítulo anterior. Trata-se menos do valor gasto e mais das distorções que tal forma de remuneração proporciona, em termos de decisões tomadas e relacionamento com os agentes do setor. Caminhar para remunerações fechadas tende a evitar problemas da oposição de interesses entre agência e Administração Pública com veículos e produtoras ou outros fornecedores.

A segunda questão é que, apesar da previsão das Normas-Padrão, no setor privado há uma pressão considerável para diminuir os valores pagos. Por meio do *fee*, a regra do desconto-padrão em 20%

---

[360] SILVA, *Análise da postura de anunciantes brasileiros com relação à remuneração de agências de propaganda*. 2005, 105 f. Dissertação (Mestrado em Administração de Empresas) – Escola de Administração de Empresas de São Paulo, Fundação Getúlio Vargas, São Paulo, 2005. p. 72.

vem sendo puxada para valores cada vez mais competitivos, chegando a 1%:[361]

> A gente trabalha em dois formatos, um é a comissão sobre veiculação, praticado pelos clientes maiores. [Pesquisador: Cerca de 15%?] Quinze? Não, não é mais quinze não. Hoje quem está pagando 12% você está feliz da vida. Tem cliente que está querendo negociar de 5% para baixo. Tem um caso de um cliente grande que está querendo baixar de 5% para 1%. E temos clientes, principalmente os médios, que a agência ganha por fee, por hora. Acaba tendo um trabalho mais consultivo mesmo, mesmo porque não está relacionado com que você está comprando em mídia.

Por esses fatores, em especial, a remuneração por *fees*, tende a ser inexistente nos contratos administrativos de publicidade. Entendemos, porém, que a grande questão é a atual conformação do setor publicitário, como ainda voltaremos, em que agências e veículos sustentam soluções remuneratórias que lhe são mais favoráveis e que apenas parecem mais favoráveis aos anunciantes.

3.1.2 Remuneração parcialmente associada a custos: remuneração por horas trabalhadas como empreitada por preço unitário

Uma remuneração parcialmente associada a custos é aquela por horas trabalhadas. Isso significa definir o valor da hora trabalhada para cada profissional, segundo a formação e a experiência, bem como suas atribuições, e realizar um controle sobre as horas efetivamente trabalhadas.

Tal solução retoma a anterior, com a determinação de um preço fechado, com a importante diferença de que o horizonte temporal é diminuto, adotando-se horas ao invés de meses ou anos.

A remuneração por horas trabalhadas relembra uma noção de empreitada por preço unitário: definidas as unidades, no caso o valor da hora, procede-se ao controle e à obtenção do valor final. Segundo a Lei nº 8.666/93 (art. 6º, VIII, b) e em breve a Lei nº 14.133/2021:

> Art. 6º. Para os fins desta Lei, consideram-se: (...)
> XXVIII - empreitada por preço unitário: contratação da execução da obra ou do serviço por preço certo de unidades determinadas.

---
[361] OLIVEIRA, *op. cit.*, p. 217.

Além disso, adotar uma remuneração com base em controle de horas (*"timesheet"*) pode trazer problemas próximos aos da suposta administração contratada, com indeterminação em relação ao valor final e dificuldade em relação ao controle.

Quando comparada com o desconto-padrão, a solução é interessante, por apresentar uma correlação com custos maior do que a vinculação da remuneração apenas à veiculação ou à produção.

3.1.2.1 Dificuldade de controle e associação apenas parcial aos custos

No entanto, a eventual adoção de uma remuneração por horas trabalhadas também suscita alguns problemas.

Um primeiro problema é como realizar o controle dessas horas. Em termos imediatos, seria preciso conscientizar os funcionários a preencherem planilhas com as horas trabalhadas. A questão não é tão simples quanto parece, mas traz definições do valor da hora, seu controle e consolidação de cálculos. O incômodo dessa solução é conhecido por quem acompanha o setor.

Outra questão é que nem sempre a ideia, a concepção de uma campanha ocorre apenas em horário comercial. Isso suscitaria o controle das horas ou até minutos trabalhados fora do ambiente de trabalho ou do horário comercial.

Como decorrência, um controle preciso dessas horas pode revelar que funcionários estariam trabalhando horas excessivas. Considerando ainda os prazos apertados e a urgência usualmente atreladas à publicidade, disso poderiam surgir questões trabalhistas de horas extras, desrespeito a descanso semanal etc, chegando a valores impagáveis ou a um controle meramente aparente de horas trabalhadas.

O segundo problema, como se vislumbra, é que essa associação com custos é precária. Os custos do trabalho de uma agência não se resumem às horas trabalhadas pelos seus funcionários, mas envolvem também sua estrutura, por exemplo. O custo da hora trabalhada não seria efetivamente o custo do trabalho.

O terceiro problema é que associar a remuneração aos custos, mais uma vez, não é suficiente para promover o bom desempenho das agências contratadas pela Administração Pública. Haveria o risco de remunerar centenas de horas de funcionários ineficientes, em um cenário que lembra a remuneração por preço fechado: paga-se por algo que não está sendo feito.

Por fim, um quarto problema é a possibilidade de tal controle resultar em infinitas horas, suscitando um difícil controle e planejamento para a Administração Pública. Em determinado mês, as horas trabalhadas seriam diminutas enquanto no mês seguinte em grande montante. Esse problema remonta o problema da previsibilidade, já mencionado.

Aqui, pela dificuldade de controle, o incentivo seria exagerar custos ou pressionar a agência contratada para diminuir as horas contabilizadas, forçando ao mínimo.

Assim, a remuneração baseada em horas poderia até dar uma sinalização dos custos, mas também traz outros problemas, ao mesmo tempo em que apresenta baixos incentivos para a eficiência e o bom desempenho. Daí a importância de investigar outras formas.

3.1.3 Remuneração associada a resultados: *success fee*

Outra opção consiste na remuneração por resultado. Nela, há uma definição prévia de objetivos, critérios e métodos de avaliação. Uma vez atingidos os objetivos determinados, a agência será remunerada conforme definido pelas partes de comum acordo. A dificuldade de alinhar esses interesses pode retomar uma disputa entre cliente e agência,[362] como apontado adiante.

A remuneração por resultado também tende a ser insuficiente para garantir a sobrevivência da agência e, portanto, geralmente é acompanhada de outra solução remuneratória.

Assim, dentre as formas de remuneração mencionadas no item anterior, chama a atenção o *success fee*, o pagamento de uma remuneração conforme o resultado, suscitando na agência a responsabilidade pela economia de gastos e por uma boa performance, ainda que apenas em parte da remuneração, como aponta Agra.[363] Vejamos a base teórica envolvida, as possibilidades no direito administrativo, o que já existe e quais os desafios.

3.1.3.1 A administração de resultados como fundamento

No âmbito da Administração Pública, uma investigação a respeito de resultados envolve uma noção de administração de resultados.

---

[362] OLIVEIRA, *op. cit.*, p. 177.
[363] AGRA, *op. cit.*, 1158.

Sua base teórica é localizada por vezes em Max Weber e em uma noção de ética de resultados, acima de intenções, bem como na doutrina italiana,[364] ou seja, mais importante que as ações realizadas e as intenções por trás delas, seria o resultado efetivamente alcançado. Tais ideias teriam florescido m um contexto de Reforma do Estado, que chegou ao Brasil nos anos 1990 e buscava combater a burocracia tradicional tal como preconizada pelo próprio Weber.[365]

Assim, ganha relevo a noção de que o Estado não é um fim em si mesmo, mas deve atuar com vistas aos resultados que produz à população, em detrimento de ritualismos ou formalidades.[366] Um exemplo dessa preocupação seria a inclusão do princípio da eficiência no art. 37, dentre aqueles a serem observados pela Administração Pública.

A concepção de administração por resultados traz noções como planejamento, estabelecimento de metas e indicadores, fortalecimento da transparência, do acompanhamento e adequação conforme resultados obtidos, com responsabilização pelo seu não atingimento.[367] Isso significa a importância de se planejar metas a serem alcançadas, critérios, de forma transparente e acompanhar seu atingimento, com a incidência de consequências para os resultados positivos ou negativos.

Ao tratar de autorregulação ainda no capítulo 1, mencionou-se o posicionamento de Teubner, para quem o direito teria um papel muito limitado em prever um resultado e alcançá-lo, diante de lógicas distintas como da política, da economia etc. A partir disso, propõe-se aqui tão somente que o direito se preocupe com os resultados e suas

---

[364] MOREIRA-NETO, Diogo Figueiredo. *O direito administrativo no século XXI*. Belo Horizonte: Fórum, 2018. p. 292-296.

[365] Plano Diretor da Reforma do Aparelho do Estado. Brasília, 1995, p. 17. Também: GOMES, Eduardo Granha Magalhães. *Gestão por Resultados e eficiência na Administração Pública*: uma análise à luz da experiência de Minas Gerais. São Paulo: EAESP/FGV, 2009, 187 f. Tese (Doutorado em Administração Pública e Governo) – Escola de Administração de Empresas de São Paulo, Fundação Getúlio Vargas, São Paulo, 2009, p. 14. E, por fim: GAETANI, Francisco. Governança corporativa no setor público. *In*: LINS, João et al. *Gestão Pública*: melhores práticas. p. 266.

[366] MOREIRA-NETO, *Quatro paradigmas do Direito Administrativo Pós-Moderno*: legitimidade, finalidade, eficiência, resultados. Belo Horizonte: Fórum, 2008. p. 103. BRESSER-PEREIRA, *Reforma do Estado para a cidadania*: a reforma gerencial brasileira na perspectiva internacional. São Paulo: Editora 34; Brasília: ENAP, 1998. p. 110.

[367] ABRUCIO, Fernando Luiz. Trajetória recente da gestão pública brasileira: um balanço crítico e a renovação da agenda de reformas. *Revista de Administração Pública*. Rio de Janeiro, Edição Especial Comemorativa, 1967-2007, p.79 e ss. Também: GOMES, *op. cit.*, p. 63 e ss.

consequências, que realize um mais adequado monitoramento dos efeitos dos contratos e das campanhas de publicidade, mas não que toda campanha alcance um determinado resultado.

Essa concepção pautada por resultados também significa uma alteração na forma como os contratos estão organizados em termos de autonomia e responsabilização. Além de prever resultados visados e indicadores, é preciso que as partes tenham condições de escolher os meios utilizados, e tomar decisões ao longo da execução do contrato, sob pena de continuarem imobilizadas.[368]

Esse cenário poderia suscitar críticas no sentido de que tudo estaria permitido para se chegar aos resultados pretendidos. Seria a visão de que "os fins justificariam os meios". Ou ainda, Motta, em perspectiva crítica, questiona a possibilidade de autonomia, frente à dimensão política e as competências limitadas que os gestores teriam na prática.[369]

No entanto, as críticas não se sustentam, eis que há a possibilidade de um controle maior sobre a atuação administrativa, ainda que diverso.[370] Bresser Pereira aponta a administração por resultados como uma forma de responsabilização do modelo gerencial, a substituir, em parte, as normas exaustivas, a supervisão hierárquica direta e os mecanismos de auditoria por um controle a posteriori, sempre dentro de um modelo democrático.[371] Isso não significa, porém, que qualquer meio utilizado seja válido, sendo importante também conhecer os

---

[368] BRESSER-PEREIRA, *Reforma do Estado para a cidadania*: a reforma gerencial brasileira na perspectiva internacional. São Paulo: Editora 34; Brasília: ENAP, 1998. p. 126. Associação entre resultados e autonomia, no âmbito dos contratos administrativos, também feita por MOREIRA, Egon B. GUIMARÃES, Fernando V. *A Lei Geral de Licitação – LGL e o Regime Diferenciado de Contratação – RDC*. 2. ed. São Paulo: Malheiros, 2015. p. 253.

[369] MOTTA, Paulo Roberto de Mendonça. O estado da arte da gestão pública. *Revista de Administração de Empresas*, São Paulo, v. 53, n. 1, p. 86-87, jan/fev. 2013.

[370] MOREIRA-NETO, *O direito administrativo no século XXI*. Belo Horizonte: Fórum, 2018. p. 179. MOREIRA-NETO, *Quatro paradigmas do Direito Administrativo Pós-Moderno*: legitimidade, finalidade, eficiência, resultados. Belo Horizonte: Fórum, 2008. p. 138. MARQUES-NETO, Floriano de Azevedo. Os Grandes Desafios do Controle da Administração Pública. *In*: MODESTO, Paulo (coord.). *Nova Organização Administrativa Brasileira*. Belo Horizonte: Fórum, 2009. p. 208.

[371] BRESSER-PEREIRA, Luiz Carlos. O modelo estrutural de governança pública. *Revista Eletrônica sobre a Reforma do Estado*. Salvador, Número 10, jun./jul./ago. 2007, p. 9-10. No mesmo sentido, inclusive destacando o engessamento burocrática da Lei nº 8.666/93 para obras e serviços de engenharia: BRESSER-PEREIRA, *Reforma do Estado para a cidadania*: a reforma gerencial brasileira na perspectiva internacional. São Paulo: Editora 34; Brasília: ENAP, 1998. p. 154-155 e p. 293-294.

procedimentos utilizados.[372] Vanice Lírio do Valle[373] e Floriano de Azevedo Marques Neto rebatem críticas ao controle de resultados,[374] que não significa legitimar "rouba mas faz", mas expandir controle para custo benefício, e fortalecer consequencialismo, responsabilidade do controle, dentro de um ordenamento jurídico que não significa tolerar tudo com base no resultado.

Esse cenário de maior controle também teria sido reforçado com a promulgação da Lei nº 13.655/2018, com alterações na Lei de Introdução às Normas do Direito Brasileiro, de forma a incluir regras para a interpretação e aplicação do Direito Público. Nesse sentido, o dever de os órgãos de controle considerar as consequências de suas decisões (art. 20), bem como as dificuldades vivenciadas pelo gestor público (art. 22) e as orientações da época (art. 24) indicam que os resultados devem ser considerados, bem como a autonomia efetiva de quem tomou a decisão – sem soluções mirabolantes ou a legitimação de qualquer decisão. Isso tudo aponta para a necessidade de se pensar nas consequências, não com um viés sancionador unilateral, mas valorizando as soluções possíveis dentro do ordenamento jurídico.

Também no âmbito específico da publicidade, Oliveira aponta que a mensuração de resultados traz uma preocupação com accountability.[375] À medida que se acompanham os resultados, é mais fácil questionar as decisões tomadas. Essa impressão verifica-se no setor privado. Com a disseminação de tal atividade, há a expectativa de que a publicidade deixe de ser uma atividade intangível, expondo o trabalho dos envolvidos a questionamentos. Por um lado, representaria um relacionamento mais profissional entre ambos; por outro lado, também significa mudanças na estrutura da agência, com profissionais capazes de lidar com números, uma atuação preocupada em resolver problemas.[376]

---

[372] BRESSER-PEREIRA, *Reforma do Estado para a cidadania*: a reforma gerencial brasileira na perspectiva internacional. São Paulo: Editora 34; Brasília: ENAP, 1998. p. 148.

[373] VALLE, Vanice Lírio do. Terceiro setor e parcerias com a Administração Pública: desafios ao controle das OS e OSCIPs. *Revista de Direito do Terceiro Setor*, v. 2, n. 4, jul./dez. 2008, p. 59-60.

[374] MARQUES-NETO, Os grandes desafios do controle da Administração Pública. *In*: MODESTO, Paulo (coord.). *Nova Organização Administrativa Brasileira*. Belo Horizonte: Fórum, 2009. p. 233.

[375] OLIVEIRA, *op. cit.*, p. 207.

[376] *Ibidem*, pp. 253 e ss.

A questão que se coloca a partir desse cenário é: como utilizar a remuneração dos contratos administrativos para obter melhores resultados?

Para além da administração de resultados, a doutrina também lembra uma noção de incentivos, a partir das sanções positivas, de Bobbio.[377] Segundo esse último, seriam recompensas com o intuito de estimular um determinado comportamento, ao invés de punir um comportamento indesejado. Assim, premiar o bom desempenho da contratada por meio de uma remuneração maior seria uma forma de obter melhores contratações. No mesmo sentido, tratando da remuneração variável, Fernando Vernalha Guimarães explica que a tradição brasileira sempre foi pelo controle de meios e pela punição a condutas inadequadas, contornadas por mecanismos protelatórios. A adoção de remuneração variável, porém, rompe essa tradição ao se associar ao desempenho do concessionário e sua remuneração mais diretamente.[378]

Outras duas noções fundamentais seriam a de sustentabilidade do contrato e de financiamento interno. A possibilidade de premiar o bom desempenho da contratada não deve ignorar que os contratos devem ser sustentáveis.[379] Um aspecto fundamental é que, em qualquer caso, a proposta deve cobrir os custos envolvidos, sob pena de prejudicar a execução do contrário, bem como ferir a concorrência.[380] Algo que deve ser lembrado considerando a pressão envolvida nos contratos de publicidade.

Além disso, SCHWIND também traz a noção de financiamento interno.[381] A busca por maior desempenho deve considerar as diversas

---

[377] MENDES, Clara Dantas. *Contratos de eficiência e remuneração variável no RDC*. 2016, 60 f. Monografia (Graduação em Direito) – Faculdade de Direito, Universidade Federal do Paraná, Curitiba, 2016. p. 44-45.

[378] GUIMARÃES, Fernando Vernalha. *Parceria público-privada*: caracterização dos tipos legais e aspectos nucleares de seu regime jurídico. 2008. 598 f. Tese (Doutorado em Direito) – Programa de Pós-Graduação em Direito, Universidade Federal do Paraná, Curitiba, 2008. p. 296 e ss. No mesmo sentido: SCHWIND, Rafael Wallbach. *Remuneração do concessionário*: concessões comuns e parcerias público-privadas. Belo Horizonte: Fórum, 2010. p. 238.

[379] SCHWIND, Rafael. *Remuneração do particular nas concessões e parcerias público-privadas*. 2010, 361 f. Dissertação (Mestrado em Direito) – Faculdade de Direito, Universidade de São Paulo, São Paulo, 2010. p. 208.

[380] HADLICH MIGUEL, Luiz Felipe. *A remuneração do particular na execução de atividades públicas*. Brasília: Gazeta Jurídica, 2015. p. 185-187.

[381] SCHWIND, Rafael. Remuneração do particular *Remuneração do particular nas concessões e parcerias público-privadas*. 2010, 361 f. Dissertação (Mestrado em Direito) – Faculdade de Direito, Universidade de São Paulo, São Paulo, 2010. p. 99.

atividades prestadas pela contratada, eis que algumas delas sustentam outras.

Mais especificamente, no âmbito do direito administrativo brasileiro, a remuneração tem sido utilizada com o intuito de melhorar o desempenho da contratada por meio da adoção de remuneração variável (nas concessões), em que o atingimento de determinado resultado significa um bônus, além da remuneração firmada; por meio de desconto sobre a remuneração acordada quando o objetivo não é atingido em sua integralidade (nos contratos de eficiência do RDC); ou mesmo condicionando todo o pagamento à obtenção de um resultado (nos contratos de impacto social).

Na remuneração variável, entende-se que apenas parte da remuneração é atrelada ao atingimento de resultados. A remuneração seria um bônus, atrelado a uma vantagem específica, efetiva à Administração. Isso se verifica a partir da Lei de Parcerias Público-Privadas, em especial, cujo art. 6º prevê a possibilidade de remuneração variável, segundo metas e padrões definidos contratualmente.

Já o âmbito do Regime Diferenciado de Contratações (RDC), da Lei nº 12.462/2011, além da hipótese de remuneração variável (art. 10), também há a figura de um contrato de eficiência (art. 23). Nele, a Administração contrata um resultado, a diminuição de despesas de custeio, como água, luz etc, pela adoção de sistemas mais modernos e econômicos.[382] O não atingimento do resultado implica consequências como o desconto da diferença na remuneração da contratada, a aplicação de multas ou outras sanções, a depender da diferença. Embora a legislação mencione redução das despesas correntes, Schwind entende que se trata na verdade de despesas de custeio.[383]

Outra nova forma de contratação é aquela por meio de contratos de impacto social. Nessa formatação, a Administração Pública somente remunera o particular contratado caso esse alcance o resultado pretendido. Por exemplo, diminua a taxa de reincidência entre a população carcerária jovem, melhore o desempenho de alunos de

---

[382] BRASIL, Estudo sobre o Estado da Arte dos mecanismos de contratação de serviços de eficiência energética em edificações no Brasil. Ministério do Meio Ambiente. Maio 2014. p.11-24/33-46 Apud MENDES, *op. cit.*, p. 34. Também: KATO, Enio Akira et al. *Contratação de Performance*: modelo norte-americano nos anos 90 na automação predial. Boletim Técnico da Escola Politécnica da USP. São Paulo: EPUSP, 1999.

[383] SCHWIND, Rafael Wallbach. Remuneração variável e contratos de eficiência no Regime Diferenciado de Contratações Públicas (RDC). *Revista Brasileira de Direito Público – RBDP*, Belo Horizonte, ano 10, n. 36, p. 15, jan./mar. 201.

uma região ou diminua o nível de poluição de um rio. Também os contratos de impacto social são relacionados à nova gestão pública.[384] Sobre os contratos de impacto social, algumas vantagens apontadas são a redução de custos para a Administração, o surgimento de ideias inovadoras, a transferência dos riscos, a mensuração mais clara e a participação privada em desafios antes públicos.[385]

3.1.3.2 Questões a respeito da adoção de uma remuneração por resultados

Examinada a base teórica e algumas formas de como utilizar a remuneração de modo a privilegiar o desempenho em contratações públicas, cabe analisar quais seriam as dificuldades envolvidas.

3.1.3.2.1 Aplicabilidade em contratos de publicidade

A primeira dificuldade é aplicar tais hipóteses para contratos de publicidade. Nenhum dos casos de remuneração administrativa por resultados foi elaborada para a hipótese, ao contrário, trata de concessões ou de outros tipos de serviços. As concessões são contratos relacionais, de alta complexidade, em muitos casos explorados por meio de tarifas. Os CIS têm sido utilizados em casos de educação, saúde, desemprego, reincidência criminal, não havendo notícias de que teriam sido usados para casos de contratação de publicidade[386] e há indicações que deveriam ser utilizados apenas para experiências já testadas no setor privado, o que facilitaria a atração de investidores.[387] Os contratos de eficiência da RDC, com redução de despesas de custeio, parecem de adaptação ainda mais improvável.

Apesar disso, a forma de remuneração por desempenho existe no setor privado publicitário, o que leva a pensar em que situações

---

[384] Cf. JOY, Meghan *et al*. Social Impact Bonds: The next phase of third sector marketization? *Canadian Jorunal of Nonprofit and Social Economy Research – ANSERJ*. Vol. 4, n. 2, Outono, 2013, p. 45. E também por tratar de incentivos: PENDEVEN, Benjamin Le. Social Impact Bonds: A New Public Management Perspective. *Revue Finance Contrôle Stratégie*, NS-5, 2019, 27 fev. 2019. Disponível em: <https://journals.openedition.org/fcs/2995>.
[385] SALES, Pedro Carneiro. Regime Diferenciado de Contratações Públicas e contratação por resultados no Brasil. *Revista Digital de Direito Administrativo*, v. 6, n.1, p. 129, 2019.
[386] AZEMATI, Hanna *et al*. Social Impact Bonds: Lessons learned so far. *Community Development Investment review* 9, n. 1, p. 29, abr. 2013.
[387] Investindo em impacto social: *UBS White paper sobre Social Impact Bonds*. Novembro, 2016, p. 8.

seria possível a contratação administrativa com alguma remuneração vinculada ao sucesso de uma campanha.

Retomando os quatro tipos de publicidade previstos pela Secom, a publicidade legal, envolvendo a publicação no Diário Oficial, é de plano descartada, inclusive por geralmente não envolver agência de publicidade.

No caso da publicidade institucional, a hipótese é possível, mas demanda cuidados. É possível realizar pesquisas de opinião a respeito de instituições e verificar o nível de confiança dos cidadãos. Também é de se considerar o nível de (des)conhecimento da população a respeito das atribuições e dos feitos de ministérios, agências e outros órgãos. Assim, campanhas cujo objetivo fosse apresentar a atuação dessas entidades, aumentando o grau de confiança dos cidadãos e seu conhecimento, poderiam resultar em uma remuneração a mais para as agências envolvidas. O risco identificado aqui seria a produção de campanhas populistas, sensacionalistas, que aproximaria as pessoas dos órgãos, mas com visões distorcidas ou de maneira superficial. Mais ainda, distorcer informações e promover notícias falsas não poderiam ser utilizadas.

No caso da publicidade mercadológica, a hipótese seria plenamente aplicável e estaria sujeita a menos limitações. Justamente, seria essa questão comercial a base de uma remuneração atrelada a resultados, no setor privado. Pensamos situações de vendas, em caso de empresas estatais. Uma empresa estatal que conseguisse convencer a população, por meio de uma campanha, da qualidade dos produtos e serviços oferecidos, poderia remunerar a agência por isso. A se pensar aqui na conveniência da campanha, considerando a capacidade limitada das empresas estatais. No caso de bancos públicos, uma campanha que aumentasse a bancarização da população de região do interior seria uma opção interessante. A depender do caso, a publicidade institucional também estaria relacionada. Para além da oferta em si, há uma dimensão institucional que pode ser interessante reforçar em empresas estatais, bancos públicos etc.

No caso da publicidade de utilidade pública, também é possível pensar em exemplos. Um deles seria o caso de campanhas de vacinação. Há informações disponíveis de pessoas vacinadas, casos da doença, definição de público-alvo, metas de vacinação etc. Todas essas informações podem ser utilizadas e processadas para se verificar maiores índices de vacinação, premiando a agência envolvida. Assim, de início, percebe-se que as hipóteses de remuneração atrelada ao desempenho no âmbito dos contratos administrativos não são usualmente relacionadas à publicidade. No entanto, a hipótese existe no setor privado, bem como há casos no setor público em que seu uso seria possível.

3.1.3.2.2 Definição de critérios

A segunda questão a respeito da remuneração atrelada ao desempenho é a necessidade de estabelecer critérios claros e objetivos, e que possam ser medidos adiante, com consequências para o não atingimento.[388] Tais critérios, assim, devem estar previstos no edital e no contrato, de forma a diminuir os custos de transação e a margem de discricionariedade da Administração, e garantir segurança jurídica.[389]

Além disso, é preciso considerar qual a factibilidade de tais critérios, em termos de escala, complexidade, sob risco de elevação incompatível dos custos de transação.[390] No caso de contratos de impacto social, devido à novidade de sua aplicação e à falta de precedentes, inclusive judiciais, sua viabilidade seria ainda mais incerta.[391]

Além disso, é preciso chegar a critérios relevantes. Isso significa, para além da necessidade de escolher uma questão que possa ser mensurada, a preocupação em medir algo que traga algum benefício à Administração e à sociedade, e não signifique apenas aumento de gastos.[392] A remuneração variável deve ser vista como um bônus, que não deve prejudicar a regular prestação do contrato, e os deveres de regularidade e boa prestação, mas premiar o contratado que mais bem o execute.[393] O parágrafo único do art. 10 da RDC também destaca o

---

[388] SCHWIND, *Remuneração do particular na execução de atividades públicas*. Brasília: Gazeta Jurídica, 2015. p. 262. No mesmo sentido: MENDES, *op. cit.*, p. 40-43. No âmbito dos CIS, destaca-se a necessidade de se escolher um objeto que possa ser medido e, sobretudo, cuja eficiência possa ser traduzida em maior remuneração, por exemplo, AZEMATI *et al*, p. 26.

[389] GUIMARÃES, *op. cit.*, p. 299.

[390] MULGAN, Geoff *et al*. Social Impact Investment: the challenge and opportunity of Social Impact Bonds. *The Young Foundation*, 2011.

[391] FONSECA, Gustavo Madureira. *et al*. O contrato de impacto social (CIS) e a modelagem jurídica para sua implementação: uma inovação na forma de financiamento de políticas públicas. *Fórum Administrativo – FA*, Belo Horizonte, ano 18, n. 203, p. 29, jan. 2018.

[392] SCHWIND, Remuneração variável e contratos de eficiência no Regime Diferenciado de Contratações Públicas (RDC). *Revista Brasileira de Direito Público – RBDP*, Belo Horizonte, ano 10, n. 36, p. 4, jan./mar. 2012. No mesmo sentido: SALES, *op. cit.*, p. 127.

[393] SCHWIND, Remuneração variável e contratos de eficiência no Regime Diferenciado de Contratações Públicas (RDC). *Revista Brasileira de Direito Público – RBDP*, Belo Horizonte, ano 10, n. 36, p. 8, jan./mar. 2012.

dever de motivação, de forma a demonstrar a proporcionalidade dos índices adotados na remuneração variável.[394]

No âmbito específico da publicidade, em doutoramento, Oliveira, destaca a preocupação com impacto de mídia e resultado sobre o consumidor. Ainda haveria uma tendência, no Brasil, de se ocupar com os índices de audiência e o público total atingido, mas não com os resultados efetivos.[395] Assim, embora o autor aponte que o monitoramento de resultados ocorra junto à mídia mais tradicional (rádio, tv, cinema), ainda é uma resposta limitada a poucos casos e preocupada mais com audiência do que com efetividade.

No setor, de forma quase anedótica, há também a distinção entre troféus e resultados.[396] Historicamente, o setor caracterizou-se pelas recorrentes premiações, bem como pelos profissionais, e em seguida agências, que acumulavam troféus em suas salas e prateleiras. Recentemente, porém, a preocupação teria saído dos troféus para os resultados.

Quanto ao risco de encarecimento dos contratos publicitários, isso poderia ocorrer de duas formas: o contrato ficaria mais caro pelos investimentos necessários na mensuração de desempenho; e a Administração desembolsaria mais valores para pagar os bônus, caso os resultados fossem atingidos.

No primeiro caso, segundo Oliveira, haveria um investimento necessário para a contratação de tecnologia adequada, mas também de profissionais capacitados a operá-las.[397] esbarrando ainda em uma questão político-cultural. Preocupações com o preço, porém, tendem a ser amenizadas com a disseminação das tecnologias necessárias, ao menos no caso do setor privado. Outra expectativa, objeto de reflexão no setor publicitário privado, é que a disseminação de resultados impactaria a remuneração, com novas formas sendo adotadas. A maior preocupação com resultados também pode vir atrelada a uma nova configuração do setor, com outro tipo de agências e empresas ganhando espaço, como consultorias e agências digitais.

---

[394] Cf. aponta MOREIRA, Egon B.; GUIMARÃES, Fernando V. Regime Diferenciado de Contratações: alguns apontamentos. *Revista de Contratos Públicos – RCP*, Belo Horizonte, ano 1, n. 1, p. 122, mar./ago. 2012.
[395] OLIVEIRA, *op. cit.*, p. 184.
[396] *Ibidem*, p. 221 e ss.
[397] *Ibidem*, p. 241 e ss.

Outro tipo de encarecimento seria aquele em razão da necessidade de despender recursos em razão dos bônus a serem pagos, em caso de adimplemento das condições.[398]

Tais críticas revelam, na verdade, uma falta de entendimento sobre a legislação.

Primeiro, porque o bônus somente será pago em caso de atingimento de um critério relevante. Ao privilegiar a administração de resultados, o pagamento somente ocorrerá quando um resultado de grande monta for atingido, sendo que a própria economia gerada servirá para garantir que a Administração tenha tais recursos.[399] Por exemplo, no caso da vacinação, ao invés de destinar o valor para financiar o sistema de saúde, a Administração economiza tais valores e paga uma parte da economia gerada ao particular que consegue desafogá-lo. Isso demanda, porém, um adequado planejamento fiscal do Estado, com previsão em leis orçamentárias e planos plurianuais, como suscita o Projeto de Lei do Senado Federal nº 338/2018, a prever que o Poder Público não pode pagar se não for entregue o resultado (art. 5º), e sua limitação à duração de até 10 anos, com previsões na lei orçamentária e no Plano Plurianual (art. 6º).

Segundo, porque pode suscitar a possibilidade de instituição de "escalas de percentuais", de modo que, quanto maior a economia gerada para a Administração, maior a remuneração do particular, segundo Schwind.[400]

E terceiro, porque tal possibilidade deve ser interpretada como uma relação ganha-ganha para os envolvidos, eis que tanto a Administração Pública se beneficia de uma melhor atuação do contratado, como esse se beneficia com uma recompensa em sua remuneração.[401] Colocado em perspectiva, é de se pensar o quanto um aumento de

---

[398] Comentando a lei do RDC, é o caso de: REZENDE, Renato Monteiro. O Regime Diferenciado de Contratações Públicas: Comentários à Lei nº 12.462, de 2011. Núcleo de Estudos e Pesquisas do Senado, *Textos para discussão – 100*, ago. p. 26, 2011.

[399] SOUZA, Letícia Beatriz de Oliveira de. Contratos de impacto social e administração pública de resultados. *Revista de Direito Público da Economia – RDPE*, Belo Horizonte, ano 17, n. 67, p. 169-190, jul./set. 2019. No mesmo sentido: AZEMATI *et al.*, *op. cit.*, p. 23; MULGAN, *op. cit.*, p. 15; DAVIES, Ron. Social impact bonds: Private finance that generates social returns. European Parliamentary Research Service, *Briefing*, p. 3-5, ago. 2014.

[400] SCHWIND, Remuneração variável e contratos de eficiência no Regime Diferenciado de Contratações Públicas (RDC). *Revista Brasileira de Direito Público – RBDP*, Belo Horizonte, ano 10, n. 36, p. 8, jan./mar. 2012 p. 16.

[401] MENDES, *op. cit.*, p. 38.

5% ou 10% no índice de vacinação poderia significar de economia ao sistema de saúde público.

Em outras palavras, é fundamental que a remuneração atrelada ao desempenho se ocupe de questões que tragam um efetivo benefício à Administração e à sociedade, em especial. Por isso, não se trata de premiar a agência que transmita uma campanha para toda a população brasileira, mas aquela que consiga trazer impactos relevantes a depender dos objetivos de cada tipo de publicidade. Essa diretriz deve orientar a percepção de um bom trabalho.

3.1.3.2.3 Mensuração e atribuição do resultado

Uma terceira dificuldade envolve a mensuração propriamente. Para além da definição de critérios e condições, há a questão de como identificar métricas, o quanto elas indicam os resultados e podem ser medidas de forma transparente.[402]

Tanto na literatura do direito administrativo, quanto na da publicidade, destaca-se o caráter estratégico da mensuração. Não se trata de evento isolado, mas de um aprendizado de como lidar com dados e informações, mantê-los e compará-los ao longo do tempo.[403] Ainda que haja métricas no setor publicitário, sua operacionalização e entendimento trazem dificuldades, seja pela necessidade de monitoramento e evolução do lado do cliente, seja, do lado da agência, um aprendizado de quais estratégias devem ser seguidas.[404]

Além disso, outro risco geralmente associado à mensuração trata dos casos de corrupção e fraude dos resultados obtidos. Quando da aprovação do RDC, duas ADIs (ADI nº 4655, ADI nº 4645), até hoje não julgadas, questionaram as inovações em termos de remuneração, sob o argumento de supostamente violar os princípios da moralidade e da impessoalidade, eis que aumentariam a discricionariedade da Administração, permitindo remunerar o particular segundo critérios vagos e imprecisos.[405]

---

[402] SALES, op. cit., p. 142.
[403] MCHUGH, Neil et al. Social impact bonds: a wolf in sheep's clothing? *Journal of Poverty and Social Justice*, v. 21, n. 3, p. 249, 2013. Também: DAVIES, op. cit., p. 6.
[404] OLIVEIRA, op. cit., p. 206 e 242. E também: FREUNDT, op. cit., p. 105 e ss.
[405] Como explicam: CHAGA, Tayná et al. O regime diferenciado de contratações públicas para a Copa do Mundo de futebol de 2014 e Olimpíadas de 2016. A Lei nº 12.462/2011 e sua (in)constitucionalidade. Disponível em: <http://www.publicadireito.com.br/artigos/?cod=948ba1dc8cc4cc26>. E também aponta: SCHWIND, Remuneração variável

Assim, para quem trata do tema, a remuneração variável traz também o risco de pagamentos ilícitos. Haveria o risco de haver pagamentos mesmo quando não adimplidas as condições definidas, ou de forma indevida, quando os critérios fossem mal definidos.[406]

No âmbito dos CISs, menciona-se o risco de fraudes na medição.[407] Caso a remuneração fosse por resultado, o contratado poderia escolher apenas os casos que lhe beneficiam durante uma medição (*cherry picking*). Outro risco seria de o contratado evitar atuar em casos mais difíceis (*parking*). É de se pensar, ainda, o quanto esses casos mais difíceis tornariam as respectivas contratações, ou a prestação do serviço, ainda mais custosa.

A mensuração ainda envolve uma dificuldade de atribuição do resultado. Duas questões surgem: quem toma a decisão nos contratos administrativos de publicidade; e se o resultado pode ser atribuído à atuação da agência ou decorre de fatores incontroláveis.

Sobre a primeira questão, somente é possível premiar a agência pelo resultado alcançado caso ele se deva ao seu desempenho. Tal como a legislação se coloca hoje, inclusive no setor privado, com a agência atuando em nome do cliente (a Administração Pública, no caso), não faz sentido falar em remuneração por resultado quando quem tomou a decisão foi a Administração, ou quando é a própria Administração a impedir que o contratado adote esta ou aquela solução.[408]

Além disso, como já mencionado, mantida uma tradição de controle estrito de meios, apresenta-se como inviável a contratação por resultados. A administração de resultados pressupõe maior autonomia, incompatível com a noção contratual tradicional de que a Administração deve sempre prevalecer, tomar todas as decisões, como guardiã da supremacia de um interesse público indisponível.

Sobre a segunda questão, também há a dificuldade em atribuir o resultado à atuação da agência. Seria possível ter uma campanha

---

e contratos de eficiência no Regime Diferenciado de Contratações Públicas (RDC). Revista Brasileira de Direito Público – RBDP, Belo Horizonte, ano 10, n. 36, p. 8, jan./mar. 2012. p. 2.

[406] VIOLIN, Tarso Cabral. Avanços e retrocessos do RDC. *Gazeta do povo*, 23 set. 2011. Disponível em: <https://www.gazetadopovo.com.br/opiniao/artigos/avancos-e-retrocessos-do-rdc-cff7mpmkhbto1912hfnx6w3f2/>. Acesso em: 3 abr. 2022.

[407] GALITOPOULOU, Stellina *et al*. *Understanding social impact bonds*. OECD, 2016, p. 16-17.

[408] Pelo setor publicitário: OLIVEIRA, *op. cit.*, p. 219. Na doutrina jurídica: SCHWIND, Remuneração variável e contratos de eficiência no Regime Diferenciado de Contratações Públicas (RDC). Revista Brasileira de Direito Público – RBDP, Belo Horizonte, ano 10, n. 36, p. 8, jan./mar. 2012. p. 18.

muito bem feita, amparada em estatísticas, pesquisas, projeções, que, por qualquer razão, não traga os resultados esperados – ainda que a publicidade atue justamente no sentido de buscar ganhar a narrativa. Assim, por exemplo, outro evento toma a pauta da época, a campanha confronta a concepção pessoal em termos religiosos, éticos, uma campanha de vacinação é prejudicada por casos de mortes associadas, ou uma campanha para o fortalecimento da imagem de uma determinada instituição se depara com a eclosão de um caso de corrupção. Oliveira assim traz a dificuldade de reproduzir resultados em contextos diversos: enquanto uma estratégia pode ser ótima em um momento, em outro pode se revelar pífia.[409]

Ao lidar com resultados, essa é uma preocupação também de parte da doutrina jurídica. No âmbito dos CIS, aponta-se a dificuldade em separar a boa atuação da inércia e de resultados que aconteceriam em qualquer caso.[410]

Além disso, o problema da atribuição ainda conta com um problema específico: o sensacionalismo. Se, na publicidade privada, haveria maior tolerância para propagandas extremamente persuasivas, no caso da Administração, é preciso o cuidado para que, em âmbito político, os fins não justifiquem os meios.

Ainda que considerando o profissionalismo da agência e de seus profissionais, há o risco de, interessada no prêmio, a agência conformar sua campanha para técnicas apelativas. Mesmo no setor privado que não atua em licitações, menciona-se a constrição ao trabalho publicitário, em razão do aumento da pressão por resultados.[411]

3.1.3.3 Caminhos para adoção de uma remuneração por resultados

Ante todo o exposto, dois caminhos, não excludentes, são possíveis, envolvendo o aproveitamento e o fortalecimento de questionário já existente, bem como a adoção de uma remuneração por resultados, complementar a outras formas de remuneração. Em ambos os casos,

---

[409] OLIVEIRA, *op. cit.*, p. 243.
[410] AZEMATI *et al*, *op. cit.*, p. 27. GALITOPOULOU *et al*, *op. cit.*, pp. 18 e 19.
[411] OLIVEIRA, *op. cit.*, p. 213. E também: MACEDO, Paulo. Diversificação e novos modelos de gestão estão no radar do mercado. *Propmark*, 27 agosto 2018. Disponível em: <https://propmark.com.br/mercado/diversificacao-e-novos-modelos-de-gestao-estao-no-radar-do-mercado/>. Acesso em: 2 abr. 2022.

qualquer solução depende da capacidade de enfrentar as questões apresentadas, em especial a atribuição de resultados: uma definição que se limite a prever objetivos sem conferir autonomia para as agências, insistindo em um controle de meios, deve se revelar ineficaz.

3.1.3.3.1 O questionário de avaliação de desempenho já existente no âmbito federal

O segundo caminho envolve a adequação e o fortalecimento do questionário de avaliação de desempenho da Secom, já tratado no capitulo anterior. Isso envolve conferir maior clareza aos critérios de avaliação, permitindo uma mensuração adequada. Além desse fortalecimento, haveria a aplicação mais rígida, para os casos já previstos (prorrogação e rescisão, em especial).

Ao menos quatro pontos do questionário merecem atenção.

O primeiro ponto é que, mesmo quando se ocupa com a efetividade da campanha, o questionário adota termos vagos. Por exemplo, são critérios: no quesito criação, o "acerto das soluções propostas para os problemas apresentados; adequação ao *briefing*"; no quesito metas, o "atingimento de metas e objetivos institucionais e mercadológicos, comprovado em pesquisas de campo"; e no quesito estudo e planejamento, o "uso de pesquisas para conhecimento dos segmentos de público mais importantes (target) no relacionamento publicitário do anunciante; conhecimento de seus valores, atitudes e comportamentos e de seu modo de interagir com – e expectativas em relação a – o anunciante. Visão integrada da comunicação". Ainda que meritórios, parecem insuficientes para uma avaliação mais robusta da agência, inclusive para fins remuneratórios.

O segundo ponto é a preocupação com a remuneração e as negociações envolvidas. No quesito produção, são critérios os custos compatíveis com os de mercado, e tempestividade na apresentação, bem como capacidade de negociação e absorção de custos internos. Já na execução de mídia, também se avaliam as competências negociais para se obter boas condições e descontos, sempre em benefício do anunciante.

Terceiro ponto, o questionário reforça o já apontando ao longo do trabalho, que a criação não é a única atividade do contrato, tampouco isolada. Por exemplo, um dos critérios de avaliação da própria criação é a "integração com o atendimento e o planejamento".

Quarto ponto, um dos quesitos de avaliação causa bastante preocupação, os "serviços especiais, fornecidos sem ônus". São critérios específicos palestras, vagas em eventos, *clippings*, pesquisas sobre hábitos, compartilhamento de textos atuais, coletâneas de eventos etc. Isso sugere que, para além dos serviços de publicidade definidos legalmente, a agência seria obrigada a encaminhar material, ministrar palestras e convidar servidores para eventos, todas atividades que não seriam remuneradas. Além disso, o fornecimento de *clippings*, por exemplo, é parte de outros contratos, como assessoria de imprensa, relações públicas, como já apontado, no que lembra o resquício de um modelo anterior à Lei nº 12.232/2010. Questionada em audiência pública, a Secom respondeu que deverá reformular o vago quesito de "discrição" e que os serviços prestados sem ônus entrariam na Capacidade de Atendimento e envolveria as pesquisas e auditorias de circulação que a agência deve apresentar.[412]

Se o questionário possui os métodos de instituir um procedimento, com atribuições, prazos, quesitos e critérios, além de espaço para comentários, ele não parece ser o instrumento específico adequado para se adotar uma remuneração por resultados, a cada campanha, exigindo adaptações.

No mais, caberia maior transparência em relação às avaliações já realizadas, além de uma maior aplicação para os efeitos previstos, não havendo notícia de que o desempenho inadequado, até hoje, tenha resultado a não prorrogação, ou a rescisão do contrato.

3.1.3.3.2 Adoção parcial de uma remuneração atrelada a resultados

Outra solução é o pagamento de bônus para as agências de publicidade em determinadas campanhas, conforme os resultados esperados. A conclusão de Agra é por um contrato que ela chama de misto, com uma parte fixa e uma parte variável, conforme o bom desempenho da agência contratada:[413]

---

[412] BRASIL. Presidência da República. Secretaria de Governo. Secretaria Especial de Comunicação Social. *Audiência Pública nº 1/2020*. Esclarecimentos às contribuições recebidas, p. 10. Disponível em: <http://antigo.secom.gov.br/acesso-a-informacao/licitacoes-e-contratos/arquivos-de-audiencias-publicas/esclarecimentosaud_publica_no-1-2020_definitivo_21-02-20x.pdf>. Acesso em: 3 abr. 2022.

[413] AGRA, *op. cit.*, p. 1163.

Portanto, uma forma de reduzir o custo de agência seria oferecer um contrato misto, que incentivasse um esforço, mas que houvesse uma espécie de seguro para os agentes avessos a risco, como forma de cobrir as situações em que, apesar do esforço, o agente pudesse ser de alguma forma remunerado.

Isso poderia ser combinado com as pesquisas já existentes, em especial as de pós-teste, previstas no Manual de Procedimento das Ações de Publicidade da Secom (Portaria nº 98/2016). Em campanhas com valor superior a R$10 milhões, há a previsão de verificação do alcance e frequência da mídia (item 14.5). Nos casos acima de R$20 milhões, há realização de pós-teste (item 14.4). Tais pesquisas poderiam ser expandidas para outras campanhas e vinculadas a alguma forma de remuneração extra. Há razoável arcabouço legal a amparar tal solução, como apontado no caso de concessões, e provavelmente seria bem-vista pelas agências contratadas, representando novos recursos. No mais, associar a publicidade governamental com resultados concretos poderia ajudá-la a se legitimar, deixando de ser vista como propaganda, no pior sentido da palavra, e desperdício de recursos por líderes populistas.

3.2 Outra forma de contratação como requisito para outra forma de remuneração: a superação do *modelo brasileiro de publicidade*

Por fim, a mudança do modelo de remuneração atualmente praticado nas contratações administrativas para um modelo que adote o *fee* passa por uma reconfiguração do setor publicitário, em termos de objeto, participantes, segundo questionamentos já disseminados fora do Brasil, capaz de diminuir o peso associado à veiculação e à intermediação no geral. A seguir, apontamos em linhas gerais como isso ocorre.

3.2.1 Separação das atividades de veiculação e criação: surgimento de agências de mídia e agências de criação

A mudança de organização do setor publicitário brasileira envolve a separação das atividades relacionadas à veiculação daquelas de criação, o que pode resultar no surgimento de novos tipos de empresas e, consequentemente, de remuneração, ao invés de agências de publicidade *full service*. O fenômeno é disseminado fora do Brasil, mas ainda obstado aqui em razão das normas de autorregulação, em especial.

Assim, a agência de publicidade *full service*, em uma redução simplista, seria dividida em agências de criação e agências de mídia. Enquanto as primeiras seriam responsáveis pela concepção da campanha, e até mesmo sua execução, com fornecedores associados, a estratégia de distribuição ficaria a cargo das segundas.

Nas contratações administrativas do setor público brasileiro, em especial, ainda predomina um modelo de agência de publicidade *full service*. Nesse modelo, tudo é objeto de uma só contratação, desde a concepção até a distribuição da publicidade, passando pela execução e produção. Assim, no Brasil, ainda é comum ver posições que não problematizam o modelo de agência adotado e, ao contrário, defendem a vedação ao parcelamento.[414]

3.2.1.1 Uma solução que vai além da obrigação do parcelamento do objeto: os problemas já citados

Uma primeira aproximação afirmaria se tratar de uma questão de parcelamento do objeto nas contratações de publicidade, segundo o comando da Lei nº 8.666/93, mantido na Lei nº 14.133/2021. Assim, seria uma obrigação legal separar as atividades de criação das atividades de mídia nas agências de publicidade. A solução já foi buscada nesses termos pelo controle realizado pelo TCU, como já apontado, e que resultou na previsão do art. 2º da Lei nº 12.232/2010, com uma definição mais cuidadosa do objeto a ser contratado.

No entanto, trata-se de questão que vai além de um mero comando de parcelamento, envolvendo uma reorganização do setor.

A separação entre mídia e criação está relacionada aos problemas já apontados no capítulo 2, em especial dois deles.

O primeiro problema enfrentado pela separação é o recorrente encarecimento dos contratos. Com o aumento do preço do espaço publicitário, a remuneração por desconto-padrão, associada à veiculação, torna-se insustentável para os anunciantes. Arzaghi, professor de Economia de Harvard, aponta que a separação entre mídia e criação,

---

[414] JUSTEN-FILHO, *Comentários à Lei de Contratos de Publicidade da Administração*: Lei nº 12.232/2010. Belo Horizonte: Fórum, 2020. p. 112 e 137.

nos Estados Unidos, teria sido impulsionada pelo aumento do preço do espaço publicitário nos anos 1980. Assim, agências especializadas apenas em negociação de mídia conseguiriam um ganho de escala que permitiria reduzir os preços cobrados de clientes.[415]

O segundo problema, associado ao anterior, é o peso desmesurado que se dá à veiculação, em especial em meios e veículos de comunicação com espaços publicitários mais caros.

Assim, disseminou-se no setor o questionamento de que adotar uma remuneração atrelada aos custos de veiculação levaria ao progressivo encarecimento dos contratos, trazendo distorções a favor da veiculação nos meios mais caros, tudo isso em um cenário em que custos efetivos e resultados alcançados eram deixados de lado.

A solução vislumbrada fora do Brasil foi, portanto, pagar diretamente pela criação, contratada com uma agência específica, a agência de criação e, separadamente, elaborar a melhor estratégia possível de distribuição na mídia, com outra agência específica, a agência de mídia.

De um lado, assim, com a especialização, as agências passam a ser remuneradas pelas atividades que realmente realizam, em termos de criação, por exemplo, o que explica a predominância da remuneração por *fees* mundo afora. O modelo *full service* faria sentido quando as tarefas acometidas à agência pudessem ser reduzidas a uma pequena quantidade, pouco especializada. Sua expansão, no entanto, produziria dificuldades de como garantir a qualidade de todas, com profissionais especializados e remunerados de forma adequada.[416]

Assim, a agência deixa de atuar essencialmente como intermediadora, valorizando-se seu trabalho na solução de desafios de comunicação. Isso se relaciona a um fenômeno mais amplo de desintermediação, em que a tecnologia dispensaria intermediários,[417] mas também à busca da especialização, com a contratação de empresas que ofereçam um serviço mais amplo do que repassar valores ou

---

[415] ARZAGHI, Mohamamd *et al*. The unbundling of advertising agency services: an economic analysis. *Working paper 11-039*, Harvard, Business, School, 2010. p. 19-20.

[416] PAGLIARINI, Alexis Thuller. Especialização x full-service. *Propmark*, 13 out. 2020. Disponível em: https://propmark.com.br/opiniao/especializacao-x-full-service/. Acesso em: 2 abr. 2022.

[417] SAMPAIO, Rafael. O futuro da propaganda – parte 1: circunstâncias. *CENP em Revista*, ano 12, n. 47, jun. 2016, p. 40. Em sentido contrário, afirmando que a intermediação não é uma tarefa simples: PAGLIARINI, Alexis Thuller. Um outro nome para agência? *Propmark*, 20 fev. 2017. Disponível em: <https://propmark.com.br/mercado/um-outro-nome-para-agencia/>. Acesso em: 3 abr. 2022.

apenas atuar em nome do cliente.[418] Esse desprestígio da intermediação tornaria despiciendo manter a remuneração atrelada à veiculação e à produção.[419]

Há ainda uma disputa em torno do termo "desintermediação", com o entendimento de que há apenas a substituição da intermediação dos tradicionais veículos de imprensa por aquela realizada de forma algorítmica por Facebook e Google. Não se trata dessa desintermediação de conteúdo no caso, mas da possibilidade de um anunciante divulgar um produto na mídia tradicional, sem recorrer a uma agência.

Nesse novo modelo, os profissionais teriam maior liberdade para sugerir as formas de veiculação mais adequadas, bem como os meios (para além daquelas tradicionais, como tv, que geram maiores valores), priorizando-se as atividades de planejamento ao invés da criação, por exemplo, como já apontou o publicitário Nizan Guanaes:[420]

> A propaganda brasileira é uma das mais criativas do mundo. Mas o modelo de negócio das agências está exaurido. Como diz a minha professora em Harvard: "this dog doesn't hunt".
>
> O que possibilitou a DPZ, a DM9, a Almap e a Africa foi um modelo de negócio.
>
> Esse modelo de negócio em dólar e euro vive sérios problemas, imagina em real.
>
> (...) Este é o mundo da estratégia. O planejamento é mais importante que a criação.

Essa a solução adotada fora do Brasil, em que inexistem normas de autorregulação negocial.

---

[418] SACCHITIELLO, Barbara. Ale Gama: "o futuro não comporta mais uma visão de agência". *Meio & Mensagem*, 28 set. 2020. Disponível em: <https://www.maximidia.com.br/noticias2020/2020/09/28/ale-gama-o-futuro-nao-comporta-mais-uma-visao-de-agencia/>. Acesso em: 3 abr. 2022.

[419] FERREIRA-JR., Ronaldo. Procura-se protagonista para reinventar modelos de negócios. *Meio & Mensagem*, 20 nov. 2020. Disponível em: <https://www.meioemensagem.com.br/home/opiniao/2020/11/20/procura-se-protagonista-para-reinventar-modelos-de-negocios.html>. Acesso em: 2 abr. 2022. No mesmo sentido: ARAUJO, Leonardo. Agências diversificam e buscam novos modelos de remuneração. *Propmark*, 5 fev. 2020. Disponível em: <https://propmark.com.br/agencias/agencias-diversificam-e-buscam-novos-modelos-de-remuneracao/>. Acesso em: 2 abr. 2022.

[420] GUANAES, Nizan. Carta a quem está montando uma agência. *Propmark*, 16 jun. 2020. Disponível em: <https://propmark.com.br/opiniao/nizan-guanaes-carta-a-quem-esta-montando-uma-agencia/>. Acesso em: 3 abr. 2022. Também ALVES, *op. cit.*, p. 167.

3.2.1.2 A prática disseminada internacionalmente de contratação separada entre mídia e criação

Em outros países, é muito mais comum a separação mídia e criação. Em uma série de entrevistas realizada pela imprensa especializada, tal percepção foi apontada como predominante por publicitários brasileiros que trabalham mundo afora, como apontado em uma série de entrevistas do repórter Renato Rogenski, para a mídia especializada do setor. No caso da Espanha:[421]

> Acho que o Brasil é o único país que trabalha com o modelo de agência realmente integrada onde a mídia é um departamento a mais dentro da empresa. O comum no exterior é que as agências de mídia sejam independentes (exemplo: Havas Media) e colaborem com as agências criativas. E, por deter tanto acesso a dados que geram insights fundamentados de consumidor, estão agora competindo com as agências criativas e contratando profissionais criativos para buscar este modelo que é consolidado no Brasil – e sempre menciono como benchmarking.

A menção a outros países se justifica pelo fato de que, no setor privado, o alinhamento internacional é um fator que pode impulsionar mudanças no setor privado brasileiro, apesar da tradição de defesa do modelo brasileiro, a "jabuticaba do bem" e, finalmente, alcançar o setor público, e a forma de contratação e de prestação dos serviços, como aponta Silva.[422]

A legislação estrangeira, em diversos momentos, aponta para maior abertura do setor. O maior exemplo, já mencionado, é o dos Estados Unidos, em que o Departamento de Justiça, ainda em 1956, por meio de um *consent decree* com a Associação Americana de Agências de Anúncios (4As), firmou que não apenas a agência de publicidade, mas qualquer empresa poderia ser remunerada pela comissão de 15%. Curiosamente, o efeito não foi imediato, mas teria sido uma premissa

---

[421] ROGENSKI, Renato. Publicidade espanhola: consumo consciente é o hype. *Meio & Mensagem*, 6 jun. 2019. Disponível em: <https://www.meioemensagem.com.br/home/comunicacao/2019/06/06/publicidade-espanhola-sustentabilidade-e-o-hype.html>. Acesso em: 3 abr. 2022.

[422] SILVA, Análise da postura de anunciantes brasileiros com relação à remuneração de agências de propaganda. 2005, 105 f. Dissertação (Mestrado em Administração de Empresas) – Escola de Administração de Empresas de São Paulo, Fundação Getúlio Vargas, São Paulo, 2005. p. 71.

a permitir que décadas depois o modelo de prestação do serviço fosse questionado:[423]

Outro exemplo didático é o da Lei espanhola. A Lei nº 34/1988 prevê ao menos quatro tipos de contratos: o contrato de publicidade, o contrato de difusão publicitária, o contrato de criação publicitária e o contrato de patrocínio. A lei também define agência de publicidade, mas a utilização de uma conjunção "ou" sugere que a agência não é obrigada a realizar todas as ações ali previstas ("criar, preparar, programar ou executar publicidade").

Esse cenário também influencia as contratações realizadas pelo setor público mundo afora. No Reino Unido, por exemplo, o governo conta com agências de publicidade, mas também agências que lhe ajudam na negociação de mídia, além de fornecedores e outras empresas especializadas, como consultorias.[424] Agências que teriam sido fundamentais para comunicações envolvendo a pandemia do coronavírus, e que teriam consumido cerca de £78 milhões (cerca de R$600 milhões) até outubro de 2020.[425] Também nos Estados Unidos, já em 2006, Relatório indicava um cenário muito mais complexo, composto não só de agências de publicidade, mas de empresas que também realizam a distribuição das campanhas, dentre outras atividades.[426]

Assim, ao admitir a separação da publicidade, surgem novos atores e novas formas de remuneração. Em doutoramento, Oliveira aposta nas consultorias, que poderiam atuar também na execução.[427] Na parte de mídia, dois atores seriam os *bureaux* de mídia, enquanto

---

[423] ARZAGHI *et al.*, p. 5. Histórico também apontado por COSTA, Henrique *et al, op. cit.*, p. 16-17.

[424] Crown Commercial Service. *Media Buying*. Disponível em: <https://www.crown commercial.gov.uk/agreements/rm6003>. A última contratação do tipo teria ocorrido pela última vez em 2018, com a contratação da Omnicom, por £140 milhões, em contrato que continua vigente cf. STEWART, Rebeca. UK government hands £140m media account to Omnicom calling time on Dentsu Aegis. *The Drum*, 14 maio 2018. Disponível em: <https://www.thedrum.com/news/2018/05/14/uk-government-hands-140m-media-account-omnicom-calling-time-dentsu-aegis>. Acesso em: 3 abr. 2022.

[425] IU, Maria. Govt pas £78m to two agencies for COVID-19 messaging. *PR week*, 7 out. 2020. Disponível em: <https://www.prweek.com/article/1696551/govt-pays-78m-two-agencies-covid-19-messaging>. Para dados detalhados dos gastos de publicidade no Reino Unido, segundo vários serviços: <https://assets.publishing.service.gov.uk/government/uploads/system/uploads/attachment_data/file/892885/Annex-A-Transparency-25k-May-2020-csv__1_.csv/preview>. Acesso em: 3 abr. 2022.

[426] UNITED STATES GOVERNMENT ACCOUNTABILITY OFFICE. *Media Contracts – Activities and Financial Obligations for Seven Federal Departments*. GAO, jan. 2006. Disponível em: <https://www.gao.gov/products/gao-06-305>. Acesso em: 3 abr. 2022.

[427] OLIVEIRA, *op. cit.*, p. 246.

negociador dos espaços publicitários, e as agências de mídias, responsáveis por toda a parte de mídia.

3.2.1.2.1 O gigante desafio de se questionar a organização setorial brasileira

Assim, há certa clareza dos problemas da definição de agência de publicidade contida na Lei nº 4.680/65, seu descompasso em relação à evolução da profissão e em relação a outros países.[428] Ainda durante o caso CENP, junto ao CADE, a ABA (Associação Brasileira de Anunciantes) já defendia um amplo processo de revisão das Normas-Padrão.[429]

Um dado que revela o questionamento ao modelo adotado em terras brasileiras é a evolução do total de agências *full service* certificadas pelo CENP, desde 2000:

Tabela 1 – Evolução do total de agências certificadas pelo CENP (2000 – 2020)

Fonte: Elaboração própria a partir do CENP em Revista.

---

[428] ALVES, *op. cit.*, p. 45; RAMOS, Pedro H. *et al*. Estudo sobre o impacto de novas tecnologias e negócio inovadores para o modelo regulatório da publicidade no Brasil. *Associação de Mídia Interativa ("IAB Brasil")*, 2019, p. 3 e ss. E também: SANT'ANNA, *op. cit.*, p. 319.

[429] DORES, Kelly. ABA pede suspensão do 'desconto-padrão' das agências. *Propmark*, 19 out. 2015. Disponível em: <https://propmark.com.br/mercado/aba-pede-suspensao-do-desconto-padrao-das-agencias/>. Acesso em: 2 abr. 2022.

Após o pico alcançado em 2007, com quase 4 mil agências certificadas no Brasil inteiro, em 2020 esse número teria retornado ao patamar de 2000, quando o CENP passou a operar efetivamente. Firmar-se Brasil afora sempre foi um desafio para o CENP[430] e, em determinado momento, a entidade afirmou que a queda no número de agências certificadas seria um efeito colateral do maior rigor,[431] argumento claramente insuficiente para explicar a variação.

A emergência desses agentes no Brasil é, assim, uma previsão do setor. Sant'anna aposta em uma mudança de relacionamentos, bem como vislumbra um fortalecimento do planejamento e de agências internas.[432] Além disso, Oliveira comenta sobre o crescimento recente dos *bureaux* de mídia e interpreta que a legislação brasileira não permite sua existência.[433]

Essa percepção, vinda do próprio setor, é interessante: se há um sentimento de mudança, se há argumentos a favor e se há inclusive delimitação de quais modelos de negócios poderiam ser explorados, por que isso não ocorre?

Em boa medida porque as normas de autorregulação proíbem sua existência, em uma leitura estrita da legislação, e que o controle não foi capaz de enfrentar. Além do fato que o modelo de agência certificada é sustentado pelas contratações públicas, no art. 4º da Lei nº 12.232/2010.

Nesse sentido, um momento marcante foi o parecer do jurista Ives Gandra da Silva Martins para a ABAP ainda no final dos anos 1980, logo que a Constituição foi promulgada. Prevaleceu a visão de que empresas responsáveis unicamente pela compra e venda de espaço de mídia não poderiam ser aceitas no mercado publicitário, por dois motivos. Primeiro, a livre iniciativa estaria limitada pela necessidade de qualificação técnica, caso em que somente poderiam ser aceitas as empresas que seguissem a legislação, em especial a Lei nº 4.680/65.[434] Como a Lei em questão não previu a existência de tais empresas, nem requisitos específicos para sua constituição, elas não poderiam ser

---

[430] As memórias dos pioneiros do CENP. *CENP em Revista*, ano 5, n. 17, p. 40.
[431] Um balanço das ações e iniciativas da entidade em 2014. *CENP em Revista*, ano 11, nº.42, p. 19.
[432] SANT'ANNA, *op. cit.*, p. 274 e 411.
[433] OLIVEIRA, *op. cit.*, p. 76.
[434] MARTINS, Ives Gandra da S. *Parecer* – A profissão de publicitário – área de atuação exclusiva das agências de publicidade e de agenciadores. A ilegalidade da atuação do "Bureau de Mídia", em atividade vedada pela lei nº 4.680/65. *Associação Brasileira de Agências de Publicidade*, São Paulo, p. 16, 9 ago. 1989.

admitidas. Segundo, existentes escritórios de mídia, a agência não seria remunerada por desconto-padrão, mas apenas pelo ressarcimento de custos internos. Assim, a existência das agências de publicidade ficaria inviabilizada, sem remuneração adequada, daí a importância de uma atuação uniforme do setor publicitário, a qual traria benefícios a todos:[435]

> (...) posto que do comportamento uniforme e sem fissuras de todos os que agem no setor, resulta o nível de publicidade e a evolução da qualidade e de resultados que beneficiam diretamente os que atuam no mercado e, indiretamente, toda a sociedade, a partir, inclusive, da criação de novos mercados, de sua expansão, gerando, por conseqüência, maior desenvolvimento econômico, maior emprego e redução de tensões sociais.

Como se percebe, os argumentos contra a evolução do setor são claramente anticoncorrenciais, retrógrados e prevalecem até hoje, tendo ecoado até junto ao CADE, no caso CENP, como já apontado.

Desde sua fundação, o CENP promoveu a agência de publicidade *full service*, em paralelo à tentativa de impedir a atuação dos *bureaux* de mídia.[436] Até 2008, o Anexo C das Normas-Padrão continuava firme no propósito, com novas regras a impedir sua atuação.[437] Como fruto desse parecer e desse posicionamento, é que se observa hoje, nas Normas-Padrão, de 1998, a proibição a tais formas, a que por vezes alude o setor:

> 4.3. Não será aceita a compra e venda de espaço/tempo ou serviço em desacordo com o disposto na Lei nº 4.680/65 e no Decreto no nº 57.690/66, e em especial a realizada por intermédio de centrais de mídia fechadas, de "bureaux de mídia" ("media brokers"), Agências independentes de mídia ou entidades assemelhadas.

O item seguinte reafirma que centrais de mídia associadas a grupos ou agências tampouco serão consideradas agências aptas a receberem o desconto-padrão. Como apontado no capítulo 1, esse é um caso claro de normas de autorregulação sendo usadas para

---

[435] *Ibidem*, p. 15.
[436] "É preciso zelar sempre pelo vencedor modelo brasileiro de publicidade". Entrevista com Petrônio Côrrea e Caio Barsotti. *CENP em Revista*, ano 6, n. 21, p. 24. No mesmo sentido: As memórias dos pioneiros do CENP. *CENP em Revista*, ano 5, n. 17, p. 37-38.
[437] Conheça o Anexo "C" das Normas-Padrão. *Propmark*, 8 jul. 2008. Disponível em: <https://propmark.com.br/mercado/conheca-o-anexo-c-das-normas-padrao/>. Acesso em: 2 abr. 2022.

diminuir a concorrência e evitar a entrada de novas empresas. Assim, causa espanto o posicionamento, por vezes encontrado, que considera normal apenas um modelo de negócios, a agência de publicidade *full service* e a proibição de outros modelos como se fosse a única e mais natural solução.[438]

Há assim, uma inversão da noção de livre iniciativa, supondo que apenas empresas previstas em lei e seguindo seus requisitos poderiam ser admitidas. Uma livre iniciativa que depende de uma lei autorizativa para sua existência não é livre. Menos ainda quando essa lei é da década de 1960, época em que esse modelo de negócios estava longe de existir. A previsão legal de um modelo não deve significar sua existência eterna e absoluta ou a interdição de todos os outros.

O raciocínio também considera que há apenas um modelo de remuneração, o desconto-padrão combinado com honorários e ressarcimento de custos internos. No entanto, admitir novos tipos de empresas significa permitir que o mercado alcance novas formas de remuneração. Assim, o art. 11 da Lei nº 4.60/65 deve ser lido com cuidado:

> Art 11. A comissão, que constitui a remuneração dos Agenciadores de Propaganda, bem como o desconto devido às Agências de Propaganda serão fixados pelos veículos de divulgação sôbre os preços estabelecidos em tabela.
>
> Parágrafo único. Não será concedida nenhuma comissão ou desconto sôbre a propaganda encaminhada diretamente aos veículos de divulgação por qualquer pessoa física ou jurídica que não se enquadre na classificação de Agenciador de Propaganda ou Agências de Propaganda, como definidos na presente Lei.

Tal artigo não significa que haja apenas uma forma de prestação de serviços de publicidade, nem apenas uma forma de remunerá-lo. Se a comissão e/ou o desconto pertencem aos agenciadores e à agência, que se reconheça ao menos a liberdade para outros atores, segundo outras formas de organização e remuneração, também atuarem nesse mercado.

No setor privado, alguns influxos foram possíveis, em especial diante do interesse dos anunciantes em economizar na compra de mídia.[439] Em termos de remuneração, desde 2010, pesquisa já mostraria

---

[438] JUSTEN-FILHO, *Comentários à Lei de Contratos de Publicidade da Administração*: Lei nº 12.232/2010. Belo Horizonte: Fórum, 2020. p. 160.

[439] SILVA, *Análise da postura de anunciantes brasileiros com relação à remuneração de agências de propaganda*. 2005, 105 f. Dissertação (Mestrado em Administração de Empresas) – Escola

o *fee* como a principal forma, seguido de perto do desconto-padrão, combinados.[440] Em 2016, outras pesquisas também demonstrariam sua importância. O desconto-padrão representaria 33% das receitas das agências, seguido pelos custos internos, enquanto em São Paulo os *fees* já seriam a principal forma de remuneração no setor privado.[441] Segundo a outra pesquisa, o *fee* tornava-se a principal forma de remuneração das agências, ainda que o desconto-padrão continuasse importante. Formas de remuneração variável seriam cada vez mais importantes, mas, apesar da diversificação, a lucratividade das agências estaria cada vez mais questionada.[442]

No setor público, porém, essa visão limitada e anticoncorrencial sempre postergou e controlou as alterações realizadas. Mais do que isso, houve a consagração desse modelo por meio da Lei nº 12.232/2010 e de seu art. 4º, com a exigência de contração apenas de agências *full service* certificadas pelo CENP e remuneradas da maneira já apontada, com todos os seus problemas.

3.2.1.3 Separação que não é panaceia: a coexistência de vários modelos

Isso não significa, porém, que a separação entre mídia e criação seja uma solução para todos os problemas do setor.

A rentabilidade não seria sempre garantida, qualquer que fosse o modelo de negócios, sua atuação e tamanho, mas depende de diversos fatores, como âmbito de atuação, atividades desempenhadas, ganhos de escala possíveis na negociação de mídia.

Além disso, admitida a separação, um desafio que surge é promover a integração entre as diversas tarefas. A separação pode tornar os trabalhos mais difíceis, com a competição entre empresas separadas ou visões distintas de como coordenar a campanha. No Brasil, questões de sintonia e estratégia entre os diversos setores são geralmente utilizados

---

de Administração de Empresas de São Paulo, Fundação Getúlio Vargas, São Paulo, 2005. p. 79.

[440] Anunciante opta por remuneração variável. *Propmark*, 29 nov. 2010. Disponível em: <https://propmark.com.br/mercado/anunciante-opta-por-remuneracao-variavel/>. Acesso em: 2 abr. 2022.

[441] Agências ampliam negócios. *CENP em Revista*, ano 12, n. 46, p. 45, mar. 2016.

[442] MACEDO, Paulo. Fees e performance ganham mais espaço nas formas de remuneração. *Propmark*, 17 out. 2016. Disponível em: <https://propmark.com.br/mercado/fee-e-performance-ganham-mais-espaco-nas-formas-de-remuneracao/>. Acesso em: 2 abr. 2022.

como argumento para a manutenção da organização do setor com agências *full service*.[443]

Devido às dificuldades de coordenação entre empresas separadas e rentabilidade conforme o caso, verifica-se um movimento em outros países para a retomada do modelo original. Assim, agências integradas (outro nome para *full service*) seriam valorizadas pela capacidade de coordenação, diante de um cenário complexo com diversos meios de comunicação.[444]

Esse movimento, porém, deve ser interpretado com cuidado. Pesquisa da ANA, em 2017, sobre remuneração, apontaria que uso da comissão passou de 3% para 12%, um número bastante modesto comparado aos 68% do *fee*.[445] Antes, pesquisa da Federação Mundial de Anunciantes, em 2014, também apontava o mesmo cenário e concluía que, apesar da facilidade da comissão, era importante cada vez mais buscar outras soluções remuneratórias, que fossem responsivas.[446] O aumento de remunerações envolvendo o desconto-padrão ainda é tímido em um quadro mais amplo, portanto.

Isso indica, ao final, não a substituição de um modelo por outro ou a volta ao original, mas a coexistência de várias formas de atuação e remuneração, conforme as especificidades de cada caso – o que ainda não teria sido devidamente explorado no Brasil. Pyr Marcondes aponta como a tecnologia traz um cenário de mudanças, com a rentabilidade em baixa, sendo necessário buscar novas formas de atuação e de remuneração, fora do adágio "one size fits all".[447] Assim, o setor publicitário passa por um momento de transição, em que os modelos vigentes dão sinais de esgotamento, mas alternativas ainda não se apresentaram,[448] o que suscita a possibilidade talvez seja a abolição de modelos, com a possibilidade de vários modelos de negócios distintos: "O novo modelo de agência é não ter modelo", segundo o publicitário Rafael Martins.[449] Para quem ainda acredita em modelos,

---

[443] SINAPRO-SP, *Licitações públicas de Agências de Propaganda*: Guia de orientação à Administração Pública sobre licitações de serviços publicitários. São Paulo, 2017. p. 50.
[444] Chamado de *"re-bundling"* por ARZAGHI *et al., op. cit.*, p. 31. E também: SAMPAIO, Rafael. O futuro da propaganda – parte 4: Gestão. *CENP em Revista*, ano 13, n. 50, p. 45.
[445] Pesquisa revela que comissão tradicional volta a ganhar espaço nos EUA. CENP em Revista, ano 13, n. 52, p. 10.
[446] World Federation of Advertiser. WFA report on Global Agency Remuneration Trends and the use of performance metrics. *World Federation of Advertisers*, 2014. p. 5 e 23.
[447] MARCONDES, Pyr. Agências de propaganda: o que será delas? *Proxxima*, 16 maio 2016. Disponível em: <https://www.proxxima.com.br/home/proxxima/blog-do-pyr/2016/05/16/agencias-de-propaganda-o-que-sera-delas.html>. Acesso em: 2 abr. 2022.
[448] Os próximos passos da indústria da comunicação. CENP em Revista, ano 12, n. 46, p. 25.
[449] ARAÚJO, Leonardo. "O novo modelo das agências é não ter modelo". *Propmark*, 30 abr. 2019. Disponível em: <https://propmark.com.br/mercado/o-novo-modelo-das-agencias-e-nao-ter-modelo/>. Acesso em: 2 abr. 2022.

uma previsão é de que a remuneração fique em uma comissão entre 3 a 10% do valor da mídia, dentro de uma estrutura reduzida, sendo possível o fortalecimento de estruturas internas, cabendo à agência apenas um papel de concepção.[450]

Enfim, esse quadro busca ressaltar como o modelo de contratação administrativa de publicidade adotado no Brasil, por meio de uma agência de publicidade *full service*, remunerada por desconto-padrão, destoa do que acontece no resto do mundo, dando claros sinais de desgaste, e ainda é responsável por sustentar esse modelo no setor privado brasileiro. O sinal, assim, é que apenas um modelo tradicional e absoluto não é suficiente, e pode vir a ser questionado novamente pelo controle.

3.3 Perspectivas de mudanças

Por fim, esse item cuida de apontar quais os fatores aptos a promover mudanças no setor publicitário brasileiro, afetando as contratações administrativas e sua forma de remuneração.

3.3.1 Diversificação dos agentes do setor publicitário e o enfraquecimento da autorregulação

O primeiro fator é a diversificação dos agentes do setor, com o consequente enfraquecimento da autorregulação existente. Até hoje fundada na tríade agências de publicidade, veículos de comunicação e anunciantes, a emergência de novos atores tende a questionar esse equilíbrio. Isso ocorre pela inadequação de tais regras para tratar da publicidade digital e a consequente saída de atores históricos do Conselho Executivo das Normas-Padrão.

3.3.1.1 Inadequação das regras para a publicidade digital

Um ponto que deve ser acompanhado nos próximos anos é o desenvolvimento da publicidade digital e sua regulação. A atual definição de serviços de publicidade, presente na Lei nº 12.232/2010,

---

[450] COSCELLI, José G. B. As novas regras do jogo. *Meio & Mensagem*, 13 de fev. 2020. Disponível em: <https://www.meioemensagem.com.br/home/opiniao/2020/02/13/as-novas-regras-do-jogo.html>. Acesso em: 2 abr. 2022.

segundo a lógica ainda da Lei nº 4.680/65, bem como as respectivas formas de remuneração, têm se revelado insuficientes para lidar com a realidade que se apresenta, tanto no setor público quanto no setor privado.[451]

A principal questão é que a compra de espaço em mídia, no ambiente digital, ocorre por meio de leilões automáticos, a chamada mídia programática.[452] Por meio da tecnologia, constam os espaços disponíveis, ao mesmo tempo em que se permite ao anunciante definir o público-alvo que deseja atingir e quanto deseja pagar. Em frações de segundo, ou no tempo de se carregar uma página da internet, ocorrem leilões entre o site e o anunciante, trazendo o anúncio para o consumidor. Para além do ambiente digital, a tecnologia estaria sendo utilizada inclusive pela mídia tradicional para vender espaço publicitário.[453] Como se percebe, essa dinâmica suplanta noções de tabelas de preços, comissões, elaboração de plano de mídia, caso em que a legislação se revela insuficiente, a demandar sua atualização, com definições mais adequadas de veículos e remuneração.[454]

A questão também envolve um fenômeno de desintermediação, com a tecnologia a possibilitar que os envolvidos consigam realizar tarefas sozinhos. Por exemplo, chamou a atenção, em junho de 2020, o fato de a maior emissora de televisão brasileira ter disponibilizado uma plataforma para empresas anunciantes desenvolverem campanhas publicitárias por si mesmas e veicularem-na, sem a contratação de agências de publicidade.[455]

Apesar disso, a autonomia da contratação administrativa da comunicação digital vem sendo questionada. Em recentes editais de licitações, houve a tentativa de contratar os dois objetos conjuntamente,

---

[451] AGRA, *op. cit.*, p. 1176.

[452] SACCHITIELLO, Bárbara. Mídia programática: o que é e como funciona? *Meio & Mensagem*, 22maio 2018. Disponível em: <https://www.meioemensagem.com.br/home/midia/2020/05/22/midia-programatica-o-que-e-e-como-funciona.html>. Acesso em: 3 abr. 2022.

[453] Caso da RedeTV, por exemplo: RIBEIRO, Igor. RedeTV inicia leilão em mídia programática. *Meio & Mensagem*, 24 jun. 2020. Disponível em: <https://www.meioemensagem.com.br/home/midia/2019/06/24/redetv-anuncia-leilao-em-midia-programatica.html>. Acesso em: 3 abr. 2022.

[454] RAMOS *et al*, *op. cit.*, p. 17 e ss.

[455] BERNARDES, Marcelo. O que realmente nos incomoda? *Propmark*, 3 jun. 2020. Disponível em: <https://propmark.com.br/opiniao/o-que-realmente-nos-incomoda/>. PARAIZO, Danúbia. Globo responde críticas sobre autosserviço na mídia e criação. *Propmark*, 4 jun. 2020. Disponível em: <https://propmark.com.br/midia/autosservico-na-compra-de-midia-gera-beneficios-para-todos-diz-schaeffer/>. Acesso em: 2 abr. 2022.

caso da Secom, em 2019, e na Concorrência do BNDES, no segundo semestre de 2020. No caso da Secom, remunerados como formas inovadoras de comunicação, a honorários de 3,5%.[456]

A Associação Brasileira dos Agentes Digitais (Abradi) defendeu o modelo de contratação separada, construído ao longo dos últimos anos.[457] Em manifestação, a entidade defendeu que a forma de remuneração da comunicação digital é diferente daquela presente na mídia tradicional, concentrando-se nos serviços efetivamente prestados e não em honorários.[458] Além disso, a Abradi também apontou que a contratação vem sendo construída assim há anos, segundo Acórdão nº 6227/2016 do Plenário do TCU que recomendou a contratação de comunicação digital segundo as boas práticas trazidas pela Lei nº 12.232/2010. A entidade também lembrou a consulta pública da Secom para a elaboração de uma Instrução Normativa específica para a comunicação digital.

Em sentido oposto, ABAP e Fenapro defendem que a tarefa cabe às agências de publicidade, tal como definidas na Lei nº 4.680/65 e licitadas pela Lei nº 12.232/2010, uma vez que a publicidade se preocupa com o consumidor, não importa o meio,[459] mas exigem remuneração a honorários de 15%.[460] Também o CENP, mais uma vez, insiste no modelo *full service*.[461]

Fora do Brasil, no setor privado, a cisão digital e tradicional também é questionada. Quando surgiu, apenas alguns poucos profissionais seriam

---

[456] LEMOS, Alexandre Z. Abap e Fenapro contestam edital de publicidade da Secom. *Meio & Mensagem*, 2 de março de 2020. Disponível em: <https://www.meioemensagem.com.br/home/comunicacao/2020/03/02/abap-e-fenapro-contestam-edital-de-publicidade-da-secom.html>.

[457] SACCHITIELLO, Bárbara. Entidades reagem à proposta da Secom de integrar verbas on e off. *Meio & Mensagem*, 21 ago. 2019. Disponível em: <https://www.meioemensagem.com.br/home/comunicacao/2019/08/21/abradi-pede-a-secom-que-mantenha-edital-digital-separado-do-off-line.html>. Acesso em: 2 abr. 2022.

[458] ASSOCIAÇÃO BRASILEIRA DOS AGENTES DIGITAIS (ABRADI). *Contratação de serviços de comunicação digital*. Brasília, 19 ago.2019. p. 5. Disponível em: <https://abradi.com.br/wp-content/uploads/2019/08/MANIFESTACAO-DIGITAL.-2019.-SECOMPR.ABRADI.-material-consolidado_VF_19_08_2019.pdf>. Acesso em: 2 abr. 2022.

[459] Abap e Fenapro se manifestam sobre polêmica das licitações. *Propmark*, 21 ago. 2019. Disponível em: <https://propmark.com.br/mercado/abap-e-fenapro-se-manifestam-sobre-polemica-das-licitacoes/>. Acesso em: 3 abr. 2022.

[460] MACEDO, Paulo. Secom rejeita argumentos sobre concorrência de publicidade. *Propmark*, 27 fev. 2019. Disponível em: <https://propmark.com.br/mercado/secom-rejeita-argumentos-sobre-concorrencia-de-publicidade/>. Acesso em: 2 abr. 2022.

[461] Entidades pedem alteração em instrução normativa. *CENP em Revista*, ano 14, n. 54, p. 40, mar./abr./maio/ 2018.

capazes de atuar nesse ambiente digital e apenas alguns anunciantes teriam interesse em utilizar esse ambiente, ainda restrito. Com o tempo, porém, essa cisão estaria perdendo o sentido, com a inclusão cada vez maior de toda a população em redes sociais e outros espaços. Assim, não faria sentido desenvolver uma campanha apenas para a televisão, o jornal ou o rádio e não para a internet. Assim, não faria sentido pensar em campanhas tradicionais e digitais, mas as agências deveriam estar integradas.[462]

O *Interactive Advertising Bureau* (IAB, Associação de Mídia Interativa, segundo a tradução própria), por meio de seu capítulo brasileiro, vem percebendo as mudanças enfrentadas pelo setor publicitário. Segundo estudo encomendado pelo Instituto, os atores precisam encarar a tecnologia e a legislação segundo uma visão evolucionista, que dê conta da diversidade, do desenvolvimento do setor e sua expansão, rejeitando barreiras ao mercado, promovendo a transparência e a livre concorrência:[463]

> A postura da legislação brasileira frente a novas tecnologias, o comportamento de atores relevantes na autorregulação e, principalmente, a interpretação que se dará aos dispositivos do modelo regulatório da publicidade no Brasil precisa ser repensada. Ao nosso ver, as transformações da indústria na última década reforçam o argumento de que a estrutura atual não contempla a diversidade do ecossistema, e que novas formas de pensar regras para o mercado precisam ser urgentemente adotadas.

Essa é a conclusão que esperamos ver implantada nos próximos anos.

3.3.1.2 Rupturas no Conselho Executivo das Normas-Padrão

Um exemplo de como essa inadequação pode provocar mudanças é a disputa envolvendo o enquadramento de grandes plataformas como Google e Facebook como veículos, segundo a sistemática da Lei nº 4.680/65, e a consequente saída do IAB do CENP.

---

[462] RITSON, Mark. It's time to shut down digital marketing teams for good. *Marketing week*, 20 fev. 2019. Disponível em: <https://www.marketingweek.com/mark-ritson-shut-down-digital-marketing-teams/>. Acesso em: 3 abr. 2022.

[463] RAMOS *et al.*, *op. cit.*, p. 23 e ss.

Em agosto de 2019, o IAB enviou carta comunicando sua saída do Conselho Executivo das Normas-Padrão.[464] Nela, a Associação reafirmou a defesa da livre iniciativa e da concorrência, bem como apontou que a diversidade dos seus *players* e visões era um de seus valores. Questionou o fato de não ter direito a voto no CENP e como decisões estariam sendo tomadas sem sua participação. A saída estaria relacionada ao fato de que agências interativas não seriam certificadas pelo CENP, e todo o modelo de remuneração não faria sentido, sendo impreciso aplicar a lógica de veículos, tabela de preços e comissão para grandes players digitais, como era o intuito do CENP.[465] A saída do IAB do CENP foi lamentada por Pyr Marcondes, preocupado com a possível ausência de referências no mercado.[466]

Logo após sua saída do CENP, o IAB também produziu um estudo a respeito do panorama da publicidade brasileira.[467] Nele, afirma que a Lei nº 4.680/65 foi construída em torno da televisão, na década de 1960, e perpetuada pelas normas de autorregulação. Esse arcabouço seria incapaz de lidar com a realidade atual, no que defende uma interpretação ampla e evolutiva da legislação, coerente com a Constituição, o Marco Civil da Internet e a Lei de Liberdade Econômica. A indústria digital teria sido desenvolvida sob outras premissas, e outro modelo de negócios, não fazendo sentido submetê-la às regras de remuneração da publicidade presentes na mídia tradicional.[468]

Mais recentemente, em janeiro de 2021, a ABA (Associação Brasileira de Anunciantes) também comunicou sua saída do CENP. Associação fundadora da entidade, sem ela, o CENP torna-se basicamente um Conselho de agências e veículos, perdendo ainda mais

---

[464] IAB cita falta de "direito a voto" e rompe com CENP. *Meio & Mensagem*, 24 jul. 2019. Disponível em: <https://www.meioemensagem.com.br/home/midia/2019/07/24/iab-cita-falta-de-direito-a-voto-e-rompe-com-cenp.html>. Acesso em: 2 abr. 2022.

[465] RIBEIRO, Igor. Em relatório, IAB Brasil propõe revisar autorregulação. *Meio & Mensagem*, 28 out. 2019. Disponível em: <https://www.meioemensagem.com.br/home/midia/2019/10/28/em-relatorio-iab-brasil-propoe-revisar-autorregulacao.html>. Acesso em: 3 abr. 2022.

[466] MARCONDES, Pyr. Sobre CENP e IAB. *Proxxima*, 25 jul. 2019. Disponível em: <https://www.proxxima.com.br/home/proxxima/blog-do-pyr/2019/07/25/sobre-cenp-e-iab.html>. Acesso em: 2 abr. 2022.

[467] O já referido RAMOS *et al*.

[468] RIBEIRO, Igor. Digital e tradicional devem persistir na conversa por consenso. *Meio & Mensagem*, 13 ago. 2019. Disponível em: <https://www.meioemensagem.com.br/home/midia/2019/08/13/digital-e-tradicional-devem-persistir-na-conversa-por-consenso.html>. Acesso em: 3 abr. 2022.

força.[469] A ABA justificou a saída, por deliberação unânime de sua direção nacional, pelo momento diverso do mercado e as mudanças havidas nas últimas duas décadas.[470] O CENP, por sua vez, procedeu ao desligamento e afirmou que diversos os caminhos, "o objetivo de um mercado justo, ético e profissional não muda".[471]

Assim, prevalece hoje grande insegurança a respeito, e que ainda deve produzir desdobramentos. Como cuidar da internet, das mídias sociais, da publicidade e do conteúdo ali disseminado é um desafio que o mundo todo atualmente enfrenta. Em artigo de novembro de 2020, o presidente da Abap mencionou o "neocolonialismo digital", promovido por tais agentes da internet.[472] Em dezembro de 2020, o CADE sinalizou que deve investigar a questão da publicidade no ambiente digital.[473]

Busca-se destacar aqui, apenas, como esse cenário de comunicação digital deve pressionar as contratações de publicidade e os modelos de remuneração adotados, podendo a vir atingir também o setor público. E se, mais uma vez, a opção vai ser pela rejeição às novidades, de forma narcisística, com os mesmos grupos de comunicação de sempre, ou se a pressão realizada por novos e velhos atores vai ser o ponto de pressão que pode mudar todo esse cenário, tal como as tecnologias disruptivas que se pretendem.

Pela movimentação do mercado, há sinais bastante claros de que os serviços de publicidade caminham para um novo estágio, em que a remuneração e a prestação, tal como ocorrem nos contratos administrativos, demandam ampla reflexão.

---

[469] ABA se desliga do Cenp. *Associação Brasileira de Anunciantes*, 22 jan. 2021. Disponível em: <http://aba.com.br/aba-se-desliga-do-cenp/>. Acesso em: 3 abr. 2022.

[470] DORES, Kelly. ABA se desliga do Cenp. *Propmark*, 22 jan. 2021. Disponível em: <https://propmark.com.br/mercado/aba-se-desliga-do-cenp/>. Acesso em: 2 abr. 2022.

[471] EHRLICH, Marcio. CENP divulga nota sobre a saída da ABA da entidade. *Janela Publicitária*. Disponível em: <https://www.janela.com.br/2021/01/29/cenp-divulga-nota-sobre-a-saida-da-aba-da-entidade/>. Acesso em: 2 abr. 2022.

[472] D'ANDREA, Mario. O neocolonialismo digital. *Folha de São Paulo*, 9 nov. 2020. Disponível em: <https://www1.folha.uol.com.br/opiniao/2020/11/o-neocolonialismo-digital.shtml>. Acesso em: 2 abr. 2022.

[473] LEMOS, Alexandre Zaghi *et al*. Cade pretende ampliar investigação sobre BV. *Meio & Mensagem*, 14 dez. 2020. Disponível em: <https://www.meioemensagem.com.br/home/midia/2020/12/14/cade-pretende-ampliar-investigacao-sobre-bv.html>. Acesso em: 3 abr. 2022.

3.3.2 Persecução concorrencial sobre a concentração do mercado publicitário televisivo

Muitas questões discutidas ao longo do trabalho também estão presentes fora do Brasil, levando a questionamentos quanto à organização do setor, seja em relação à produção, seja em relação aos planos de incentivos e a concentração do mercado televisivo. Ainda que localizadas no setor privado, eventuais alterações impactariam todo o setor publicitário, inclusive o público.

3.3.2.1 Atuação das autoridades concorrenciais Europeias e a atuação do CADE a partir de 2020

Por ora, os casos de maior repercussão parecem ter sido aqueles envolvendo a concentração de publicidade nos canais de televisão.[474] Na Espanha, a Autoridade Concorrencial condenou duas empresas de televisão por concentrar 85% de toda a publicidade televisiva. O pagamento de "extraprimas" (os planos de incentivo locais) limitaria a competição de empresas menores, e deveria ser alterado em três meses, com o pagamento de multa no valor de € 77,1 milhões.[475] A Autoridade espanhola identificou a existência de acordos verticais, em que duas empresas de televisão seriam capazes de determinar a escolha dos anunciantes, a partir das condições de compra. Seriam utilizados para o pagamento critérios como proporção do gasto total com clientes, aumento de gastos na emissora e aumento de valores pagos pelos clientes, bem como a prospecção de novos clientes seria bonificada.[476] A Autoridade também destacou que os pagamentos seriam decisivos para as agências, restando demonstrada uma situação de dependência em relação às emissoras, necessárias pela audiência, desestimulando a publicidade em outras emissoras e, portanto, limitando seu desenvolvimento:

---

[474] Cf. PEDROSO, Lucas Aluisio Scatimburgo. Concorrência, publicidade e TV: como é em outros países?. *Portal Jota*, 11 jan. 2021. Disponível em: <https://www.jota.info/opiniao-e-analise/artigos/concorrencia-publicidade-e-tv-como-e-em-outros-paises-11012021>. Acesso em: 3 abr. 2022.

[475] La CNMC sanciona a Mediaset y Atresmedia por prácticas anticompetitivas em la comercialización de la publicidad em televisión. *Comisión Nacional de los Mercados y la Competencia*, 13 nov. 2019. Disponível em: https://www.cnmc.es/prensa/multa-mediaset-atresmedia-duopolio-20191113. Acesso em: 3 abr. 2022.

[476] Comisión Nacional de los Mercados y la Competencia (CNMC). *Resolución Expediente S/DC/0617/17 Atresmedia/Mediaset*, 12 nov. 2019. p. 44.

> Lo anterior muestra que los grandes anunciantes y la mayoría de las agencias de medios tienen una situación de dependencia respecto a MEDIASET y ATRESMEDIA. Los anunciantes necesitan emitir sus campañas publicitarias en los canales de mayor audiencia de ATRESMEDIA y MEDIASET para poder cumplir con sus objetivos de eficacia, por ser las cadenas que mayor cobertura ofrecen. Por otro lado, para la mayoría de las agencias de medios los ingresos procedentes de las extraprimas son de enorme relevancia.
>
> (...) Adicionalmente, el elevado valor absoluto de los rappels de estos dos operadores (vinculado a su elevada cuota de mercado) hace que difícilmente un operador televisivo alternativo pueda compensar a las agencias de medios la reducción significativa en la extraprima que reciben de MEDIASET y ATRESMEDIA si contratara con los canales de este operador alternativo una mayor cuota de la publicidad televisiva intermediada por esas agencias de medios.
>
> (...) Como se puede apreciar, las tres prácticas investigadas tienen, de manera individual, aptitud para limitar el desarrollo de terceros operadores en el mercado de publicidad televisiva.
>
> (...) La dificultad de rentabilizar suficientemente la audiencia obtenida tiene, como se ha dicho, efectos más perniciosos en los operadores independientes a medio y largo plazo. La falta de financiación no les permite invertir en contenido atractivo y ello les impide aumentar su audiencia lo que conlleva que, a medio plazo, las cadenas independientes no puedan tener la suficiente audiencia que les permita competir con los canales principales de ATRESMEDIA y MEDIASET.[477]

Na França, a questão também foi investigada, mas a Autoridade Local entendeu que não estaria demonstrada a restrição à concorrência. Apesar da força da maior empresa de televisão, os anunciantes poderiam não anunciar na emissora, ao mesmo tempo em que a audiência da maior tv estaria diminuindo, com as agências ganhando poder de negociação nos últimos anos.[478] Assim, não haveria exclusividade.

Em termos legais específicos, na França, como já apontado, a Loi Sapin, Lei Anticorrupção local, dedica alguns artigos para tratar

---

[477] *Ibidem*, p. 77 e ss.

[478] "73. Ces mêmes éléments ne permettent pas non plus d'établir que l'octroi du taux global de remise serait conditionné explicitement à un approvisionnement exclusif ou quasi-exclusif de l'annonceur auprès de TF1 Publicité pour ce qui relève de ses besoins en espaces publicitaires télévisuels.
(...) 96. De plus, les agences et certaines chaînes ont indiqué que le pouvoir de négociation des agences médias vis-à-vis des régies publicitaires, y compris TF1 Publicité, s'était renforcé". Autorité de la concurrence. Décision nº 19-D-07 du 25 avril 2019 relative à des pratiques mises en oeuvre dans le secteur de la publicité télévisuelle.

da publicidade, no setor privado (art. 20 e seguintes). A Lei prevê a necessidade de se manter um contrato claro, bem-definido, bem como é expressa ao prever que a agência pode ser remunerada apenas pelo anunciante – e não pelos veículos, portanto. Segundo a Lei, a contratação deve seguir as regras aplicáveis ao mandato, presentes no Código Civil francês. Dentre as disposições concernentes ao mandato, destaque para aquela que obriga a transparência entre as partes.[479] Isso difere da preservação do sigilo, presente nas normas de autorregulação do Brasil, que permite à agência de publicidade esconder de seu cliente outras relações envolvendo veículos, como já apontado.

Para além do controle realizado pelas autoridades estrangeiras, recomendações encontradas são para auditar as contas, rever contratos e exigir maior transparência.[480]

Por fim, em dezembro de 2020, o CADE instaurou um inquérito administrativo em face da maior emissora de televisão brasileira sobre o pagamento de planos de incentivo. O caso é uma sinalização de que os questionamentos feitos pelas autoridades concorrenciais podem vir a ser feitos no Brasil.[481]

---

[479] Code civil. Article 1993 Tout mandataire est tenu de rendre compte de sa gestion, et de faire raison au mandant de tout ce qu'il a reçu en vertu de sa procuration, quand même ce qu'il aurait reçu n'eût point été dû au mandant.
[480] ARMSTRONG *et al., op. cit.*
[481] BRASIL. Conselho Administrativo de Defesa Econômica. *Inquérito Administrativo nº 08700.000529/2020-08.*

CONCLUSÃO: UM MODELO DE REMUNERAÇÃO QUE DESPRESTIGIA A CONSENSUALIDADE NA CONTRATUALIZAÇÃO ADMINISTRATIVA

Impulsionado pela legislação e pela Administração Pública, em especial a Federal, as contratações administrativas de publicidade adotam um modelo que pouco privilegia a consensualidade. A prevalência de um modelo de agência de publicidade *full service* remunerada por comissão atrelada à mídia, na forma de desconto-padrão, privilegia a facilidade, ao tempo em que sacrifica a negociação remuneratória e a abertura para se explorarem outras formas de organização e de contratação.

Assim, como apontado ao longo do estudo, o modelo de remuneração utilizado nas contratações administrativas de publicidade ocorre em um contexto de assimetria de informação, com incerteza a respeito dos interesses de cada um dos agentes, traz incentivos para as agências de publicidade aumentarem sua própria remuneração, em prejuízo à economia de recursos, não guarda correlação com os resultados alcançados ao longo das campanhas e tampouco apresenta relação com os custos nos quais as agências incorrem. Acima de tudo isso, o modelo de remuneração adotado possui efeitos anticoncorrenciais, com reduzida margem de negociação e seleção por preço, cristalizando uma organização setorial específica.

As soluções adotadas para coibir tais problemas seguiram dois sentidos: pressionar a remuneração das agências de publicidade e institucionalizar práticas e critérios, diminuindo a margem de atuação das agências. Nesse sentido, a Lei nº 12.232/2010, que consolidou práticas e condições, como a contratação de mais de uma agência de publicidade (art. 2º, §3º), bem como reconheceu o certificado de qualificação técnica de funcionamento, emitido pela entidade de autorregulação setorial, o Conselho Executivo das Normas-Padrão – CENP (art. 4º, §1º) e, por consequência, a organização setorial por ele definida. Também nesse sentido, a institucionalização ocorrida no âmbito da Secom, com a tentativa de se prever critérios técnicos que devem orientar a atuação das agências de publicidade, bem como um Comitê de Negociação de Mídia para alcançar melhores valores junto a veículos de comunicação. Em que pese a importância de tais iniciativas, e a consequente segurança jurídica alcançada, tais soluções contribuem apenas marginalmente para se alcançar campanhas de publicidade de maior qualidade e efetividade junto à população brasileira.

Como o trabalho demonstrou, porém, existem alternativas a tal forma de organização, tanto no setor privado brasileiro, quanto fora do Brasil. Nesse sentido, destaque para três alternativas: remuneração por valores fechados (*fees*), por resultados e a contratação separada de criação publicitária e veiculação de seu conteúdo, por empresas diversas, todas alternativas que mereceriam maior experimentação nas contratações administrativas.

Os problemas e as dificuldades associadas às contratações administrativas de publicidade poderiam ter sido contornados com interpretações criativas, com base na Constituição de 1988. Há espaço para se questionar se a configuração setorial e a Lei nº 12.232/2010 violam a livre iniciativa e a livre concorrência.

Ocorre que até agora a via interpretativa não foi explorada com sucesso. Seja pela dificuldade de se entender um setor tão complexo, seja pela pouca disposição de seus agentes alterarem as regras aplicáveis, em momentos-chave a interpretação sempre foi pelo fechamento do mercado e pela manutenção de modelos tradicionais. Isso ocorreu, por exemplo, no final dos anos 1980 com a entrada de *bureaux* de mídia no mercado brasileiro, com a tentativa de mudar a forma de remunerações no meio dos anos 1990, e com a resposta ao Mensalão nos anos 2000.

Não sendo o caso de mera interpretação, é de se pensar como esse cenário poderia ser diferente. A resposta passa por três pontos, como o estudo sinalizou.

Em primeiro lugar, embora se reconheça a importância do CENP, das suas normas, estatísticas, e da troca de informações ali ocorridas, seu esvaziamento torna ainda mais questionável que apenas as agências por ele certificadas devem ser contratadas pela Administração Pública. Assim, o art. 4º da Lei nº 12.232/2010 deveria ser revogado ou alterado, para que não só as agências por ele certificadas pudessem ser contratadas pela Administração Pública Federal. É preciso maior abertura para se escolher modelo de remuneração e de prestação do serviço, em especial no caso das empresas estatais, que atuam em regime de concorrência e investem grandes valores. Padrões são importantes, e ajudam nos relacionamentos comerciais, mas seu absolutismo não se justifica mais.

Em segundo lugar, é preciso garantir maior transparência nas relações existentes. Ainda que o sigilo comercial faça parte dos negócios, da forma como se organiza atualmente, não fica claro quem realmente contrata as agências de publicidade, se a Administração Pública anunciante ou se os veículos de comunicação. A remuneração das agências por bônus de volume (os planos de incentivo do art. 18 da Lei nº 12.232/2010), concedidos por veículos, cria conflitos de interesses entre os agentes do setor. Assim, a falta de transparência sobre tais relações e valores prejudica o relacionamento e promove a concentração dos meios de comunicação em poucas empresas, justamente aquelas que podem pagar os planos de incentivo. Auspiciosa, nesse sentido, a legislação francesa que prevê não só a transparência dos valores recebidos como proíbe as agências contratadas de receberem valores que não sejam dos anunciantes que as contratam. Auspicioso também que o CADE, seguindo as autoridades concorrenciais francesa e espanhola, possa questionar a concentração do mercado publicitário televisivo.

Em terceiro lugar, além de se questionar a exigência do certificado CENP, trata-se de questionar a definição de serviços de publicidade, prevista no art. 2º da Lei nº 12.232/2010. O modelo de agência de publicidade *full service* não é o único existente no mercado e nem significa que é sempre o mais adequado. Datado da década de 1960, quando a publicidade era outra atividade muito diversa. Assim, seguindo, por exemplo, a legislação espanhola, seria o caso de se reconhecer uma liberdade muito maior as agências de publicidade, que poderiam prestar apenas alguma das atividades ali previstas.

O estudo aqui desenvolvido mostra que deve haver espaço para se pensar em alternativas e questionar o modelo hoje vigente. Como apontado no capítulo 3, a evolução dos setores publicitários aponta para novas formas de organização e remuneração; a emergência de novas tecnologias, e da publicidade digital desafia a organização até hoje existente de veículos de comunicação; e o inquérito administrativo pelo CADE para investigar a concentração do mercado publicitário televisivo sugerem que algo pode mudar. A saída da Associação Brasileira de Anunciantes do Conselho Executivo das Normas-Padrão (CENP) é o maior prenúncio do que está por vir.

O risco, porém, é mais uma vez se olhar para o futuro com os óculos do passado. Causa preocupação que o setor continue defendendo o enquadramento das novidades nos conceitos jurídicos do passado, de veículo de comunicação, bem como nas formas de remuneração já existentes, atreladas à veiculação de mídia.

É preciso, enfim, que as contratações administrativas tenham mais espaço para a consensualidade, para a negociação, que elas possam se preocupar com os resultados que entregam à sociedade brasileira. Para tanto, é necessário que novas formas de remuneração e de organização sejam exploradas, que as antigas sejam questionadas e que o direito dê cada vez mais espaço para tanto.

REFERÊNCIAS

1º workshop do Conselho de Ética discute relações do mercado. *CENP em Revista*, ano 1, n. 2, 1º trimestre de 2005.

45 anos em defesa da mídia brasileira. *CENP em Revista*, ano 9, n. 36, p. 34-36, set. 2013.

A autorregulação da publicidade no Brasil. *CENP em Revista*, ano 10, n. 38, p. 24-28, mar. 2014.

A Comunicação no Governo Federal: Gestão de mídia demonstra transparência e profissionalismo. *CENP em Revista*. São Paulo, ano 7, n. 26, p. 24-27, mar. 2011.

A esquizofrenia digital está no seu limite. *CENP em Revista*, ano 13, n. 50, p. 20-35, mar. 2017.

A história do CENP-Meios. *CENP em Revista*, ano 14, n. 56, p. 30-32, set./out./nov. 2018.

A pedido de Bolsonaro, Banco do Brasil tira campanha do ar. *Meio & Mensagem*, 25 abr. 2019, atualizada em 26 abr. 2019. Disponível em: <https://www.meioemensagem.com.br/home/comunicacao/2019/04/25/a-pedido-de-bolsonaro-banco-do-brasil-tira-campanha-do-ar.html>. Acesso em: 25 mar. 2022.

A pesquisa de mídia e os profissionais de insights. *CENP em Revista*, ano 9, n. 36, p. 26-30, set.2013.

ABA se desliga do Cenp. *Associação Brasileira de Anunciantes*, 22 jan. 2021. Disponível em: <http://aba.com.br/aba-se-desliga-do-cenp/>. Acesso em: 3 abr. 2022.

Abap e Fenapro se manifestam sobre polêmica das licitações. *Propmark*, 21 ago. 2019. Disponível em: <https://propmark.com.br/mercado/abap-e-fenapro-se-manifestam-sobre-polemica-das-licitacoes/>. Acesso em: 3 abr. 2022.

ABREU, Alzira Alves de *et al*. *Dicionário histórico-biográfico da propaganda no Brasil*. São Paulo: Editora Fundação Getúlio Vargas, 2007.

ABRUCIO, Fernando Luiz. Trajetória recente da gestão pública brasileira: um balanço crítico e a renovação da agenda de reformas. *Revista de Administração Pública*. Rio de Janeiro, Edição Especial Comemorativa, 1967-2007, p. 67-86.

ACERVO ESTADÃO. Como criar o Direito, sem juristas? *O Estado de São Paulo*, 26 ago. 1988. Disponível em: https://acervo.estadao.com.br/. Acesso em: 25 mar. 2022.

ACEVEDO, Claudia Rosa *et al*. Ética da Propaganda sob o olhar dos publicitários. *Revista de Administração e Empresas – eletrônica*, v. 8, n. 1, Art. 4, jan./jun. 2009.

Acordo entre o Governo Federal e o Mercado Publicitário sobre Publicidade de Utilidade Púbica. 29 maio 2002. Disponível em: <https://cenp.com.br/PDF/Legislacao/Acordo_entre_Governo_Federal_e_Mercado_Publicitario.pdf>. Acesso em: 2 abr. 2022.

Agências ampliam negócios. *CENP em Revista*, ano 12, n. 46, p. 45-47, mar. 2016.

Agências certificadas de menor porte acessam grátis informações de mídia. *CENP em Revista*, ano 16, n. 65, p. 12-13, set. 2020.

AGRA, Liza Fernanda Fernandes Ribeiro Villas-Bôas. Análise Econômica da Contratação do Serviço de Publicidade pela Administração Pública Federal brasileira. *Revista Jurídica Luso-Brasileira*, ano 6, n. 3, p. 1117-1181, 2020

AKERLOF, George Akerlof. The market for "lemons": quality uncertainty and the market mechanism. *The Quarterly Journal of Economics*. Vol. 84, n. 3, ago. 1970. Oxford University Press, p. 488-500. Disponível em: <https://www.jstor.org/stable/1879431?seq=1>. Acesso em: 2 abr. 2022.

ALEJANDRE, Sandra Vilajoana. *Limites jurídicos de la publicidad en España:* Marco normativo, análisis jurisprudencial y gestión profesional. Tesis doctoral, 466 f. Barcelona, dez. 2015. Blanquerna, Universitat Ramon Llull, Director Dr. Josep A. Rom Rodríguez.

ALMEIDA, Susana. A autorregulação da comunicação comercial em Portugal: Panaceia para a inoperância do modelo regulador tradicional? *Revista Luso-Brasileira de Direito do Consumo*, vol. 2, n. 4, p. 227-250, dez. 2012.

ALVES, Maria Cristina Dias. *Mediações e os dispositivos dos processos criativos da publicidade midiatizada:* vestígios e perspectivas. 2016. 227 f. Tese (Doutorado em Ciências da Comunicação) – Escola de Comunicações e Artes, Universidade de São Paulo, São Paulo, 2016.

AMADO, Guilherme. Governo vai criar agência de publicidade dentro do Planalto. *Revista Época*. 25 jan. 2019. Disponível em: <https://epoca.globo.com/guilherme-amado/governo-vai-criar-agencia-de-publicidade-dentro-do-planalto-23400945>. Acesso em: 25 mar. 2022.

American Association of Advertising Agencies. *Questions and Answers Pertaining to the Settlement of the Anti-Trust Action with Respect to A.A.A.A.* 1956, rev. 1992. Disponível em: <https://www.aaaa.org/index.php?checkfileaccess=/wp-content/uploads/2020/01/4As-QA-settlement-anti-trust-action-consent-decree-1992.pdf>. Acesso em: 2 abr. 2022.

Anunciante opta por remuneração variável. *Propmark*, 29 nov. 2010. Disponível em: <https://propmark.com.br/mercado/anunciante-opta-por-remuneracao-variavel/>. Acesso em: 2 abr. 2022.

ARAÚJO, Leonardo. O novo modelo das agências é não ter modelo. *Propmark*, 30 abr. 2019. Disponível em: <https://propmark.com.br/mercado/o-novo-modelo-das-agencias-e-nao-ter-modelo/>. Acesso em: 2 abr. 2022.

ARAUJO, Leonardo. Agências diversificam e buscam novos modelos de remuneração. *Propmark*, 5 fev. 2020. Disponível em: <https://propmark.com.br/agencias/agencias-diversificam-e-buscam-novos-modelos-de-remuneracao/>. Acesso em: 2 abr. 2022.

ARMSTRONG, Sarah *et al*. Truth in advertising: achieving transparency with medi rebates to fuel growth. *McKinsey*, 2 maio 2018. Disponível em: <https://www.mckinsey.

com/business-functions/marketing-and-sales/our-insights/truth-in-advertising>. Acesso em: 2 abr. 2022.

ARZAGHI, Mohamamd *et al*. The unbundling of advertising agency services: an economic analysis. *Working paper 11-039*, Harvard, Business, School, 2010.

As memórias dos pioneiros do CENP. *CENP em Revista*, ano 5, n. 17, p. 34-42, dez.2008.

ASSOCIAÇÃO BRASILEIRA DE AGÊNCIAS DE PUBLICIDADE. Pequena história da ABAP. Anuário ABAP 1981, p. 19-20.

ASSOCIAÇÃO BRASILEIRA DOS AGENTES DIGITAIS (ABRADI). *Contratação de serviços de comunicação digital*. Brasília, 19 ago. 2019. p. 5. Disponível em: <https://abradi.com.br/wp-content/uploads/2019/08/MANIFESTACAO-DIGITAL.-2019.-SECOMPR.ABRADI.-material-consolidado_VF_19_08_2019.pdf>. Acesso em: 2 abr. 2022.

Associação Portuguesa de Anunciantes (APAN) *et al*. *O valor certo*: Guia de Boas Práticas para Remuneração das Agências de Comunicação. Disponível em: https://apan.pt/guia-de-boas-praticas-para-remuneracao-das-agencias-de-comunicacao-o-valor-certo/. Acesso em: 2 abr. 2022.

ASSOCIATION OF NATIONAL ADVERTISERS (ANA). *Media Agency Compensation Practice*, set. 2019.

ASSOCIATION OF NATIONAL ADVERTISERS (ANA). *The continued rise of the in-house agency*out. 2018.

AYRES, Ian; BRAITHWAITE, John. *Responsive regulation*: Transcending the deregulation debate. Nova Iorque: Oxford University Press, 1992.

AZEMATI, Hanna *et al*. Social Impact Bonds: Lessons learned so far. *Community Development Investment review 9*, n. 1, abr. 2013.

BANCO DO BRASIL. *Concorrência DISEC nº 2016/00003 (8558)*. Disponível em: <https://static.poder360.com.br/2017/03/concorrencia-banco-do-brasil-publicidade.pdf>. Acesso em: 2 abr. 2022.

BANCO DO BRASIL. *Licitação nº 2018/01918 (8558)*. Disponível em: <https://www.bb.com.br/docs/pub/siteEsp/dilog/dwn/edLP18.1918.pdf>. Acesso em: 2 abr. 2022.

BARBIERI, Luiz Felipe. Agências cortam verba e fecham órgão que mede gastos com publicidade estatal. *Poder 360*, 11 maio 2017. Disponível em: <https://www.poder360.com.br/midia/instituto-de-transparencia-da-publicidade-estatal-fecha-por-falta-de-verba/>. Acesso em: 2 abr. 2022.

BARRADAS, Gal. Modelo full service é uma jabuticaba. Mas nunca teve tanto valor. *Meio & Mensagem*, 1 jun. 2017. Disponível em: <https://www.meioemensagem.com.br/home/opiniao/2017/06/01/modelo-full-service-e-uma-jabuticaba-mas-nunca-teve-tanto-valor.html>. Acesso em: 2 abr. 2022.

BARSOTTI, Caio. A qualidade da praça é responsabilidade de todos. *CENP in Revista*, ano 10, n 40, p. 4, set. 2014.

BARSOTTI, Caio. A utilidade pública do CENP. *CENP em Revista*, ano 15, n. 58, p. 4, mar./abr./maio 2019.

BARSOTTI, Caio. O passado garantiu o futuro. *CENP em Revista*, ano 6, n. 23, p. 8-11, jun. 2010.

BERNARDES, Marcelo. O que realmente nos incomoda? *Propmark*, 3 jun. 2020. Disponível em: <https://propmark.com.br/opiniao/o-que-realmente-nos-incomoda/>. Acesso em: 2 abr. 2022.

BINDER, Glaucio. Os 20 anos do CENP. *CENP em Revista*, ano 15, n. 58, p. 34-35, mar./abr./maio 2019.

BLACK, Julia. Constitutionalising Self-Regulation. *The Modern Law Review*. 59, 1, jan. 1996, Oxford, p. 24-55.

BLACK, Julia. Decentring regulation: understanding the role of regulation and self-regulation in a 'post-regulatory world. *Current Legal Problems*, n. 54, p. 103-146, 2001.

BLUM, T. Alex. Opinion: how advertisers' long payment schedules are hurting the creative process. *AdAge*, 28 fev. 2020. Disponível em: <https://adage.com/article/opinion/opinion-how-advertisers-long-payment-schedules-are-hurting-creative-process/2241116>. Acesso em: 2 abr. 2022.

BNDES. *Contratos de Publicidade*. Disponível em: <https://www.bndes.gov.br/wps/portal/site/home/transparencia/contratos-de-publicidade>. Acesso em: 3 abr. 2022.

BNDES. *Edital Concorrência nº 01/2020*. Disponível em: <https://www.bndes.gov.br/wps/portal/site/home/transparencia/licitacoes-contratos/licitacoes/concorrencias>. Acesso em: 2 abr. 2022.

BNDES. *Questionamentos acerca do Edital da Concorrência nº 01/2020 – BNDES*. Questionamentos 1 e 2. Disponíveis em: <https://www.bndes.gov.br/wps/portal/site/home/transparencia/licitacoes-contratos/licitacoes/concorrencias >. Acesso em: 2 abr. 2022.

BRANDÃO, Elizabeth. Conceito de comunicação pública. *In*: DUARTE, Jorge (org.). *Comunicação pública*: Estado, mercado, sociedade e interesse público. 3. ed. São Paulo: Atlas, 2012.

BRASIL. Assembleia Nacional Constituinte. Ano I – nº 127. Segunda-feira, 17 ago. 1987. Brasília, DF. *Ata da 139ª Sessão da Assembleia Nacional Constituinte*, em 16 ago. 1987.

BRASIL. Assembleia Nacional Constituinte. Ano II – nº 203. Sexta-feira, 11 mar. 1988. Brasília, DF. *Ata da 222ª Sessão da Assembleia Nacional Constituinte*, 10 mar. 1988.

BRASIL. Assembleia Nacional Constituinte. Ano II – nº 298. Quinta-feira, 25 ago. 1988. Brasília, DF. *Ata da 323ª Sessão da Assembleia Nacional Constituinte*, 24 ago. 1988.

BRASIL. Congresso Nacional. *Comissão Parlamentar Mista de Inquérito "dos Correios"*. Relatório Final dos Trabalhos da CPMI "dos Correios". Volume III, p. 1699-/1700 e p. 1819 e ss.

BRASIL. Congresso Nacional. *Relatório Final dos Trabalhos da CPMI "dos Correios"*: Volume 1. Brasília, abr. 2006.

BRASIL. Conselho Administrativo de Defesa Econômica. *Inquérito Administrativo nº 08700.000529/2020-08*.

BRASIL. Conselho Administrativo de Defesa Econômica. *Nota Técnica nº 10/2010/DENOR/ SGCN/SCOM, de 3 nov. 2010.*

BRASIL. Conselho Administrativo de Defesa Econômica. *Processo 08700.010847/2013-40.*

BRASIL. Conselho Administrativo de Defesa Econômica. *Processo Administrativo 08012.008602/2005-09.*

BRASIL. Conselho Administrativo de Defesa Econômica. *Processo Administrativo 08700.000719/2008-21.*

BRASIL. Conselho Administrativo de Defesa Econômica. *Processo Administrativo 08700.004974/2015-71.*

BRASIL. Conselho Administrativo de Defesa Econômica. *Processo Administrativo 08700-001830/2014-82.*

BRASIL. Conselho Administrativo de Defesa Econômica. *Requerimento 08700.007946/2014-25.*

BRASIL. Financiadora de Estudos e Projetos. *Investimentos em Publicidade.* Disponível em: <http://www.finep.gov.br/transparencia-finep/gastos-com-publicidade>. Acesso em: 3 abr. 2022.

BRASIL. Furnas. *Execução contratual de publicidade.* Disponível em: <https://www.furnas.com.br/subsecao/88/execucao-contratual-de-publicidade>. Acesso em 3 abr. 2022.

BRASIL. Justiça Federal. 13ª Vara Federal de Curitiba. *Ação Penal nº 5023121-47.2015.4.04.7000,* PR, j. Sérgio F. Moro, dj. 22 nov. 2015.

BRASIL. Presidência da República. Secretaria de Governo. Secretaria Especial de Comunicação Social. *Audiência Pública nº 1/2020.* Esclarecimentos às contribuições recebidas. Disponível em: <http://antigo.secom.gov.br/acesso-a-informacao/licitacoes-e-contratos/arquivos-de-audiencias-publicas/esclarecimentosaud_publica_no-1-2020_definitivo_21-02-20x.pdf>. Acesso em: 3 abr. 2022.

BRASIL. SECOM. *Comitê de Negociação.* Última modificação em 27 dez. 2018. Disponível em: <http://antigo.secom.gov.br/orientacoes-gerais/midia/comite-de-negociacao>. Acesso em: 3 abr. 2022.

BRASIL. SECOM. Secretaria Especial de Comunicação Social. *Evolução do Cadastro de Veículos por Meio.* Disponível em: <http://antigo.secom.gov.br/atuacao/midia/1.jpg/view>. Acesso em: 3 abr. 2022.

BRASIL. SECOM. *Portaria nº 98, de 21 de julho de 2016.* Aprova o Manual de Procedimento das Ações de Publicidade. Diário Oficial da União: seção 1, Brasília, DF, Ed. 140, p.33, item 4. 21 jul. 2016.

BRASIL. SECOM. Secretaria Especial de Comunicação Social. *Nota Técnica nº 08/2008/ DENOR/SGCN/ SECOM-PR.* Brasília, 17 abr. 2008.

BRASIL. SECOM. Secretaria Especial de Comunicação Social. *Relatório de Gestão do exercício de 2017.* Brasília, 2018.

BRASIL. SECOM. Secretaria Especial de Comunicação Social. *Tabela de Remuneração de Agências de Propaganda*: pesquisa de preços. 12 ago. 2021. Disponível em: <http://antigo.secom.gov.br/acesso-a-informacao/licitacoes-e-contratos/remuneracao-de-agencias-de-propaganda-pesquisa-de-precos>. Acesso em: 3 abr. 2022.

BRASIL. Secretaria de Comunicação Social. *Relatório de Gestão do exercício de 2012*. Brasília, DF, 2013. Disponível em: https://www.gov.br/cidadania/pt-br/composicao/esporte/secretaria-nacional-de-futebol-e-defesa-dos-direitos-do-torcedor/arquivos/relatorios-e-certificados-de-auditoria/relatorio_de_gesto_exercicio_de_2012.pdf>. Acesso em: 3 abr. 2022.

BRASIL. Secretaria de Comunicação Social. *Relatório de Gestão do exercício de 2013*. Brasília, DF, 2014. Disponível em: <https://www.gov.br/secom/pt-br/acesso-a-informacao/auditoria/relatoriodegestao2013.pdf>. Acesso em: 3 abr. 2022.

BRASIL. Secretaria Especial de Comunicação Social. *Procedimentos de Negociação*. 05 dez. 2014. Disponível em: <http://antigo.secom.gov.br/orientacoes-gerais/publicidade/procedimentos-de-negociacao>. Acesso em: 3 abr. 2022.

BRASIL. SECOM. *Relatório de Gestão do exercício de 2014*. Brasília, DF, 2015.

BRASIL. Secretaria de Comunicação Social. *Relatório de Gestão do exercício de 2009*. Brasília, DF, 2010.

BRASIL. Secretaria Especial de Produtividade, Emprego e Competitividade – Ministério da Economia. *Guia de advocacia da concorrência*. Brasília, DF, 2020.

BRASIL. Supremo Tribunal Federal. *Ação Penal n° 470 – Minas Gerais*. Relator Ministro Joaquim Barbosa. Rev. Ministro Ricardo Lewandowski, data do acórdão 17 dez. 2012.

BRASIL. Tribunal de Contas da União (TCU). *Acórdão 1.342/2012*, Plenário, relator Ministra Ana Arraes, dj. 30 maio 2012.

BRASIL. Tribunal de Contas da União (TCU). *Acórdão 1.715/2012*, Plenário, relator Ministra Ana Arraes, dj. 4 jul. 2012.

BRASIL. Tribunal de Contas da União (TCU). *Acórdão 1.716/2012*, Plenário, relator Ministra Ana Arraes, dj. 4 jul. 2012.

BRASIL. Tribunal de Contas da União (TCU). *Acórdão 1184/2017*, Plenário, relator Ministro José Múcio Monteiro, dj. 7 jun. 2017.

BRASIL. Tribunal de Contas da União (TCU). *Acórdão 2.062/2006*, Plenário, relator Ministro Ubiratan Aguiar, dj. 8 nov. 2006, p. 9 e ss.

BRASIL. Tribunal de Contas da União (TCU). *Acórdão 2.770/2014*, Plenário, relator Ministro Marcos Bemquerer, 15 out. 2014, item 9.1.1.

BRASIL. Tribunal de Contas da União (TCU). *Acórdão 2304/2015*, Plenário, relator Ministra Ana Arraes, redator Ministro Walton Alencar Rodrigues, dj. 16 set. 2015.

BRASIL. Tribunal de Contas da União (TCU). *Acórdão 3.233/2010*, Plenário, relator Ministro Marcos Vilaça, dj. 1 dez. 2010, p. 99.

BRASIL. Tribunal de Contas da União (TCU). *Acórdão 3.349/2015*, 2ª Câmara, relator Ministro Vital do Rêgo, dj. 9 dez.2015.

BRASIL. Tribunal de Contas da União (TCU). *Acórdão 6.227/2016*, 2ª Câmara, Relator Ministro André Luís de Carvalho, 24 maio 2016, item 9.2.

BRASIL. Tribunal de Contas da União (TCU). *Acórdão 10.582/2017*, 1ª Câmara, Relator Ministro Augusto Sherman Cavalcanti. 28 nov. 2017.

BRASIL. Tribunal de Contas da União (TCU). *Acórdão 638/2012*, Plenário, relator Ministro Walton Alencar Rodrigues, dj. 21 mar. 2012.

BRASIL. Tribunal de Contas da União (TCU). *Acórdão 895/2019*, Plenário, relator Ministro Vital do Rêgo, dj. 16 abr. 2019.

BRASIL. Tribunal Superior Eleitoral (TSE). *Edital de Sessão Pública TSE nº 9/2020*. Brasília, set. 2020. Disponível em: <https://www.tse.jus.br/transparencia-e-prestacao-de-contas/licitacoes-e-contratos/contratos/contratos-de-publicidade>. Acesso em: 3 abr. 2022.

BRESSER-PEREIRA, Luiz Carlos. O modelo estrutural de governança pública. *Revista Eletrônica sobre a Reforma do Estado*. Salvador, n. 10, jun./jul./ago. 2007.

BRESSER-PEREIRA, Luiz Carlos. *Reforma do Estado para a cidadania*: a reforma gerencial brasileira na perspectiva internacional. São Paulo: Editora 34; Brasília: ENAP, 1998.

BROSSARD, Paulo. Parecer: A Atividade Publicitária entre nós está sujeita à Lei nº 4.680/65 e a convenções celebradas pelos interessados na condição de Associações e no uso da liberdade a elas assegurada pela Constituição – Auto-organização e auto-disciplina, inerentes à liberdade de associação. *Associação Brasileira de Agências de Publicidade*, dez. 2003. Disponível em: <http://www.abapnacional.com.br/pdfs/leis/parecer_paulo_brossard.pdf>. Acesso em: 2 abr. 2022.

BRUELL, Alexandra. DOJ concludes investigation of production practices at largest ad companies. *The Wall Street Journal*, 13 nov. 2018. Disponível em: <https://www.wsj.com/articles/justice-department-concludes-investigation-of-omnicom-and-mdc-1542120811>. Acesso em: 2 abr. 2022.

BUCCI, Eugênio. *O Estado de Narciso*: A comunicação pública a serviço da vaidade particular. São Paulo: Companhia das Letras, 2015.

CAIXA ECONÔMICA FEDERAL. *Edital nº 1807/7066-2017*. Disponível em: <https://www.caixa.gov.br/Downloads/despesas-publicidade/procedimento_selecao_entre_agencia_Publicidade.pdf>. Acesso em: 2 abr. 2022.

CÂMARA, Jacintho de Arruda. O regime tarifário como instrumento de políticas públicas. *Revista de Direito Público da Economia – RDPE*, Belo Horizonte, ano 3, n. 12, p. 69-94, out./dez. 2005.

CANÔ, Victor. Mídia programática vai muito além do leilão. *Propmark*, 25 ago. 2017. Disponível em: <https://propmark.com.br/mercado/midia-programatica-vai-muito-alem-do-leilao/>. Acesso em: 2 abr. 2022.

CARVALHO, Luiz Maklouf. O sujeito oculto. *Revista Piauí*, edição 111, dez. 2015. Disponível em: <https://noticiasdodireito.com/2015/12/07/o-sujeito-oculto/>. Acesso em: 2 abr. 2022.

CENP cria sistema que amplia acesso às listas de preços dos veículos de todo o Brasil. *CENP em Revista*, ano 9, n. 35.

CENP implementa Banco Único de Preços. *CENP em Revista*, ano 9, n. 33, p. 36-37, dez. 2012.

CENP. Ranking de Agências Participantes. *CENP Meios*, jan./dez. 2020. Disponível em: <https://cenp.com.br/cenp-meios-ranking?ano=2020>. Acesso em: 25 mar. 2022.

CHAGA, Tayná *et al*. *O regime diferenciado de contratações públicas para a Copa do Mundo de futebol de 2014 e Olimpíadas de 2016*: A Lei nº 12.462/2011 e sua (in)constitucionalidade. Disponível em: <http://www.publicadireito.com.br/artigos/?cod=948ba1dc8cc4cc26>. Acesso em: 2 abr. 2022.

CHRISTENSEN, Nic. Is this the most hated man in advertising? *Mumbrella*, 10 maio 2016. Disponível em: <https://mumbrella.com.au/the-most-hated-man-in-global-advertising-jon-mandel-on-how-media-value-banks-are-destroying-advertising-365406>. Acesso em: 2 abr. 2022.

COGLIANESE, Cary; MENDELSON, Evan. Meta-Regulation and Self-Regulation. *In*: CAVE, M. *et al*. (org.) *The Oxford handbook on regulation*. Oxford: Oxford University Press, 2010. Disponível em: <https://ssrn.com/abstract=2002755>. Acesso em: 2 abr. 2022.

COLON, Breno Costa Leandro. *et al*. Presidência destinou verba a jornais que não existem. *Folha de São Paulo*, 11 nov. 2012. Disponível em: <https://www1.folha.uol.com.br/fsp/poder/77444-presidencia-destinou-verba-a-jornais-que-nao-existem.shtml>. Acesso em: 2 abr. 2022.

Commission of the European Communitites. *Communication from the Comission*: Action Plan "Simplifying and improving the regulatory environment". Brussels, 5 jun. 2002. Disponível em: <http://eur-lex.europa.eu/LexUriServ/LexUriServ.do?uri=COM:2002:02 78:FIN:EN:PDF>. Acesso em: 2 abr. 2022.

COMMONWEALTH OF AUSTRALIA. Government Advertising and Communications. *Victorian Auditor-General's Report*, fev. 2012.

Conheça o Anexo "C" das Normas-Padrão. *Propmark*, 8 jul. 2008. Disponível em: <https://propmark.com.br/mercado/conheca-o-anexo-c-das-normas-padrao/>. Acesso em: 2 abr. 2022.

Conselho Executivo das Normas-Padrão. *Normas-Padrão da Atividade Publicitária*. Disponível em: <https://cenp.com.br/documento/normas-padrao-portugues>. Acesso em: 2 abr. 2022.

Conselho Executivo das Normas-Padrão. *Resolução nº 03/2012* – revogação CNs 03 e 07. Disponível em: <https://cenp.com.br/PDF/Comunicados/resolucao003-12.pdf>. Acesso em: 2 abr. 2022.

Contratos da Secom envolveriam conflitos de interesses. *Meio & Mensagem*, 15 jan. 2020. Disponível em: <https://www.meioemensagem.com.br/home/midia/2020/01/15/contratos-da-secom-envolveriam-conflitos-de-interesses.html>. Acesso em: 2 abr. 2022.

COOKSON, Robert *et al*. Channel 5 attacks Omnicom in letter to ad group's clients. *Financial Times*, 28 jan. 2015. Disponível em: <https://www.ft.com/content/19b36cda-a646-11e4-9bd3-00144feab7de>. Acesso em: 2 abr. 2022.

CORRÊA, Petrônio Cunha. Petrônio Corrêa (depoimento, 2004). *CPDOC, ABP – Associação Brasileira de Propaganda*, Rio de Janeiro, Souza Cruz, 2005.

CORRÊA, Petrônio. A democracia precisa de publicidade ética. *CENP em Revista*, ano 4, n. 14, p. 6-7, abr. 2008.

CÔRREA, Petrônio. Editorial. *CENP em Revista*, ano 2, n. 8, p. 4, out. 2006.

CÔRREA, Petrônio; BARSOTTI, Caio. É preciso zelar sempre pelo vencedor modelo brasileiro de publicidade. [Entrevista cedida a]. *CENP em Revista*, ano 6, n. 21, p. 20-29, jan. 2010.

COSCELLI, José Geraldo de Barros. As novas regras do jogo. *Meio & Mensagem*, 13 fev. 2020. Disponível em: <https://www.meioemensagem.com.br/home/opiniao/2020/02/13/as-novas-regras-do-jogo.html>. Acesso em: 2 abr. 2022.

COSTA, Breno *et al*. Propaganda oficial dobrou na eleição. *Folha de São Paulo*, Brasília, 9 maio 2011. Disponível em: <https://www1.folha.uol.com.br/fsp/poder/po0905201104.htm>. Acesso em: 2 abr. 2022.

COSTA, Henrique Araújo *et al*. *Direito da publicidade*. Brasília: Thesaurus, 2008.

COSTA, João Roberto Vieira da. *Comunicação de interesse público*: ideias que movem pessoas e fazem um mundo melhor. São Paulo: Jaboticaba, 2006.

Critérios técnicos nos planos de mídia. *CENP em Revista*. ano 15, n. 60, p. 54-61, set./out./nov. 2019.

Criticada por conotação sexual, campanha da Embratur usou fonte sem respeitar direitos autorais. *Folha de São Paulo*. 26 jul. 2019. Disponível em: <https://www1.folha.uol.com.br/mercado/2019/07/criticada-por-conotacao-sexual-campanha-da-embratur-usou-fonte-sem-respeitar-direitos-autorais.shtml>. Acesso em: 25 mar. 2022.

D'ANDREA, Mario. Além da lenda. *In*: Uma ligação direta com a liberdade de expressão. *CENP em Revista*, ano 15, n. 58, p. 35-37, mar./abr./maio 2019.

D'ANDREA, Mario. O neocolonialismo digital. *Folha de São Paulo*, 9 nov. 2020. Disponível em: <https://www1.folha.uol.com.br/opiniao/2020/11/o-neocolonialismo-digital.shtml>. Acesso em: 2 abr. 2022.

DAMÉ, Luiza. Verba de publicidade oficial para mídia alternativa só com mudança na lei. *O Globo*, Rio de Janeiro, 8 fev. 2014. Disponível em: <https://oglobo.globo.com/brasil/verba-de-publicidade-oficial-para-midia-alternativa-so-com-mudanca-na-lei-11548727>. Acesso em: 2 abr. 2022.

DAVIES, Ron. Social impact bonds: Private finance that generates social returns. European Parliamentary Research Service, *Briefing*, ago. 2014.

DEFANTI, Francisco. Um ensaio sobre a autorregulação: características, classificações e exemplos práticos. *Revista de Direito Público da Economia – RDPE*, Belo Horizonte, ano 16, n. 63, p. 149-181, jul./set. 2018.

DEL PICCHIA, Lucia. Poder normativo das agências reguladoras: sentido da retomada do debate na doutrina jurídica. *In*: SCHAPIRO, Mario Gomes. Direito Econômico: Direito Econômico Regulatório. São Paulo: Editora Saraiva, pp. 331 e ss.

Depoimentos de quem ajudou e está ajudando a escrever a história da autorregulação. *CENP em Revista*. ano 10, n. 37, p. 22-73, dez. 2013.

DI PIETRO, Maria Sylvia Zanella. *Parcerias na Administração Pública*, 7. ed. São Paulo: Atlas, 2009.

DI PIETRO, Maria Sylvia Zanella. *Direito Administrativo*. 28. edição. São Paulo: Atlas, 2015.

Diálogo, convergência e responsabilidade ética: marcas da publicidade brasileira. *CENP em Revista*, ano 10, n. 37, p.8-14, dez. 2013.

Diálogo, sempre diálogo. *CENP em Revista*, ano 12, n. 45, p. 26, dez. 2015.

DIAS, Leonardo Adriano Ribeiro *et al*. Regulação e autorregulação do mercado de valores mobiliários brasileiro: limites da autorregulação. *Revista do Instituto do Direito Brasileiro – RIDB*, ano 1, n. 12, p. 7357-7388, 2012.

DIAS, Lucia Ancona Lopez de Magalhães. *Publicidade e direito*. 3. ed. São Paulo: Saraiva Educação, 2018.

DORES, Kelly. ABA pede suspensão do 'desconto-padrão' das agências. *Propmark*, 19 out. 2015. Disponível em: <https://propmark.com.br/mercado/aba-pede-suspensao-do-desconto-padrao-das-agencias/>. Acesso em: 2 abr. 2022.

DORES, Kelly. ABA se desliga do Cenp. *Propmark*, 22 jan. 2021. Disponível em: <https://propmark.com.br/mercado/aba-se-desliga-do-cenp/>. Acesso em: 2 abr. 2022.

DRAGOMIR, Marius. Concentração de meios de comunicação na Europa: o jogo dos Golias. *In*: A mídia entre regulamentação e concentração. *Cadernos Adenauer*, v. 8, n. 4. Rio de Janeiro: Fundação Konrad Adenauer, 2008, p. 63-81.

DUARTE, Jorge. Comunicação Pública. *In*: Boanerges Lopes. (Org.). *Gestão em Comunicação Empresarial*: teoria e técnica. Juiz de Fora, MG: Multimeios, 2007, p. 63-71.

EHRLICH, Marcio. CENP divulga nota sobre a saída da ABA da entidade. *Janela Publicitária*. Disponível em: <https://www.janela.com.br/2021/01/29/cenp-divulga-nota-sobre-a-saida-da-aba-da-entidade/>. Acesso em: 2 abr. 2022.

Entidades pedem alteração em instrução normativa. *CENP em Revista*, ano 14, n. 54, p.40-41, mar./abr./maio 2018.

Entrevista – Tércio Sampaio Ferraz Junior. *In*: *CENP em Revista*, ano 10, n. 39, p.26-28, jun. 2014.

FABRINI, Fabio. Globo perde participação em verba oficial de publicidade sob Bolsonaro. *Folha de São Paulo*, Brasília, 12 nov. 2019. Disponível em: <https://www1.folha.uol.com.br/poder/2019/11/globo-perde-participacao-em-verba-oficial-de-publicidade-sob-bolsonaro.shtml>. Acesso em: 2 abr. 2022.

FAGALI, Bruno. A ética e as agências de publicidade: cinco das principais red flags anticorrupção da atividade. *Portal Jota*, 21 mar. 2017. Disponível em: <https://www.jota.info/opiniao-e-analise/artigos/a-etica-e-as-agencias-de-publicidade-21032017>. Acesso em: 2 abr. 2022.

FAGALI, Bruno; PEDROSO, Lucas Aluisio Scatimburgo. A publicidade estatal em época de eleições: considerações sobre a IN 01/18 e normas relacionadas: A tentativa de proteção do processo eleitoral contra a utilização indevida da publicidade estatal. *Portal Migalhas*, 14 maio 2018. Disponível em: < https://www.migalhas.com.br/depeso/279985/a-publicidade-estatal-em-epoca-de-eleicoes--consideracoes-sobre-a-in-01-18-e-normas-relacionadas>. Acesso em: 2 abr. 2022.

FAGALI, Bruno; PEDROSO, Lucas Aluisio Scatimburgo. O combate às fake news pelo TSE e sua mais nova ameaça: os deepfakes. *Portal Migalhas*, 03 abr. 2018. Disponível em: <https://www.migalhas.com.br/depeso/277538/o-combate-as-fake-news-pelo-tse-e-sua-mais-nova-ameaca--os-deepfakes>. Acesso em: 2 abr. 2022.

FARIA-NETTO, João Luiz. As bases jurídicas e de autorregulação da atividade. *CENP em Revista*, ano 11, n. 44, p. 38-42, set. 2015.

FARIA-NETTO, João Luiz. Democracia e liberdade de anunciar. *CENP em Revista*. ano 2, n. 5, p. 28-31, 4º trimestre 2005.

FARIA-NETTO, João Luiz. Exercício diário de entendimento. *In*: Depoimentos de quem ajudou e está ajudando a escrever a história da autorregulação: uma jabuticaba publicitária. *CENP em Revista*, ano 10, nº 37, p.50-52, dez. 2013.

FARIA-NETTO, João Luiz. Publicidade pública só através de agência. *CENP em Revista*, ano 8, n. 30, p. 44, mar. 2012.

FARIA-NETTO, João Luiz. Reafirmada a legitimidade do CENP e das Normas-Padrão da Atividade Publicitária. *CENP em Revista*, ano 2, n. 6, p.6-7, 1º trimestre de 2006.

Fenapro discute Lei 12.232/2010 no "Dica Legal". *Propmark*, 9 out. 2020. Disponível em: <https://propmark.com.br/mercado/fenapro-discute-lei-12-232-2010-no-dica-legal/>. Acesso em: 2 abr. 2022.

FERRAZ-JR., Tércio Sampaio. A nova lei de licitação e a concorrência no mercado publicitário. *CENP em Revista*, ano 6, n. 23, p. 32-34, jun. 2010.

FERRAZ-JR., Tércio Sampaio. Autorregulação do mercado publicitário. *CENP em Revista*, ano 10, n. 37 – edição especial, p. 16-19, dez. 2013.

FERRAZ, Luciano. Município: licitação de serviços de publicidade: natureza continuada: regramento específico da Lei nº 12.232/10: norma aplicável às campanhas de publicidade: incompatibilidade com a figura do credenciamento: obrigatoriedade de cadastramento de fornecedores: divulgações de menor alcance: regramento da Lei nº 8.666/93: possibilidade de credenciamento dos veículos de comunicação para as peças elaboradas pela Administração: composição da subcomissão técnica: inviabilidade de reforma da decisão técnica da subcomissão por autoridade superior: aspectos da contratação de rádios comunitárias: entendimento do TCEMG: considerações. *Fórum Municipal & Gestão das Cidades – FMGC*, Belo Horizonte, ano 2, n. 5, p. 81-89, maio/jun. 2014.

FERREIRA-JR., Ronaldo. Procura-se protagonista para reinventar modelos de negócios. *Meio & Mensagem*, 20 nov.2020. Disponível em: <https://www.meioemensagem.com.br/home/opiniao/2020/11/20/procura-se-protagonista-para-reinventar-modelos-de-negocios.html>. Acesso em: 2 abr. 2022.

FERREIRA, Fernanda Meirelles. *Regulação por Contrato no Setor de Saneamento*: o caso de Ribeirão Preto. 2005, 129 f. Dissertação (Mestrado em Administração Pública e Governo) – Escola de Administração de Empresas de São Paulo, Fundação Getúlio Vargas, São Paulo, 2005.

FONSECA, Gustavo Madureira. *et al*. O contrato de impacto social (CIS) e a modelagem jurídica para sua implementação: uma inovação na forma de financiamento de políticas públicas. *Fórum Administrativo – FA*, Belo Horizonte, ano 18, n. 203, p.25-35, jan. 2018.

FORTES, Fernando. A remuneração das agências de propaganda, em face da lei nº 4.680/65 e seu regulamento, decreto nº 57.690/66. *Vigência, validade e eficácia atuais*. Parecer, 14 nov. 1996. Disponível em: <http://www.abap.com.br/pdfs/leis/parecer_fernando_fortes.pdf>. Acesso em: 2 abr. 2022.

FRANÇA. *Loi nº 93-122 du 29 janvier 1993 relative à la prévention de la corruption et à la transparence de la vie économique et des procédures publiques*. Disponível em: <https://www.legifrance.gouv.fr/loda/id/JORFTEXT000000711604/#:~:text=Tout%20achat%20d'espace%20publicitaire,un%20contrat%20%C3%A9crit%20de%20mandat.>. Acesso em: 2 abr. 2022.

FREDDO, Claudio Mauricio. *Lei de Licitações de Publicidade*: Comentada Artigo por Artigo. São Paulo: Migalhas, 2017.

FREEMAN, Jody. Private parties, public functions and the new administrative law. *Administrative Law Review*, v. 52, n. 3, verão de 2000.

FREUNDT. Valéria Leal Marinho de Andrade. *Métricas de avaliação de comunicação de marketing off-line e online*: um estudo sobre o setor de bancos. 2012, 237 f. Tese (Doutorado em Ciências) – Faculdade de Economia, Administração e Contabilidade, Universidade de São Paulo, São Paulo, 2012.

GADELHA, Igor. Fábio Faria e o desafio de não favorecer o sogro Silvio Santos. *CNN Brasil*, 18 jun. 2020. Disponível em: <https://www.cnnbrasil.com.br/politica/2020/06/18/fabio-faria-e-o-desafio-de-nao-favorecer-o-sogro-silvio-santos>. Acesso em: 2 abr. 2022.

GALITOPOULOU, Stellina *et al*. Understanding social impact bonds. *OECD Digital Economy Papers*, 2016.

GARDELLA, Maria Mercè Darnaculleta. *Derecho administrativo y autorregulación*: La autorregulación regulada. 2002. 732 f. Tese (Doutorado) – Universitat de Girona, Girona, 2002.

GARSIDE, Juliet. Media buying: a flawed system? *Guardian*, 4 abr. 2011. Disponível em: <https://www.theguardian.com/media/2011/apr/04/media-buying-flawed-system>. Acesso em: 2 abr. 2022.

GOMES, Eduardo Magalhães. *Gestão por Resultados e eficiência na Administração Pública*: uma análise à luz da experiência de Minas Gerais. São Paulo: GUANAES, Nizan. Carta a quem está montando uma agência. *Propmark*, 16 de jun. 2020. Disponível em: <https://propmark.com.br/opiniao/nizan-guanaes-carta-a-quem-esta-montando-uma-agencia/>. Acesso em: 3 abr. 2022.

EAESP/FGV, 2009, 187 f. Tese (Doutorado em Administração Pública e Governo) Escola de Administração de Empresas de São Paulo, Fundação Getúlio Vargas, São Paulo, 2009.

GAETANI, Francisco. Governança corporativa no setor público. *In*: LINS, João *et al*. *Gestão Pública*: melhores práticas. p. 266.

GUIMARÃES, Fernando Vernalha. *Parceria público-privada*: caracterização dos tipos legais e aspectos nucleares de seu regime jurídico. 2008. 598 f. Tese (Doutorado em Direito) – Programa de Pós-Graduação em Direito, Universidade Federal do Paraná, Curitiba, 2008.

GUSHIKEN, Felipe. *Os mecanismos de remuneração das agências de propaganda e sua aplicação na Lei nº 12.232/2010*. São Paulo, 2011. 66 f. Monografia (Graduação em Direito) – Faculdade Paulista de Direito. Pontifícia Universidade Católica de São Paulo, São Paulo, 2011.

HADLICH MIGUEL, Luiz Felipe. *A remuneração do particular na execução de atividades públicas*. Brasília: Gazeta Jurídica, 2015.

HASWANI, Mariângela Furlan. *A comunicação estatal como garantia de direitos*: foco no Brasil, na Colômbia e na Venezuela. São Paulo, 2010. 220 f. Tese (Doutorado em Comunicação e Cultura) – Pós-Graduação em Integração da América Latina da Universidade de São Paulo (Prolam/USP), São Paulo, 2010.

HASWANI, Mariângela Furlan. Comunicação Governamental: em busca de um alicerce teórico para a realidade brasileira. *Organicom (USP)*, v. 4, 2006, p. 35. Disponível em: <https://doi.org/10.11606/issn.2238-2593.organicom.2006.138909>. Acesso em: 2 abr. 2022.

HAURIOU, Maurice. *Précis de droit administratif et de droit public general*: a l'usage des étudiantes em licence et em doctorat ès-sciences politiques. 5. ed. Paris: Librairie de la societé du recueil general des lois et des arrêts, 1903.

HEPBURN, Glen. Alternatives to traditional regulation. *OECD Digital Economy Papers*, s/d.

IAB cita falta de "direito a voto" e rompe com Cenp. *Meio & Mensagem*, 24 jul. 2019. Disponível em: <https://www.meioemensagem.com.br/home/midia/2019/07/24/iab-cita-falta-de-direito-a-voto-e-rompe-com-cenp.html>. Acesso em: 2 abr. 2022.

In-house e a terceirização da expertise publicitária. *CENP em Revista*, ano 13, n. 51, p. 24-25, jun./jul./ago. 2017.

Institute of Practitioners in Advertising. *Agency remuneration*: A best practice guide on how to pay agencies. 2. ed, 2012.

IU, Maria. Govt pas £78m to two agencies for COVID-19 messaging. *PR week*, 7 out. 2020. Disponível em: <https://www.prweek.com/article/1696551/govt-pays-78m-two-agencies-covid-19-messaging>. Para dados detalhados dos gastos de publicidade no Reino Unido, segundo vários serviços: <https://assets.publishing.service.gov.uk/government/uploads/system/uploads/attachment_data/file/892885/Annex-A-Transparency-25k-May-2020-csv__1_.csv/preview>. Acesso em: 3 abr. 2022.

JENSEN, Michael C.; MECKLING, William H. Theory of the firm: managerial behavior, agency costs and ownership structure. *Journal of Financial Economics*, v. 3, n. 4, p. 305-360, out. 1976.

JORDAN, Cally *et al*. Which way for Market institutions: the fundamental question of self-regulation. *Berkeley Business Law Journal*, v. 4, n. 2, 2007.

JORDÃO, Eduardo Ferreira. A advocacia da concorrência como estratégia para redução do impacto anticompetitivo da regulação estatal. *Revista Brasileira de Direito Público – RBDP*, Belo Horizonte, ano 7, n. 24, p. 127-153, jan./mar. 2009.

JOY, Meghan *et al*. Social Impact Bonds: The next phase of third sector marketization? *Canadian Jorunal of Nonprofit and Social Economy Research – ANSERJ*, v. 4, n. 2, p. 39-55, Outono 2013.

JULIO, Karina Balan. Atrasos no pagamento a produtoras passam de R$ 25 mi. *Meio & Mensagem*, 23 abr. 2020. Disponível em: <https://www.meioemensagem.com.br/home/comunicacao/2020/04/23/apos-atrasos-no-pagamento-a-produtoras-apro-lanca-carta-a-anunciantes.html>. Acesso em: 2 abr. 2022.

Juntando forças para ampliar precisão do ranking das agências. *CENP em Revista*, ano 16, n. 69, p.4-5, jan. 2021.

JUSTEN-FILHO, Marçal. *Comentários à Lei de Contratos de Publicidade da Administração*: Lei nº 12.232/2010. Belo Horizonte: Fórum, 2020.

JUSTEN-FILHO, Marçal. Sou plenamente favorável à concepção da autorregulação. [Entrevista cedida a] com. *CENP em Revista*, ano 17, n. 66, p. 8-13, out. 2020.

K2 INTELLIGENCE. An independent study for media transparency in the US advertising industry. *Prepared for: the Association of Nacional Advertisers*, jun., 2016.

KITA, Oscar. *A publicidade na administração pública*. Rio de Janeiro: Renovar, 2012.

KOÇOUSKI, Marina. *A comunicação pública face ao dever estatal de informar*: pra não dizer que não falei das flores: estudo de caso do Incra-SP. São Paulo, 2012. 235 f. Dissertação (Mestrado em Ciências da Comunicação) – Escola de Comunicações e Artes, Universidade de São Paulo, São Paulo, 2012.

KOÇOUSKI, Marina. Comunicação pública: construindo um conceito. *In*: MATOS, Heloiza (org.). *Comunicação pública*: interlocuções, interlocutores e perspectivas. São Paulo: ECA/USP, p. 71-96, 2012.

KRÜGER, Ana *et al*. Governo veiculou mais de 2 milhões de anúncios em canais com conteúdo 'inadequado', diz relatório de CPI. *Portal G1*, 3 jun. 2020. Disponível em: <https://g1.globo.com/politica/noticia/2020/06/03/anuncios-pagos-pelo-governo-foram-veiculados-em-mais-de-2-milhoes-de-canais-com-conteudo-inadequado.ghtml>. Acesso em: 2 abr. 2022.

La CNMC sanciona a Mediaset y Atresmedia por prácticas anticompetitivas em la comercialización de la publicidade em televisión. *Comisión Nacional de los Mercados y la Competencia*, 13 nov. 2019. Disponível em: https://www.cnmc.es/prensa/multa-mediaset-atresmedia-duopolio-20191113. Acesso em: 3 abr. 2022.

LEIFERT, Gilberto. Depoimentos de quem ajudou e está ajudando a escrever a história da autorregulação: uma jabuticaba publicitária. *CENP em Revista*, ano 10, n. 37, p. 32-36, dez. 2013.

Lei foi alterada para proteger réus, diz presidente do STF. *Folha de São Paulo*, 31 ago. 2012. Disponível em: <https://m.folha.uol.com.br/poder/2012/08/1146127-lei-foi-alterada-para-proteger-reus-diz-presidente-do-stf.shtml>. Acesso em: 5 abr. 2022.

LEMOS, Alexandre Z. Abap e Fenapro contestam edital de publicidade da Secom. *Meio & Mensagem*, 2 mar. 2020. Disponível em: <https://www.meioemensagem.com.br/home/comunicacao/2020/03/02/abap-e-fenapro-contestam-edital-de-publicidade-da-secom.html>. Acesso em: 2 abr. 2022.

LEMOS, Alexandre Zaghi et al. Cade pretende ampliar investigação sobre BV. *Meio & Mensagem*, 14 dez. 2020. Disponível em: <https://www.meioemensagem.com.br/home/midia/2020/12/14/cade-pretende-ampliar-investigacao-sobre-bv.html>. Acesso em: 3 abr. 2022.

LEMOS, Alexandre Zaghi. Unilever e WMcCann lideram rankings de maiores anunciantes e agências do Brasil. *Meio & Mensagem*. Disponível em: <https://dropsaea.meioemensagem.com.br/unilever-e-wmccann-lideram-rankings-de-maiores-anunciantes-e-agencias-do-brasil/>. Acesso em: 25 mar. 2022.

Livro disseca Lei de Licitações de Publicidade. *In*: *CENP em Revista*, ano 14, n. 54, p. 14-19, mar./abr./maio 2018.

LO PRETE, Renata. Contei a Lula do "mensalão", diz deputado. Do painel. *Folha de São Paulo*. 6 jun. 2005. Disponível em: <https://www1.folha.uol.com.br/fsp/brasil/fc0606200504.htm>. Acesso em: 26 mar. 2022.

LOPES, Antonio Paraguassú. *Ética na propaganda*. São Paulo: Baraúna, 2010.

LOUREIRO, João M. *Direito do marketing e da publicidade*. Lisboa: Semanário, 1985.

Lula sanciona lei que regulamenta licitação de publicidade. *Propmark*, 29 abr. 2012. Disponível em: <https://propmark.com.br/mercado/lula-sanciona-lei-que-regulamenta-licitacao-de-publicidade/>. Acesso em: 2 abr. 2022.

LUPETTI, Marcélia. *Administração em publicidade*: a verdadeira alma do negócio. São Paulo: Cengage Learning, 2006.

LUPETTI, Marcélia. *Planejamento de Comunicação Organizacional*: uma releitura da estrutura, enriquecida pelos modelos de análise de marketing. 2010. 248 f. Tese (Doutorado em Ciências da Comunicação) – Escola de Comunicações e Artes, Universidade de São Paulo, São Paulo, 2010.

MACEDO, Paulo. BVs fazem parte do mix econômico das agências com respaldo técnico. *Propmark*, 15 dez. 2020. Disponível em: <https://propmark.com.br/mercado/bvs-fazem-parte-do-mix-economico-das-agencias-com-respaldo-tecnico/>. Acesso em: 2 abr. 2022.

MACEDO, Paulo. Diversificação e novos modelos de gestão estão no radar do mercado. *Propmark*, 27 ago. 2018. Disponível em: <https://propmark.com.br/mercado/diversificacao-e-novos-modelos-de-gestao-estao-no-radar-do-mercado/>. Acesso em: 2 abr. 2022.

MACEDO, Paulo. Fees e performance ganham mais espaço nas formas de remuneração. *Propmark*, 17 out. 2016. Disponível em: <https://propmark.com.br/mercado/fee-e-performance-ganham-mais-espaco-nas-formas-de-remuneracao/>. Acesso em: 2 abr. 2022.

MACEDO, Paulo. Governo reduz orçamento de publicidade em 60%, diz Secom. *Propmark*, 16 abr. 2019. Disponível em: <https://propmark.com.br/mercado/governo-reduz-orcamento-de-publicidade-em-60-diz-secom/>. Acesso em: 2 abr. 2022.

MACEDO, Paulo. Secom rejeita argumentos sobre concorrência de publicidade. *Propmark*, 27 fev. 2020. Disponível em: <https://propmark.com.br/mercado/secom-rejeita-argumentos-sobre-concorrencia-de-publicidade/>. Acesso em: 2 abr. 2022.

MACHADO, Oscar Pelissari. Licitações de serviços de publicidade. *Revista Lex Editora*, Porto Alegre RS, ISSN 1981-1489.

MACHADO, Ralph *et al*. Proposta veda publicidade oficial em veículo que estimula notícia falsa. *Câmara dos Deputados*. 3 set. 2020. Disponível em: <https://www.camara.leg.br/noticias/683499-proposta-veda-publicidade-oficial-em-veiculo-que-estimula-noticia-falsa/>. Acesso em: 2 abr. 2022.

MARCONDES, Pyr. Agências de propaganda: o que será delas? *Proxxima*, 16 maio 2016. Disponível em: <https://www.proxxima.com.br/home/proxxima/blog-do-pyr/2016/05/16/agencias-de-propaganda-o-que-sera-delas.html>. Acesso em: 2 abr. 2022.

MARCONDES, Pyr. As regras de negócio que você desconhece e que pagam a sua grana todo dia. Blog do Pyr. *Proxxima*, 20 dez. 2017. Disponível em: <https://www.proxxima.com.br/home/proxxima/blog-do-pyr/2017/12/20/as-regras-de-negocio-que-voce-desconhece-e-que-pagam-a-sua-grana-todo-dia.html>. Acesso em: 26 mar. 2022.

MARCONDES, Pyr. A terceira via: um modelo em estudo pelos anunciantes. *Proxxima*, 16 jan. 2020. Disponível em: <https://www.proxxima.com.br/home/proxxima/blog-do-pyr/2020/01/16/a-terceira-via-um-modelo-em-estudo-pelos-anunciantes.html>. Acesso em: 25 mar. 2022.

MARCONDES, Pyr. Sobre Cenp e IAB. *Proxxima*, 25 jul. 2019. Disponível em: <https://www.proxxima.com.br/home/proxxima/blog-do-pyr/2019/07/25/sobre-cenp-e-iab.html>. Acesso em: 2 abr. 2022.

MAROUBO, Felipe Pereira. Transparência, acesso à informação e Administração Pública: Êxitos e obstáculos do Poder Executivo Federal nos 30 anos da Constituição de 1988. *In*: HACHEM, Daniel Wunder *et al* (org.). *Transformações do Direito Administrativo*: O Estado Administrativo 30 anos depois da Constituição de 1988. Rio de Janeiro: Escola de Direito do Rio de Janeiro da Fundação Getúlio Vargas, 2018. p. 232-270.

MARQUES-NETO, Floriano de Azevedo. A Bipolaridade do Direito Administrativo e sua Superação. *In*: Carlos Ari Sundfeld; Guilherme Jardim Jurksaitis. (Org.). *Contratos Públicos e Direito Administrativo*. São Paulo: Malheiros Editores, 2015. p. 353-415.

MARQUES-NETO, Floriano de Azevedo. Do contrato Administrativo à Administração Contratual. *In*: *Revista do Advogado*, v. 107, São Paulo, AASP, p. 74-82, dez. 2009.

MARQUES-NETO, Floriano de Azevedo. Interesses públicos e privados na atividade estatal de regulação. *In*: MARRARA, Thiago. (org.). *Princípios de Direito Administrativo*: legalidade, segurança jurídica, impessoalidade, publicidade, motivação, eficiência, moralidade, razoabilidade, interesse público. São Paulo: Atlas, 2012. p. 419-440.

MARQUES-NETO, Floriano de Azevedo. Os Grandes Desafios do Controle da Administração Pública. *In*: MODESTO, Paulo (coord.). *Nova Organização Administrativa Brasileira*. Belo Horizonte: Fórum, 2009. p. 195-226.

MARQUES-NETO, Floriano de Azevedo. Limites à abrangência e à intensidade da Regulação Estatal. *Revista de Direito Público da Economia – RDPE*, Belo Horizonte, ano 1, n. 1, p. 69-92, jan./mar. 2003.

MARQUES-NETO, Floriano de Azevedo. Regulação estatal e autorregulação na economia contemporânea. *Revista de Direito Público da Economia – RDPE*, Belo Horizonte, ano 9, n. 33, jan./mar. 2011. Disponível em: <http://www.bidforum.com.br/bid/PDI0006.aspx?pdiCntd=72094>. Acesso em: 2 abr. 2022.

MARQUES-NETO, Floriano de Azevedo; LOUREIRO, Caio de Souza. Contratações administrativas e Covid-19: passado, presente e futuro na regulamentação das licitações e contratos. *Fórum Administrativo – FA*, Belo Horizonte, ano 20, n. 234, p. 57-68, ago. 2020.

MARQUES-NETO, Floriano de Azevedo; PALMA, Juliana Bonacorsi de; REHEM, Danilo; MERLOTTO, Nara; GABRIEL, Yasser. Reputação Institucional e o Controle das Agências Reguladoras pelo TCU. *Revista de Direito Administrativo*, v. 278, p. 37-70, 2019.

MARTINO, Luiz C. De qual comunicação estamos falando? *In*: HOHLFELDT *et al* (org.). *Teorias da comunicação*: conceitos, escolas e tendências. Petrópolis-RJ: Vozes, 2001. p. 11-25.

MARTINS-JR, Wallace Paiva. *Transparência administrativa*: publicidade, motivação e participação popular. São Paulo: Saraiva, 2004.

MARTINS, Ives Gandra da Silva. Parecer – A profissão de publicitário – área de atuação exclusiva das agências de publicidade e de agenciadores. A ilegalidade da atuação do "Bureau de Mídia", em atividade vedada pela lei nº 4.680/65. *Associação Brasileira de Agências de Publicidade*, São Paulo, 9 ago. 1989.

MCHUGH, Neil *et al*. Social impact bonds: a wolf in sheep's clothing? *Journal of Poverty and Social Justice*, v. 21, n. 3, 2013.

MEDAUAR, Odete. Regulação e auto-regulação. *Revista de Direito Administrativo*, Rio de Janeiro, v. 228, abr./jun. 2002.

MENDES, Clara Dantas. *Contratos de eficiência e remuneração variável no RDC*. 2016, 60 f. Monografia (Graduação em Direito) – Faculdade de Direito, Universidade Federal do Paraná, Curitiba, 2016.

MENEZES DE ALMEIDA, Fernando. Contratos administrativos. *In*: PEREIRA-JR., Antonio Jorge; JABUR, Gilberto Haddad (Org.). *Direito dos contratos II*. São Paulo: Quartier Latin, 2008. p. 193-216.

MICHAEL, Douglas C. The Use of Audited Self-Regulation as a Regulatory Technique. *Administrative Law Review*, 171, 1995.

MORAND, Charles-Albert. *Le droit néo-moderne des politiques publiques*. Paris: LGDJ, 1999.

MOREIRA-NETO, Diogo de Figueiredo. *Curso de direito administrativo*. 16. ed. Rio de Janeiro, Forense, 2014.

MOREIRA-NETO, Diogo de Figueiredo. *O direito administrativo no século XXI*. Belo Horizonte: Fórum, 2018.

MOREIRA-NETO, Diogo de Figueiredo. *Quatro paradigmas do Direito Administrativo Pós-Moderno*: legitimidade, finalidade, eficiência, resultados. Belo Horizonte: Fórum, 2008.

MOREIRA, Egon Bockmann *et al*. O Poder Normativo das Agências Reguladoras na Jurisprudência do STF: mutação constitucional do princípio da legalidade?

In: MARQUES-NETO, Floriano et al. (org). *Direito e Administração Pública*: Estudos em homenagem a Maria Sylvia Zanella Di Pietro. São Paulo: Atlas, 2013. p. 529-547.

MOREIRA, Egon Bockmann. GUIMARÃES, Fernando V. *A Lei Geral de Licitação – LGL e o Regime Diferenciado de Contratação* – RDC. 2. ed. São Paulo: Malheiros, 2015.

MOREIRA, Egon Bockmann; GUIMARÃES, Fernando Vernalha. Regime Diferenciado de Contratações: alguns apontamentos. *Revista de Contratos Públicos – RCP*, Belo Horizonte, ano 1, n. 1, p. 81-124, mar./ago. 2012.

MOREIRA, Vital et al. Autorregulação profissional oficial – O caso dos corretores de seguros no Brasil. *Revista de Direito Público da Economia – RDPE*, Belo Horizonte, ano 10, n. 39, p. 181-225, jul/set. 2012.

MOREIRA, Vital. *Auto-regulação Profissional e Administração Pública*. Coimbra: Almedina, 1997.

MOTTA, Carlos Pinto Coelho. *Divulgação institucional e contratação de serviços de publicidade*: legislação comentada. Belo Horizonte: Fórum, 2010.

MOTTA, Paulo Roberto de Mendonça. O estado da arte da gestão pública. *Revista de Administração de Empresas*, São Paulo, v. 53, n. 1, p. 82-90, jan/fev. 2013.

MULGAN, Geoff et al. Social Impact Investment: the challenge and opportunity of Social Impact Bonds. *The Young Foundation*, 2011.

MURAD, Fernando. Regionalização: um caminho sem volta. *Meio & Mensagem*, 29 maio 2012. Disponível: <http://www.meioemensagem.com.br/home/comunicacao/2012/05/29/regionalizacao-um-caminho-sem-volta.html>. Acesso em: 2 abr. 2022.

NABHAN, Ricardo. Cuidar da preservação de valores de nossa atividade exige um esforço supremo. [Entrevista cedida a]com. *CENP em Revista*. ano 6, n. 24, p.22-25, set. 2010.

Necessidade, oportunidade e tratativas iniciais. *CENP em Revista*, Edição especial, ano 15, p.6-13, dez. 2018.

O profissional de mídia continua no centro do negócio. *CENP em Revista*, ano 15, n. 59, p.12-16, jun./jul./ago. 2019.

OECD. Industry self-regulation: role and use in supporting consumer interests. *OECD Digital Economy Papers*, n. 247. Paris: OECD Publishing, 2015. p.12. Disponível em: <https://doi.org/10.1787/5js4k1fjqkwh-en>. Acesso em: 2 abr. 2022.

OGUS, Anthony. Self-regulation. *In*: BOUCKAERT, Boudewijn et al. *Encyclopedia of Law and Economics*, V. 5. Cheltenham: Edward Elgar, 2000, p. 591. Disponível em: <https://reference.findlaw.com/lawandeconomics/9400-self-regulation.pdf>. Acesso em: 2 abr. 2022.

OLIVEIRA, Rui José. *Mensuração e avaliação de resultados em comunicação mercadológica*: A percepção das agências de comunicação *full service* e os impactos no relacionamento cliente-agência. 2016. 279 f. Tese (Doutorado em Ciências da Comunicação) – Escola de Comunicações e Artes, Universidade de São Paulo, São Paulo, 2016.

OLIVEIRA-JÚNIOR, Temístocles Murilo et al. Perspectivas teóricas da corrupção no campo da administração pública brasileira: características, limites e alternativas. *Revista Serviço Público*, Brasília, v. 67 (Especial), p. 111-138, 2016.

Organização para a Cooperação e Desenvolvimento Econômico. Guia para Avaliação de Concorrência: Volume 1 – Princípios. 2017. Disponível em: <www.oecd.org/competition/toolkit>. Acesso em: 2 abr. 2022.

Os mídias e os desafios da tecnologia e do ambiente de negócios. *CENP em Revista*. ano 10, n. 39, p. 18-24, jun. 2014.

Os próximos passos da indústria da comunicação. *CENP em Revista*, ano 12, n. 46, p. 22-33, mar. 2016.

OTERO, Paulo. Constituição e legalidade administrativa: a revolução dogmática do Direito Administrativo. *In*: TAVARES, André Ramos; FERREIRA, Olavo A. V. Alves; LENZA, Pedro. *Constituição Federal* – 15 Anos, Mutação e Evolução, Comentários e Perspectivas. São Paulo: Método, 2003. p. 147-173.

Pagamento atrasado: o drama das produtoras. *Meio & Mensagem*, 23 maio 2017. Disponível em: <https://www.meioemensagem.com.br/home/ultimas-noticias/2017/05/23/pagamento-atrasado-o-drama-das-produtoras.html>. Acesso em: 2 abr. 2022.

PAGE, Alan C. Self-regulation: the constitutional dimension. *The Modern Law Review*, v. 49. n. 2, p. 141-167, mar. 1986.

PAGLIARINI, Alexis Thuller. Beyond the line: o modelo ideal de agência. *Propmark*, 20 jul. 2015. Disponível em: <https://propmark.com.br/mercado/beyond-the-line-o-modelo-ideal-de-agencia/>. Acesso em: 2 abr. 2022.

PAGLIARINI, Alexis Thuller. House, sweethouse. *Propmark*, 11 fev. 2019. Disponível em: <https://propmark.com.br/mercado/house-sweethouse/>. Acesso em: 2 abr. 2022.

PAGLIARINI, Alexis Thuller. Especialização x full-service. *Propmark*, 13 out. 2020. Disponível em: https://propmark.com.br/opiniao/especializacao-x-full-service/. Acesso em: 2 abr. 2022.

PAGLIARINI, Alexis Thuller. Um outro nome para agência? *Propmark*, 20 fev. 2017. Disponível em: <https://propmark.com.br/mercado/um-outro-nome-para-agencia/>. Acesso em: 3 abr. 2022.

Painel do Tribunal de Contas da União debate critérios para publicidade. *CENP em Revista*, ano 16, n. 64, p. 6/14, ago. 2020.

PARAIZO, Danúbia. Globo responde críticas sobre autosserviço na mídia e criação. *Propmark*, 4 jun. 2020. Disponível em: <https://propmark.com.br/midia/autosservico-na-compra-de-midia-gera-beneficios-para-todos-diz-schaeffer/>. Acesso em: 2 abr. 2022.

PEDROSO, Lucas Aluisio Scatimburgo. Concorrência, publicidade e TV: como é em outros países? *Portal Jota*, 11 jan. 2021. Disponível em: <https://www.jota.info/opiniao-e-analise/artigos/concorrencia-publicidade-e-tv-como-e-em-outros-paises-11012021>. Acesso em: 3 abr. 2022.

PEDROSO, Lucas Aluisio Scatimburgo. Fake news, critérios técnicos e ideológicos na veiculação de publicidade estatal. *O Estado de São Paulo*, Blog Fausto Macedo, 27 maio 2020. Disponível em: https://politica.estadao.com.br/blogs/fausto-macedo/fake-news-criterios-tecnicos-e-ideologicos-na-veiculacao-de-publicidade-estatal/. Acesso em: 2 abr. 2022.

PENDEVEN, Benjamin Le. Social Impact Bonds: A New Public Management Perspective. *Revue Finance Contrôle Stratégie*, NS-5, 2019, 27 fev. 2019. Disponível em: <https://journals.openedition.org/fcs/2995>. Acesso em: 2 abr. 2022.

PENTEADO, Cláudia. Especulação sobre house agency no governo federal reacende polêmica. *Propmark*, 8 fev. 2019. Disponível em: <https://propmark.com.br/mercado/especulacao-sobre-house-agency-no-governo-federal-reacende-polemica/>. Acesso em: 25 mar. 2022.

PEREIRA, Gustavo Leonardo Maia. *O TCU e o controle das agências reguladoras de infraestrutura*: controlador ou regulador? 2019. 194 f. Dissertação (Mestrado em Direito e Desenvolvimento) – Fundação Getúlio Vargas, Escola de Direito de São Paulo, São Paulo, 2019.

Pergunte ao CENP – O que você gostaria de saber sobre o CENP e as Normas-Padrão e não tinha a quem perguntar. *CENP em Revista*, ano 3, n. 10, p. 36-37, mar. 2007.

Pergunte ao CENP – O que você gostaria de saber sobre o CENP e as Normas-Padrão e não tinha a quem perguntar. *CENP em Revista*, ano 3, n. 12, p. 36-37, out. 2007.

Perspectivas de futuro. *CENP em Revista*, Edição Especial 20 anos CENP, ano 15, p. 58-61, dez. 2018.

Pesquisa de mídia. *CENP em Revista*, ano 12, n. 47, p.22-31, jun. 2016.

Pesquisa de mídia: uso inteligente de informações para conquista de mercados. *CENP em Revista*, ano 7, n. 28, p. 32-38, set. 2011.

Pesquisa revela que comissão tradicional volta a ganhar espaço nos EUA. *CENP em Revista*, ano 13, n. 52, p.10-12, set./out./nov. 2017.

PETERSEN, Lena. Opinion: why creative cannot be commoditized. *AdAge*, 12 jun. 2019. Disponível em: <https://adage.com/article/opinion/opinion-why-creative-cannot-be-commoditized/2177741>. Acesso em: 25 mar. 2022.

PETIT, Bernard. Rémunération des agences: choisir la valeur créée? *In*: *La revue des marques*, n. 98, Prodimarques, Paris, abr. 2017. p. 28-31.

PETROBRÁS. *Edital de Concorrência nº 1.983.796.16.0*. 11 jan. 2017. Disponível em: <https://petrobras.com.br › file › fileDownload>. Acesso em: 2 abr. 2022.

PEZZOTTI, Renato. Unilever volta a ser maior anunciante do Brasil, aponta estudo. *Portal Uol*, 31 maio 2021. Disponível em: <https://economia.uol.com.br/noticias/redacao/2021/05/31/unilever-genomma-e-sky-sao-os-maiores-anunciantes-do-brasil-diz-estudo.htm>. Acesso em: 25 mar. 2022.

Plano Diretor da Reforma do Aparelho do Estado. Brasília, 1995.

Por uma publicidade ética e profissional. *CENP em Revista*, ano 1, n. 4, p. 14-23, 3º trimestre 2005.

RAMOS, Pedro H. *et al*. Estudo sobre o impacto de novas tecnologias e negócio inovadores para o modelo regulatório da publicidade no Brasil. *Associação de Mídia Interativa ("IAB Brasil")*, 2019.

REALE-JR, Miguel. Sarney cooptou a Constituinte com o mensalão de rádios e TVs. *In*: CARVALHO, Luiz Maklouf. *1988: segredos da Constituinte* – Os vinte meses que agitarem a mudaram o Brasil. Rio de Janeiro: Record, 2017.

RECH, Marcelo. O modelo e a democracia. *CENP em Revista*, ano 15, n. 58, p. 31-32, mar./abr./maio 2019.

Regime de Contrato – Execução de obra mediante regime de "administração contratada". *Revista de Direito Administrativo*, Rio de Janeiro, v. 36, p. 309-324, abr. 1954.

Regulação, autorregulação e compliance. *CENP em Revista*, ano 10, n. 38, p. 21-24, mar. 2014.

Reino de España. Comisión Nacional de los Mercados y la Competencia (CNMC). *Resolución Expediente S/DC/0617/17 Atresmedia/Mediaset*, 12 nov. 2019.

REIS, Abel. As melhores agências de publicidade vão se parecer com as melhores consultorias de negócios. [Entrevista cedida a Camilla GINESI] Draft. *Draft*, 8 set. 2015. Disponível em: <https://www.projetodraft.com/as-melhores-agencias-de-publicidade-vao-se-parecer-com-as-melhores-consultorias-de-negocios/>. Acesso em: 2 abr. 2022.

REIS-JÚNIOR, Alexandre Jorge dos. *Advocacia da concorrência*: propostas com base nas experiências brasileira e internacional. São Paulo: Editora Singular, 2016.

REISDORFER, Guilherme F. Dias. Licitação e contratação de serviços de publicidade: reflexões sobre a Lei nº 12.232/2010 em face do direito das licitações e alguns aspectos práticos. *Revista Brasileira de Direito Público – RBDP*, Belo Horizonte, ano 12, n. 44, p. 57-76, jan./mar. 2014. Disponível em: <http://www.bidforum.com.br/PDI0006.aspx?pdiCntd=111635>. Acesso em: 13 abr. 2018.

République Française. Autorité de la concurrence. *Décision nº 19-D-07 du 25 avril 2019 relative à des pratiques mises en oeuvre dans le secteur de la publicité télévisuelle*.

REZENDE, Renato Monteiro. O Regime Diferenciado de Contratações Públicas: Comentários à Lei nº 12.462, de 2011. *Núcleo de Estudos e Pesquisas do Senado*, Textos para discussão – 100, ago. 2011.

RIBEIRO, Igor. Digital e tradicional devem persistir na conversa por consenso. *Meio & Mensagem*, 13 ago. 2019. Disponível em: <https://www.meioemensagem.com.br/home/midia/2019/08/13/digital-e-tradicional-devem-persistir-na-conversa-por-consenso.html>. Acesso em: 3 abr. 2022.

RIBEIRO, Igor. Em relatório, IAB Brasil propõe revisar autorregulação. *Meio & Mensagem*, 28 out. 2019. Disponível em: <https://www.meioemensagem.com.br/home/midia/2019/10/28/em-relatorio-iab-brasil-propoe-revisar-autorregulacao.html>. Acesso em: 3 abr. 2022.

RIBEIRO, Igor. RedeTV inicia leilão em mídia programática. *Meio & Mensagem*, 24 jun.2020. Disponível em: <https://www.meioemensagem.com.br/home/midia/2019/06/24/redetv-anuncia-leilao-em-midia-programatica.html>. Acesso em: 3 abr. 2022.

RITSON, Mark. It's time to shut down digital marketing teams for good. *Marketing week*, 20 fev. 2019. Disponível em: <https://www.marketingweek.com/mark-ritson-shut-down-digital-marketing-teams/>. Acesso em: 3 abr. 2022.

ROCHA, Everardo Pereira Guimarães *et al*. A publicidade como ação coletiva: agências, modelos de negócios e campos profissionais. *In*: Revista Brasileira de História da Mídia, v. 8, n. 1, p. 8-24, jan/jun. 2019.

ROCHA, Jean-Paul Veiga. Quem tem medo da delegação legislativa. *RDA – Revista de Direito Administrativo*, Rio de Janeiro, v. 271, p. 193-221, jan./abr. 2016.

RODRIGUES, Fernando. "Dados técnicos" justificam investir em mídia alternativa, diz Secom. *Blog do Fernando Rodrigues*, 2 jul. 2015. Disponível em: <https://fernandorodrigues.blogosfera.uol.com.br/2015/07/02/dados-tecnicos-justificam-investir-em-midia-alternativa-diz-secom/>. Acesso em: 3 abr. 2022.

RODRIGUES, Fernando. Estatais defendem estratégia de publicidade em veículos alternativos. *Blog do Fernando Rodrigues*, 2 jul. 2015. Disponível em: <https://fernandorodrigues.blogosfera.uol.com.br/2015/07/02/estatais-defendem-estrategia-de-publicidade-em-veiculos-alternativos/>. Acesso em: 3 abr. 2022.

ROGENSKI, Renato. Cingapura: a propaganda no hub criativo asiático. *Meio & Mensagem*, 21 mar. 2019. Disponível em: <https://www.meioemensagem.com.br/home/comunicacao/2019/03/21/cingapura-a-propaganda-em-um-hub-criativo-asiatico.html>. Acesso em: 3 abr. 2022.

ROGENSKI, Renato. França: propaganda e cultura no mesmo DNA. *Meio & Mensagem*, 14 mar. 2019. Disponível em: <https://www.meioemensagem.com.br/home/comunicacao/2019/03/14/franca-propaganda-e-cultura-no-mesmo-dna.html>. Acesso em: 3 abr. 2022.

ROGENSKI, Renato. México: conteúdo ainda supera publicidade. *Meio & Mensagem*, 11 jul. 2019. Disponível: <https://www.meioemensagem.com.br/home/comunicacao/2019/07/11/publicidade-mexicana-um-mood-bem-diferente.html>. Acesso em: 3 abr. 2022.

ROGENSKI, Renato. Passionalidade dá o tom da propaganda na Itália. *Meio & Mensagem*, 28 mar. 2019. Disponível em: <https://www.meioemensagem.com.br/home/comunicacao/2019/03/28/passionalidade-da-o-tom-da-publicidade-italiana.html>. Acesso em: 3 abr. 2022.

ROGENSKI, Renato. Propaganda alemã: "aqui o popstarismo não tem vez". *Meio & Mensagem*, 13 fev. 2019. Disponível em: <https://www.meioemensagem.com.br/home/comunicacao/2019/02/13/propaganda-alema-aqui-o-popstarismo-nao-tem-vez.html>. Acesso em: 3 abr. 2022.

ROGENSKI, Renato. Propaganda na Holanda: criatividade com bom humor. *Meio & Mensagem*, 23 maio 2019. Disponível em: <https://www.meioemensagem.com.br/home/comunicacao/2019/05/23/holanda-onde-a-criatividade-brilha-no-senso-de-humor.html>. Acesso em: 3 abr. 2022.

ROGENSKI, Renato. Propaganda na Inglaterra: "Uma torre de Babel maravilhosa". *Meio & Mensagem*, 25 abr. 2019. Disponível em: <https://www.meioemensagem.com.br/home/comunicacao/2019/04/25/propaganda-na-inglaterra-uma-torre-de-babel-maravilhosa.html>. Acesso em: 3 abr. 2022.

ROGENSKI, Renato. Propaganda no Catar: menos loucura e mais dinheiro. *Meio & Mensagem*, 31 jan. 2019. Disponível em: <https://www.meioemensagem.com.br/home/comunicacao/2019/01/31/propaganda-no-catar-menos-loucura-e-mais-dinheiro.html>. Acesso em: 3 abr. 2022.

ROGENSKI, Renato. Publicidade em Portugal: fértil, enxuta e sem autopromoção. *Meio & Mensagem*, 4 abr. 2019. Disponível em: <https://www.meioemensagem.com.br/home/comunicacao/2019/04/04/publicidade-em-portugal-fertil-enxuta-e-sem-autopromocao.html>. Acesso em: 3 abr. 2022.

ROGENSKI, Renato. Publicidade espanhola: consumo consciente é o hype. *Meio & Mensagem*, 6 jun. 2019. Disponível em: <https://www.meioemensagem.com.br/home/comunicacao/2019/06/06/publicidade-espanhola-sustentabilidade-e-o-hype.html>. Acesso em: 3 abr. 2022.

ROGENSKI, Renato. Publicidade na Austrália: campanhas reais e foco na missão. *Meio & Mensagem*, 18 jul. 2019. Disponível em: <https://www.meioemensagem.com.br/home/comunicacao/2019/07/18/publicidade-na-australia-campanhas-reais-e-foco-na-missao.html>. Acesso em: 3 abr. 2022.

ROSILHO, André Janjácomo. As licitações segundo a Lei nº 8.666 – Um jogo de dados viciados. *Revista de Contratos Públicos*, v. 2, p. 9-38, 2012.

ROSILHO, André Janjácomo. *Controle da Administração Pública pelo Tribunal de Contas da União*. 2016. 358 f. Tese (Doutorado em Direito) – Faculdade de Direito, Universidade de São Paulo, São Paulo, 2016. p. 168-169.

ROSS, Stephen A. The economic theory of agency: the principal's problem. *American Economic Review*, v. 63, n. 2, p. 134-139, fev. 1973.

ROUSSEAU, Jean-Jacques. *O Contrato Social*: Princípios do Direito Político. Trad. Antônio de Pádua Danesi, 3. ed. Martins Fontes: São Paulo, 1999. p. 47-48 e p. 108.

SACCHITIELLO, Barbara. Ale Gama: "o futuro não comporta mais uma visão de agência". *Meio & Mensagem*, 28 set. 2020. Disponível em: <https://www.maximidia.com.br/noticias2020/2020/09/28/ale-gama-o-futuro-nao-comporta-mais-uma-visao-de-agencia/>. Acesso em: 3 abr. 2022.

SACCHITIELLO, Bárbara. Entidades reagem à proposta da Secom de integrar verbas on e off. *Meio & Mensagem*, 21 ago. 2019. Disponível em: <https://www.meioemensagem.com.br/home/comunicacao/2019/08/21/abradi-pede-a-secom-que-mantenha-edital-digital-separado-do-off-line.html>. Disponível em: 3 abr. 2022.

SACCHITIELLO, Bárbara. Mídia programática: o que é e como funciona? *Meio & Mensagem*, 22 maio 2018. Disponível em: <https://www.meioemensagem.com.br/home/midia/2020/05/22/midia-programatica-o-que-e-e-como-funciona.html>. Acesso em: 3 abr. 2022.

SALES, Pedro Carneiro. Regime Diferenciado de Contratações Públicas e contratação por resultados no Brasil. *Revista Digital de Direito Administrativo*, v. 6, n.1, p. 124-148, 2019.

SAMPAIO, Rafael. O fascínio e o temor da publicidade diante da mídia digital. *CENP em Revista*, ano 11, n. 42, p. 24-40, mar. 2016.

SAMPAIO, Rafael. O futuro da propaganda – parte 1: circunstâncias. *CENP em Revista*, ano 12, n. 47, jun. 2016.

SAMPAIO, Rafael. O futuro da propaganda – parte 3: agências. *CENP em Revista*, ano 13, n. 49, p. 38-46, dez. 2016.

SAMPAIO, Rafael. O futuro da propaganda – parte 4: Gestão. *CENP em Revista*, ano 13, n. 50, p. 40/45, mar. 2017.

SANT'ANNA, Armando *et al*. *Propaganda*: teoria, técnica e prática. 9. ed. São Paulo: Cengage Learning, 2015.

SCHIRATO, Vitor Rhein. Algumas Considerações atuais sobre o Sentido de Legalidade na Administração Pública. *Interesse Público*, v. 47, 2008.

SCHWIND, Rafael Wallbach. Considerações acerca da nova lei de licitações e contratos administrativos de serviços de publicidade (Lei nº 12.232/2010). *Fórum de Contratação e Gestão Pública – FCGP*, Belo Horizonte, ano 9, n. 106, p. 30-44, out. 2010.

SCHWIND, Rafael Wallbach. *Remuneração do concessionário*: concessões comuns e parcerias público-privadas. Belo Horizonte: Fórum, 2010.

SCHWIND, Rafael Wallbach. *Remuneração do particular nas concessões e parcerias público-privadas*. 2010, 361 f. Dissertação (Mestrado em Direito) – Faculdade de Direito, Universidade de São Paulo, São Paulo, 2010.

SCHWIND, Rafael Wallbach. Remuneração variável e contratos de eficiência no Regime Diferenciado de Contratações Públicas (RDC). *Revista Brasileira de Direito Público – RBDP*, Belo Horizonte, ano 10, n. 36, jan./mar. 2012.

SILK, Alvin *et al*. Internalization of advertising services: testing a theory of the firm. *Marketing Science*.

SILK, Alvin J. Conflict policy and advertising agency-client relations: the problem of competing clients sharing a common agency. *Foundations and Trends in Marketing*, v. 6, n. 2, p. 63-149, 2011.

SILVA, Bruno Boquimpani. Autorregulação e direitos fundamentais. *Revista Brasileira de Estudos Constitucionais – RBEC*, Belo Horizonte, ano 6, n. 21, p. 157-180, jan./mar. 2012.

SILVA, Carlos Eduardo Tobias da. A Advocacia da Concorrência na reforma do SBDC: a atuação da SEAE para a construção de uma cultura da concorrência no Brasil. *Revista de Defesa da Concorrência*, v. 3, n. 2, p. 180-202, nov. 2015.

SILVA, Cristina Ponte de Andrade e. *Análise da postura de anunciantes brasileiros com relação à remuneração de agências de propaganda*. 2005, 105 f. Dissertação (Mestrado em Administração de Empresas) – Escola de Administração de Empresas de São Paulo, Fundação Getúlio Vargas, São Paulo, 2005.

SINDICATO DAS AGÊNCIAS DE PROPAGANDA – DISTRITO FEDERAL. *Valores referenciais de custos internos recomendados pelo Sinapro-DF*, 2019. Disponível em: <https://sinaprodf.com.br/wp-content/uploads/2020/07/Referencial_de_Custos_Internos_SinaproDF_2019-prorrogado.pdf>. Acesso em: 3 abr. 2022.

SINDICATO DAS AGÊNCIAS DE PROPAGANDA DO ESTADO DE SÃO PAULO. *Licitações públicas de Agências de Propaganda*: Guia de orientação à Administração Pública sobre licitações de serviços publicitários. São Paulo, 2017. p. 48.

SKEELS, Jack. Advertising's real problem is the agency commoditizaion crisis. *AdAge*, 16 ago. 2017. Disponível em: <https://adage.com/article/agency-viewpoint/advertisings-real-problem-commoditization-crisis/310117>. Acesso em: 25 mar. 2022.

SPANIER, Gideon. Guardian discloses it gives cash and free ad space in rebates to agencies. *Campaign*, 23 ago. 2016. Disponível em: <https://www.campaignlive.co.uk/article/guardian-discloses-gives-cash-free-ad-space-rebates-agencies/1406504>. Acesso em: 3 abr. 2022.

STEWART, Rebeca. UK government hands £140m media account to Omnicom calling time on Dentsu Aegis. *The Drum*, 14 maio 2018. Disponível em: <https://www.thedrum.com/news/2018/05/14/uk-government-hands-140m-media-account-omnicom-calling-time-dentsu-aegis>. Acesso em: 3 abr. 2022.

SUNDFELD, Carlos Ari. *Direito administrativo para céticos*. 2. ed. São Paulo: Malheiros, 2014.

SUNDFELD, Carlos Ari *et al*. Responsividade regulatória e autorregulação imposta: o devido processo legal e a legalidade como limites. *Revista Fórum de Direito na Economia Digital – RFDED*, Belo Horizonte, ano 2, n. 03, p. 9-32, jul./dez. 2018.

SUNDFELD, Carlos Ari *et al*. Uma crítica à tendência de uniformizar com princípios o regime dos contratos públicos. *Revista de Direito Público da Eocnomia – RDPE*, Belo Horizonte, ano 11, n. 41, p. 57-72, jan./mar. 2013.

TAVASSI, Ana Paula Chudzinski. Regulação da mídia e Direito da Concorrência no Brasil: a interface entre democracia e concorrência no mercado televisivo brasileiro. *Revista de Defesa da Concorrência*, v. 3, n. 1, p. 206-232, maio 2015.

TEUBNER, Gunther. After legal instrumentalism: strategic models of post-regulatory law. *EUI working paper nº 100*. Florence: European University Institute, 1984.

TEUBNER, Gunther. Juridification – Concepts, aspects, limits, solutions. *In*: TEUBNER (org.). *Juridification of Social Spheres*. Berlin: Walter de Gruyter, 1987. p. 3-48.

TRINDADE, Marcelo *et al*. Regulação e auto-regulação no Brasil e a crise internacional. Disponível em: <https://www.bsmsupervisao.com.br/assets/file/BSM-Artigo-MarceloTrindade-e-AlineMenezesSantos.pdf>. Acesso em: 3 abr. 2022.

TURLAO, Felipe. BV de produção: a perigosa relação paralela. *Meio & Mensagem*, 29 abr. 2015. Disponível em: <https://dev.meioemensagem.com.br/home/comunicacao/2015/04/29/bv-de-produ-o-os-perigos-da-rela-o-paralela.html>. Acesso em: 3 abr. 2022.

TURLAO, Felipe. Cade publica acordo pró-ABA contra Apro. *Meio & Mensagem*, 16 out. 2014. Disponível em: <https://www.meioemensagem.com.br/home/comunicacao/2014/10/16/cade-publica-acordo-pr-aba-contra-apro.html>. Acesso em: 3 abr. 2022.

TV Globo perde participação na verba federal. *Meio & Mensagem*, 19 abr. 2013. Disponível em: <http://www.meioemensagem.com.br/home/comunicacao/2013/04/19/tv-globo-perde-participacao-na-verba-federal.html>. Acesso em: 3 abr. 2022.

UBS White paper sobre Social Impact Bondsnov. 2016.

UNITED STATES GOVERNMENT ACCOUNTABILITY OFFICE. *Media Contracts – Activities and Financial Obligations for Seven Federal Departments*. GAO, jan. 2006. Disponível em: <https://www.gao.gov/products/gao-06-305>. Acesso em: 3 abr. 2022.

Um balanço das ações e iniciativas da entidade em 2014. *CENP em Revista*, ano 11, n. 42, p. 18-19, mar. 2015.

Una censura sutil: abuso de publicidad oficial y otras restricciones a la libertad de expresión en Argentina. Buenos Aires: Open Society Institute, 2005.

Universidade Federal da Grande Dourados. *Agência de Publicidade.* Disponível em: <https://portal.ufgd.edu.br/secao/contratacoes/agencia-de-publicidade>. Acesso em: 3 abr. 2022.

VALLE, Vanice Lírio do. Terceiro setor e parcerias com a Administração Pública: desafios ao controle das OS e OSCIPs. *Revista de Direito do Terceiro Setor*, v. 2, n. 4, jul./dez. 2008.

VERGEIRO, Ênio. Mídia técnica ou política: uma visão de mercado. *Propmark*, 27 dez. 2018. Disponível em: <https://propmark.com.br/mercado/midia-tecnica-ou-politica-uma-visao-de-mercado/>. Acesso em: 3 abr. 2022.

VICENTINE, José. Transparência na venda de mídia beneficia setor público, diz José Vicentine. *Poder 360*, 9 nov. 2017. Disponível em: <https://www.poder360.com.br/opiniao/brasil/transparencia-na-venda-de-midia-beneficia-setor-publico-diz-jose-vicentine/>. Acesso em: 3 abr. 2022.

VINICIUS, André. Mais força e equilíbrio ao mercado. *Meio & Mensagem*, 9 abr. 2018. Disponível em: <https://www.meioemensagem.com.br/home/opiniao/2018/04/09/mais-forca-e-equilibrio-ao-mercado.html>. Acesso em: 3 abr. 2022.

VIOLIN, Tarso Cabral. Avanços e retrocessos do RDC. *Gazeta do povo*, 23 set. 2011. Disponível em: <https://www.gazetadopovo.com.br/opiniao/artigos/avancos-e-retrocessos-do-rdc-cff7mpmkhbto1912hfnx6w3f2/>. Acesso em: 3 abr. 2022.

WALD, Arnoldo. O regime legal dos custos financeiros no contrato cost-plus e a maxidesvalorização. *Revista de Direito Administrativo*, Rio de Janeiro, v. 155, p. 1-31, jan./mar. 1984.

WILLIAMS, Robert Ana: Advertisers extend time to pay agencies for marketing services. *Marketing dive*, 11 mar. 2020. Disponível em: <https://www.marketingdive.com/news/ana-advertisers-extend-time-to-pay-agencies-for-marketing-services/573883/>. Acesso em: 3 abr. 2022.

World Federation of Advertiser. 2014 WFA report on Global Agency Remuneration Trends and the use of performance metrics. *World Federation of Advertisers*, 2014.

ZEMOR, P. Como anda a comunicação pública? *Revista do Serviço Público*, Brasília 60, n. 2, p. 189-195, abr./jun. 2009. Disponível em: <https://doi.org/10.21874/rsp.v60i2.21>. Acesso em: 3 abr. 2022.